제2언어 습득론

제 2 언어 습득 입문서

INTRODUCING SECOND LANGUAGE ACQUISITION

임병빈 · 송해성
이은표 · 강문구
옮김

INTRODUCING SECOND LANGUAGE ACQUISITION

SEJIN TRADING

머리말

이 책의 원서는 Muriel Saville-Troike가 쓴 *Introducing Second Language Acquisition* (2006, Cambridge University Press)이다. 저자는 이 책에서 제2언어가 어떻게 습득되는지, 제2언어 학습자는 무엇을 알 필요가 있는지, 그리고 왜 학습자에 따라서 성공적인 학습이 가능한 것인지에 관하여 쉽고 분명하게 설명해준다.

Muriel Saville-Troike는 미국 애리조나 대학교 교수이다. 그녀는 사회언어학과 응용언어학 분야에서 많은 학문적 업적을 쌓아오고 있다. 그녀의 주요 저서로는 *The Ethnography of Communication: An Introduction* (Third Edition, 2003), *Foundations for Teaching English as a Second Language* (1976), 그리고 *A Handbook of Bilingual Education* (with Rudolph C. Troike, 1971)이 있다.

이 책은 제2언어 습득에 관한 명쾌하고 실제적인 입문서이다. 저자는 이 책에서 공식적 학습 상황과 자유로운 학습 상황에 처한 성인 또는 아동의 제2언어 습득 방법을 단계적으로 소개하고 있다.

이 소개 과정에서 그녀는 언어학, 심리언어학 및 사회언어학적 관점들을 통찰하여 상호간에 연계적인 구조로 논의하고 있다. 각 장에는 주요 용어, 내용 요약, 학습 활동을 위한 테스트, 및 토론 활동이 포함되어 있다. 제2언어 습득에 관한 초석을 제공해주는 이 책은 언어학, 심리학 및 교육학을 공부하는 학생들과 예비 언어교사들에게도 많은 도움을 줄 수 있을 것이다. 개괄적인 단원별 내용 구성은 이 책의 설계에 소개되어 있으므로 여기에서는 생략한다.

한국에서 영어를 공부하는 많은 학부 학생들과 대학원생 그리고 영어 교육 관련 학자들에게도 제2언어 습득에 관한 종합적인 입문서인 이 책이 언어 교수 학습의 본질을 터득하여 영어 교수자 또는 영어 교육 연구자로서 발전할 수 있는 여정에 좋은 길잡이가 될 수 있을 것으로 생각된다.

이 책의 번역 출판 과정에 참여한 우리 번역팀 동료 교수들과 출판사의 편집팀에게 감사드리며 긴 겨울 끝자락 하오 햇볕 좋은 날 잠시 창 밖을 보면서 또 다른 숙제를 그려본다.

2008. 2.

공주대학교 연구실에서

대표 역자 임 병 빈

이 책에 관하여

이 책은 제2언어 습득(SLA) 분야에 관한 간략하면서도 포괄적인 입문서이다. 독자는 주로 대학생일 것이라 사료되지만 언어학에 관한 선행 지식이 거의 없거나 전혀 없는 대학원생에게도 적절하다.

이 책을 쓴 목적은 세 가지이다: (1) 학생들에게 인문학과 사회 과학, 교육 분야에서 일반적인 교육의 일환으로서 제2언어 학습 현상에 관한 기본적인 수준의 지식을 제공하는 것; (2) 제2언어 학습에 흥미를 불러일으키고 추가적인 독서와 연구를 위한 안내를 제공하는 것; (3) 제2언어 학습자와 예비 교사에게 실질적인 도움을 주는 것이다.

영역과 관점

이 책에서는 보편적인 경우에서보다 더 넓은 영역의 제2언어 습득 현상 ― 성인과 아이 모두의 제2언어 학습에서, 형식적인 학습 상황과 비형식적인(자연스러운) 학습 상황에서, 그리고 다양한 사회문화적 상황에서 수반된 현상 ― 들을 다루었다. 내 자신의 전공 분야와 관심 영역이 여러 학문에 걸쳐있기 때문에, 나는 그 가설과 기여도가 본래 다른 차별적인 속성을 알면서도 언어학과 심리학, 그리고 제2언어 습득에 관한 사회적 견해를 통합하는 것의 중요성을 강조한다. 표현되는 양적인 면과 질적인 면에서 그들 간의 균형을 유지하고자 하는 노력을 기울여왔다.

이 책은 제2언어 "능력(competence)"의 습득에 초점을 두고 있으나 이 개념은 다른 관점에서 ― (기저의 문법 지식의 측면에서) "언어 능력"으로서, (적절하게 활용할 수 있게 해주는 필수적인 문화 지식과 다른 지식의 개념을 덧붙인) "의사소통 능력"으로서, 그리고 읽기와 듣기, 쓰기, 말하기를 수반한 의사소통 활동 참여에 필요한 지식으로서 ― 넓게 고려하고 있다.

설계

이 책의 각 장에서는 세 가지 기본적인 질문 — 제2언어 학습자는 정확하게 **무엇을** 알게 되는가? 그 학습자는 이 지식을 **어떻게** 습득하는가? 어떤 학습자는 다른 학습자보다 **왜** 더 많이 성공적인가? — 을 고려하고 있다. 제1장에서는 "제2언어 습득이란 무엇인가?"로 시작해서 가장 기본적인 용어와 개념을 소개한다. 제2장에서는 세계 다중언어 구사능력의 속성과 분포로부터 제1언어와 제2언어 습득 간에 일반적으로 받아들여지는 대조되는 개념까지 근본 배경을 제공한다. 이 장에서는 연구될 제2언어 습득의 이론적인 다른 틀에 대한 개관으로 결론짓는다. 제3장에서 제5장까지는 차례로 다른 분야 — 언어학적, 심리학적, 사회적 — 의 견해에 초점을 두고 있다. 제6장에서는 학문적 그리고 대인적 기능에 필요한 능력과 내용, 상황, 언어 지식의 상호의존성에 초점을 맞추고 있다. 마지막 장에서는 이 책에서 제시된 **무엇을, 어떻게, 왜**의 질문에 대한 응답을 간략하게 요약하여 통합하고 있다.

각 장마다 내용에 대한 개관과 요약을 마련하였다. 제1장부터 제6장의 끝에는 이해 여부에 대한 자가 진단을 위해 그리고 학급 토론이나 개별 탐구과정을 위한 활동을 제시해 놓았다. 제2장에서 제6장에는 그 장의 주요 주제 각각에 대해 추가 독서를 주석으로 제시해 놓았다. 중요한 전문적인 개념이 장의 첫 부분에 제시된 주요 용어와 함께 연속적으로 제시되었고 본문에서는 설명과 예시에 강조 표시를 하였다. 학생들이 참고할 수 있도록 광범위한 주석이 제시되었고 주제에 관한 색인 목록이 제시되어 있어 주제와 분야별 견해를 통한 개념을 통합하고 강화시킬 수 있도록 되어 있다. 용어 사전에 나와 있는 모든 용어들은 주요 용어 목록에 기재되어 있건 그렇지 않건 간에 본문에서 강조표시 하였다.

감사의 글

어떤 분야에 관해 소개하는 개관에는 많은 출처가 있게 마련이고 이것도 (비교적 긴 참고 문헌 목록에서 암시하고 있는 것처럼) 예외는 아닙니다. 특히 이 책을 준비하는 과정에서 Karen Barto에게 사의를 표합니다. 그녀는 추가 독서 목록을 추천해 주었고 장마다 활동을 개발하였습니다. 그리고 주로 다른 측면의 개념화와 개발에 기여하였습니다. 또한 비록 결론에 대한 책임을 분담하지는 않지만 초고 원고에 대한 자료를 제공해준 동료들(특히, Rudy Troike와 Peter Ecke, Renate Schulz, Mary Wildner-Bassett)에게도 사의를 표합니다. 애리조나 대학의 제자들이 관련 예시를 제공해주고 내가 제시한 바를 명료화할 필요가 있는 곳을 지적해 주는 일에서 가장 도움이 되었습니다. 일일이 열거할 수는 없지만 그들 모두에게 감사를 표합니다.

어떤 경우에는 저작권 소유자를 찾는 것이 불가능하기도 하였지만 이 책의 저작물 인용에 대해 필요한 허가를 구하기 위해 모든 노력을 기울였습니다. 만일 우리가 밝힌 출처에 누락된 것이 있다면 재인쇄 시에 혹은 후속 편에 기꺼이 적절한 감사의 글을 포함시킬 것입니다.

차례

제3장 제2언어 습득의 언어학

제4장 제2언어 습득의 심리학

제5장 제2언어 습득의 사회적 맥락

제6장 제2언어 사용을 위한 지식 습득하기

제7장 제2언어 교수학습

제 1 장

제 2언어 습득 소개

개 관

여러분은 아주 어린 아이였을 때, 최소한 한 언어 — 언어학자들이 소위 **제 1언어**라고 부르는 한 언어 — 를 아마도 그에 관한 많은 생각 없이, 그리고 의식적인 노력이나 인식을 거의 하지 않고 습득하기 시작하였을 것이다. 그때 이후로, 여러분은 또한 주변에서 사용되는 다른 언어 — 제 2언어 — 를 갖고 있는 자연스런 과정에서 부가적으로 다른 언어를 습득하였을지도 모른다. 그러나 "교양 있는" 사람이 되는 과정에서 다른 영역의 지식을 습득하기 위해 필요한 것과 똑같은 의식적인 노력을 하였을 것이다. 이 책은 부가적으로 언어를 배우는 현상에 관한 책이다. 이 도입 부분의 장에서는 우리가 사용하게 될 주요 용어 몇 가지를 정의하고 이 책 전체에서 살펴보게 될 세 가지 기본적인 질문을 제시할 것이다.

주요 용어

- 제 2언어 습득(SLA)
- 제 2언어(L2)
- 비형식적 제 2언어 학습
- 형식적 제 2언어 학습
- 언어 능력
- 언어 수행
- 제 1언어/모국어(L1)
- 동시적 다중언어 구사능력
- 순차적 다중언어 구사능력

제2언어 습득이란 무엇인가?

제2언어 습득이란 어린 아이로서 그들의 첫 번째 언어를 학습한 후에 어떤 언어를 학습하고 있는 개인이나 집단에 관한 연구, 그리고 그 언어를 배우는 과정에 관한 연구 모두를 가리킨다. 부가적으로 배우는 그 언어는 실제로는 세 번째, 네 번째, 혹은 열 번째 습득되는 언어라 할지라도 제2언어(L2)라 불린다. 그것은 또한 보통 목표어(TL)라 부르기도 하며 이는 학습의 목적 혹은 목표가 되는 어떤 언어를 지칭한다. 제2언어 습득의 영역에는 자연스러운 상황에서 이루어지는 비형식적 제2언어 학습, 교실에서 이루어지는 형식적 제2언어 학습, 그리고 이들이 이 배경과 상황이 혼합된 것을 수반하는 제2언어 학습을 포함한다. 예를 들어, 일본 출신의 어린 아이가 미국에 와서 영어를 말하는 모국인 아이들과 어떤 특별한 언어 교육 없이 놀거나 학교에 다니는 과정에서 영어를 "귀동냥으로 익힌다"면, 혹은 캐나다에 있는 과테말라 성인 이민자가 모국인 영어 화자나 영어를 제2언어로 말하는 동료들과 상호작용한 결과로 영어를 학습한다면 "비형식적 학습"이 이루어진다. "형식적 학습"은 영국에 있는 고등학생이 프랑스어 수업을 받을 때, 러시아에 있는 대학원생이 아랍어 강의를 들을 때, 혹은 콜롬비아에 있는 변호사가 야간 영어 강의를 들을 때 이루어진다. 형식적 학습과 비형식적 학습을 혼합하여 놓은 것은 미국 출신의 학생이 타이베이나 베이징에서 사회적인 상호작용과 일상생활 경험을 위해 교실 밖에서는 중국어를 사용하면서도 중국어 어학원 수업을 받을 때, 혹은 에티오피아 출신의 성인 이민자가 이스라엘에서 특별 수업에 참여하면서 히브리어로 동료들이나 다른 거주민들과 상호작용하면서 히브리어를 배울 때 이루어진다.

제2언어 습득의 과정을 이해하려는 시도에서 우리는 세 가지 기본적인 질문에 답하고자 할 것이다.

(1) 제2언어 학습자는 정확하게 **무엇을** 알게 되는가?
(2) 그 학습자는 이 지식을 **어떻게** 습득하는가?
(3) 어떤 학습자는 다른 학습자보다 **왜** 더 많이 성공적인가?

이 질문들에 대한 간단한 답은 없다. — 사실, 모든 제2언어 연구자들이 완전히 동의할만한 답도 없을 것이다. 이는 부분적으로 제2언어 습득이 본질상 매우 복잡한 것이기 때문이기도 하며, 부분적으로는 제2언어 습득을 연구하는 학자들이 이론이나 연구 방법 면에서 매우 다른 학문 분야 출신이기 때문이기도 하다. 최근 반세기 내에 발달되어온 제2언어 습득 현상 연구에 관해 여러 학문에 걸친 접근법이 중요한 통찰을 가져왔지만 관심을 가질만한 많은 의문점이 남아있다. 날마다 새로운 결과들이 나타나고 있고 이로 인해 그 주제를 연구하기에 흥미로운 시기가 되고 있다. 끊임없이 해답을 찾고자 하는 것은 의당 제2언어 습득을 명확히 이해하고자 하는 것일 뿐 아니라 관련 분야를 조명하는 것이다. 게다가, 이 질문에 관한 답을 찾는 것은 잠재적으로 다른 언어를 배우거나 가르치는 사람 누구에게나 실질적으로 매우 가치 있는 일일 것이다.

제2언어 습득은 주로 언어학과 심리학(그리고 응용 언어학과 심리언어학, 사회언어학, 그리고 사회심리학) 내로부터의 연구 분야로서, 위에서 제시된 **무엇을, 어떻게, 왜**에 관한 질문에 답하기 위한 노력의 결과로서 나타났다. 이 각각의 분야 출신의 연구자들이 강조했던 것에는 상응하는 차이점이 있다:

- 언어학자들은 학습되고 있는 언어들의 차이점과 공통점의 특징, 그리고 다양한 습득 단계에 있는 학습자들의 언어 능력(기저 지식)과 언어 수행(실제 발화)을 강조한다.
- 심리학자들과 심리언어학자들은 습득에 수반된 정신적 혹은 인지적 과정과 두뇌에서의 언어 표현을 강조한다.
- 사회언어학자들은 학습자의 언어 수행에서의 다양성을 강조하고 의사소통 능력(언어 사용을 부가적으로 담당하는 기저지식, 즉 실용 능력)에 대한 연구 영역을 확장시킨다.
- 사회 심리학자들은 정체성이나 사회적 동기유발, 그리고 학습의 상호작용적 그리고 더 큰 사회 맥락과 같은 집단 관련 현상을 강조한다.

제2언어 습득을 전문으로 하는 응용 언어학자들은 이런 견해들 중 한 가지 이상을 취하지만 또한 흔히 제2언어 습득의 교수에 관한 이론과 연구를 암시하는데 관심이 있다. 각각의 분야와 그 하위 분야에서는 제2언어 습득에 관한 연구에서 자료를 수집하고 분석하기 위해 서로 다른 방법을 사용하고 다른 이론적 틀을 활용하며, 연구 결과와 결론에 대해 다른 방법으로 다르게 해석하고 있다.

그렇다면, 이런 다른 분야의 견해로부터 이해하게 된 것이 때로는 코끼리를 묘사하는 세 명의 장님에 관한 유명한 아시아 우화, 즉, 꼬리를 만진 사람은 그것이 밧줄과 같다고 말하고, 측면을 만진 다른 사람은 그것이 평평하고 미끄럽다고 말하며, 코를 만진 세 번째 사람은 그것이 긴 고무 호스와 같다고 묘사하는 널리 알려진 이야기와 마찬가지로 갈등을 일으키는 것처럼 보인다. 각각 인식한 것이 개별적으로는 옳지만 전체적인 혹은 통합적인 견해가 없기 때문에 전체 동물에 관한 정확한 그림을 제시하지는 못하고 있다. 궁극적으로, 제2언어 습득에 관한 만족스러운 설명이 이루어지려면 이런 여러 견해를 통합해야 하며 이 책은 그런 방향에서 한 걸음을 내딛는 것이다. 그 코끼리에 관한 우화에서처럼, 여기서는 세 가지 다른 견해, 즉, 언어학적, 심리학적, 그리고 사회적 견해가 제시된다. 이들 중 어느 한 견해가 '옳거나' 좀 더 우세하다고 생각지는 않는다. 그러나 제2언어 습득이라는 복잡한 현상을 좀 더 완전하게 이해하기 위해서는 이 모두가 필요하다고 믿는다.

제2언어란 무엇인가?

필자는 제2언어 습득의 영역을 제2언어 학습에 수반된 어떤 현상과 관련된 것으로 넓게 정의해 왔다. 때로는 제2언어가 우리 생활에서 맡게 되는 기능에 따라 좀 더 구분해야할 필요가 있다. 왜냐하면 이것이 주로 우리가 배우는 것에 영향을 미칠 수도 있기 때문이다. 이런 차이점이 우리가 필요한 어휘 지식의 특정 영역과 우리가 습득해야 하는 문법적 복잡성의 수준, 그리고 말하기 혹은 읽기 기술이 좀 더 중요한지 어떤지에 관한 것을 결정할 수도 있을 것이다. 다음은 주로 문헌에서 보편적으로 이루어지는 분류이다.

- 제2언어는 전형적으로 교육이나 고용, 그리고 다른 기본적인 목적을 위해 필요한 공식어 혹은 사회적으로 지배적인 언어이다. 그것은 흔히 소수 집단 구성원이나 모국어가 다른 언어를 말하는 이민자에 의해 습득된다. 좀 더 제한적인 측면에서는 이 용어가 이 목록에 있는 다른 용어들과 차이가 있다.
- 외국어는 미래에 여행 할 경우나 다른 타문화간의 의사소통 상황을 위해 사용될지도 모르는 혹은 학교에서 교육과정상 필수과목이나 선택 과목으로 학습되지만 즉각적으로 혹은 필수적으로 적용되지는 않는 학습자의 직접적인 사회 상황에서는 널리 사용되지 않는 언어이다.

- 도서관 언어는 주로 독서를 통한 심화 학습을 위해 특히 희망 연구 분야의 책이나 저널이 학습자의 모국어로 보통 출판되지 않을 때 도구로서 기능을 하는 언어이다.
- 보조 언어는 학습자의 모국어가 생활하는데 있어 대부분의 욕구를 해결해 주기는 하지만 직접적인 정치적 상황에서 어떤 공식적인 기능을 위해 학습자가 알아야 할 필요가 있는, 혹은 더 넓은 의사소통의 목적을 위해 필요하게 될 언어이다.

'제2' 언어에 대한 다른 제한된 혹은 매우 특정화된 기능은(**호텔 경영을 위한 프랑스어, 항해 기술을 위한 영어, 농업을 위한 스페인어**, 그리고 많은 다른 언어와 같은) 특수 목적 언어로 지칭된다. 그리고 이런 언어들의 학습은 전형적으로 좁은 영역의 직업-특수적인 이용과 기능에만 중점을 둔다. 그러한 두드러진 영역은 학문 목적용 영어(English for Academic Purpose, EAP).

제1언어란 무엇인가?

때로는 제1언어와 선천적인 언어, 주요 언어, 모국어가 보통 개략적으로 유사한(제2언어로서 일반화된 용어들과 대조하기 위해 제1언어로 일반화되어진) 일련의 용어들로 다루어지지만 개념들 간에 구분해야 될 필요가 있을 때가 있다. 그 구분이 항상 명료하지는 않다. 제2언어 습득과 관련한 목적을 위해서는 제1언어를 의미하는 여러 용어가 공유한 중요한 특징은 그것이 어린 시절 — 보통 대략 3세 이전에 시작되는 — 습득된 언어로 추정되고 그 언어를 말하는 사람들 사이에서 성장하는 일부로서 학습된다는 것이다. 어린 시절 한 가지 이상의 언어를 습득하는 것을, **순차적 다중언어 구사능력**, 즉 제1언어를 이미 익힌 후에 다른 언어를 학습하는 것과 구분하기 위하여 **동시적 다중언어 구사능력**이라고 부른다(여기서 사용되는 것으로서의 '다중언어 구사능력'은 이중언어 구사능력을 포함한다.) 동시적 다중언어 구사능력은 순차적 다중언어 구사능력보다 의심할 여지없이 훨씬 덜 보편적이지만 그 결과로서 한 가지 이상의 "모국어"를 갖게 된다. 어린 아이와 성인 학습자의 언어 습득의 과정과 결과 간에는 비록 이것이 여전히 논쟁의 여지가 있는 문제이고 우리가 다음 장에서 살펴보게 될 것들 중의 하나이긴 하지만 중요한 차이가 있는 것처럼 보인다.

학습과 학습자의 다양성

앞에서 언급한 것처럼, 제2언어 습득이 일어나는 상황은 매우 흔히 당연시되거나 무시되기도 하지만 때로는 그것을 고려해야 할 필요가 있다. 제2언어가 **어떻게** 학습되는가 하는 것뿐만 아니라 제2언어 습득 시 **무엇이** 학습되는가 하는 것은 흔히 그 상황이 다른 언어를 사용하는 화자에게 비형식적으로 노출되어 있는 것인지, 기본적인 욕구를 충족시키기 위해 새로운 언어를 필요로 하는 상황에 몰입되어 있는 것인지, 혹은 학교에서 형식적인 지도를 받고 있는지에 따라 흔히 영향을 받게 되며, 이런 학습 상황은 흔히 언어와 학습자 모두의 상황에 영향을 미치는 강력한 사회적, 문화적, 경제적 요인에 의해 많은 영향을 받는다.

어떤 제2언어 학습자는 **왜** 다른 학습자보다 더 성공적인가 하는 흥미로운 질문을 위해 우리는 어떤 차원의 논의를 위해 "학습자"라는 광범위한 호칭을 풀어 보아야할 필요가 있다. 언어학자들은 정체성과 학습자의 제1언어와 제2언어의 관계에 의해 정의된 학습자의 범주를 구분할 지도 모른다. 심리학자들은 제2언어 학습에 대한 개별적인 적성과 성격 요인, 동기의 유형과 강도, 그리고 다른 학습전략을 근거로 구분할 지도 모른다. 사회언어학자들은 사회적, 경제적, 정치적 차이에 따라 그리고 협상된 상호작용에서의 학습자 경험에 따라 학습자를 분류할 지도 모른다. 그리고 사회 심리학자들은 목표어 화자에 대한 혹은 제2언어 학습 그 자체에 대한 집단 정체성과 태도의 측면에 따라 학습자를 분류할 수도 있을 것이다. 이 모든 요인들과 그 이외의 것들이 차례로 다음 장에서 논의될 것이다.

■ **요약**

제2언어 습득(SLA)에는 넓은 영역의 언어 학습 상황과 학습자 특성 및 환경이 수반된다. 이 책에서는 이것들을 넓은 영역에서 세 가지 다른 학문 분야인 언어학, 심리학, 사회학적 견해로 살펴보며 고찰할 것이다. 제2언어 습득의 연구에 대한 서로 다른 접근 방법들이 이러한 각각의 견해에서 다음의 세 가지 기본적인 질문 — 제2언어 학습자는 정확하게 *무엇을* 알게 되는가? 그 학습자는 이 지식을 *어떻게* 습득하는가? 어떤 학습자는 다른 학습자보다 *왜* 더 많이(혹은 더 적게) 성공적인가? — 에 답하고자 하는 시도로 개발되어 왔다.

활동

■ 자습을 위한 질문

1. 다음 용어들을 그 정의와 연결하시오.

1. 목표어	a. 직접적으로 혹은 필수적으로 응용되지 않고 후에 여행하기 위해 사용되거나 학교 교육을 위해 필요할 것이다.
2. 제2언어	b. 언어 학습의 목적 혹은 목표
3. 제1언어	c. 교육이나 고용, 혹은 다른 기본적 목적을 위해 필요한 공무상으로 혹은 사회적으로 지배적인 언어(화자의 제1언어는 아님)
4. 외국어	d. 어린 시절 습득됨

2. 언어의 기저 지식을 ___________라고 한다.
3. 언어의 실제 발화는 ___________라고 한다.

■ 능동적 학습

1. 여러분이 사용할 수 있는 모든 언어를 나열하시오. 우선 그것들을 제1언어와 제2언어로 분류하고, 그 다음에 제2언어를 "제2언어", "외국어", "참고도서용", "보조 언어," 혹은 "특수 목적용"으로 심화해서 분류하시오. 마지막으로, 그 언어 각각을 학습한 방법 — 비형식적 노출, 형식적 지도, 혹은 이 둘을 혼합한 것 — 별로 구분하시오.
2. 여러분은 "훌륭한" 학습자라고(혹은 학습자가 될 것이라고) 생각합니까? 혹은 "서투른" 학습자라고(혹은 학습자가 될 것이라고) 생각합니까? 왜 그렇다고 생각합니까? 여러분은 언어 학습자로서 여러분 자신의 상대적인 성공 수준이 주로 언어적, 심리적, 혹은 사회적(사회적이라는 것에는 지도의 형태와 학습 상황 혹은 제1언어와 제2언어에 대한 태도를 포함하게 될 것이다) 요인으로 인한 것이라고 믿는지 생각해 보시오.

제2장

제2 언어 습득의 토대

▶▶ 개 관

영어가 다수 언어인 나라에서는 오늘날의 세계에서 다중언어 구사능력이 유행하고 있으며 제2언어 학습이 널리 보급되고 있음을 대다수 사람들이 깨닫지 못하고 있다. 이 장에서는 이러한 점에 대한 개관으로 시작하여 언어 학습의 속성, 제1언어와 제2언어 사이의 몇 가지 기본적인 유사점과 차이점, 그리고 "언어 습득의 논리적인 문제점"을 탐색해본다. 이러한 문제들에 대한 이해를 바탕으로 다음 장에서는 SLA에 대해 언어적, 심리적, 그리고 사회적 관점에서 논의하게 된다. 다음에는 이들 세 가지 관점 안에서 SLA 연구에 가장 중요시되어온 이론적 틀과 관심의 초점에 대한 조사 결과가 이어진다.

주요용어

- 다중언어 구사능력/이중언어 구사능력
- 단일언어 구사능력
- 학습자 언어
- 긍정적 전이
- 부정적 전이
- 화석화
- 자극의 결핍

제2언어 세계

다중언어 구사능력(multilingualism)이란 둘 또는 그 이상의 언어를 사용하는 능력을 가리킨다. (언어학자나 심리학자 중에는 두 가지 언어를 사용하는 능력에 대해 이중언어 구사능력(bilingualism)이란 용어를 사용하고 둘 이상의 언어를 사용하는 능력에 대해서는 다중언어 구사능력(multilingualism)이란 용어를 사용하기도 하나, 이 책에서는 그러한 구별을 하지 않기로 한다.) 단일 언어 구사능력(monolingualism)이란 오직 한 가지 언어만을 사용하는 능력을 가리킨다. 어느 누구도 얼마나 많은 사람들이 다중언어 사용자인지 확실하게 말할 수는 없지만, 적어도 전 세계 인구의 절반 정도는 이 범주에 속한다고 보는 것이 적절한 추측일 것이다. 따라서 다중언어 구사능력이란 결코 희귀한 현상이 아니며 세계 대부분의 지역에서 정상적이고 흔한 일이다. Francois Grosjean에 의하면, 이것은 언어 사용의 기록만큼이나 오래 전으로 거슬러 올라간다:

> 이중언어 구사능력은 세계 모든 나라, 모든 사회 계층, 그리고 모든 연령에 걸쳐 실제로 존재한다. 사실, 진정으로 단일 언어만 사용하는 사회를 찾기는 어렵다. 이중언어 구사능력은 전 세계적일 뿐 아니라 인류 역사에서 언어가 시작된 이래 지금까지 있어왔던 현상이다. 지금까지 어떠한 언어 집단도 다른 언어 집단과 고립되어 존재한 적은 없었고, 언어의 역사는 언어가 서로 접촉하는 예시들로 가득 차 있고 결국 어떤 형태로든 이중언어 구사능력으로 귀결되었다. (1982:1)

현재의 상황에 대한 보고에서 G. Richard Tucker는 다음과 같이 결론짓고 있다:

> 이 세상에는 단일언어 사용자보다 이중언어 또는 다중언어 사용자가 더 많다. 더욱이, 오로지 제1언어를 통해서만 교육받는 아이들보다 적어도 공식적인 교육의 일부만큼은 제2언어 또는 나중에 습득된 언어를 통해 교육받고 있고 앞으로도 계속해서 그렇게 교육받게 될 아이들이 더 많다. (1999:1)

다중언어 인구의 이러한 규모와 너른 분포를 고려할 때, 언어 습득에 쏟고 있는 과학적인 주목의 압도적인 비율이 단일언어 사용 상황 및 제1언어 습득에만 관련되어 있음은 다소 놀라운 일이다. 제1언어 및 제2언어 습득 사이에 흥미로운 유사성이 있기는 하지만 그 과정이 똑같을 수는 없으며, 다중언어 구사능력이 하나 이상의 언어라는 점 이외에는 단일언어 능력과 똑같은 지식과 기능을 포함하고 있다고 추정할 수도 없다.

이 점에 대해 Vivian Cook은 다중언어 구사능력(multilingual competence, 그의 용어는 "multicompetence"이다) 개념을 도입하여 가장 설득력 있게 지적하였는데, 이 말은 "둘 또는 그 이상의 문법 구성능력을 가진 복합적인 마음 상태"를 가리킨다. (1991:112) 이것은 단일언어 구사능력(monolingual competence, 또는 Cook의 용어를 빌면 "monocompetence")과는 구별되는 것으로 오직 한 가지 언어에 대한 지식을 가리킨다.

> 제2언어 사용자는 제1언어에 대한 지식에서 단일언어 사용자와 다르다; 상위 수준의 제2언어 사용자도 제2언어에 대한 지식에서 단일언어 사용자와 다르다; 제2언어 사용자는 단일 언어 사용자와는 다른 언어 외적인(metalinguistic) 인식을 갖고 있다. 제2언어 사용자는 다른 인지 처리과정을 갖고 있다. 이러한 미묘한 차이가 일관되게 암시하는 바는 다중언어 구사능력을 가진 사람들이 두 명의 단일언어 사용자에 상응할 뿐 아니라 독특한 조합이기도 하다는 점이다. (Cook 1992:557)

세계 인구 통계가 전해주는 메시지는 제2언어 습득(SLA)현상은 학문적인 이유뿐만 아니라 사회 및 실제적인 이유로도 대단히 중요하다는 것이다. 전 세계에는 거의 6,000에 달하는 언어가 사용되고 있는데, 매우 다양한 분포를 보이고 있으며 거의 모두가 일부 화자에 의해 제2언어로 배우고 있다. 가장 널리 사용되는 네 개의 언어는 중국어, 영어, 스페인어 및 힌두어이며, 표 2.1에 나타나 있는 것처럼 20억 이상의 인구가 이들 언어를 제1언어로 그리고 거의 17억 정도가 제2언어로 습득한다(Zhu 2001과 Crystal 1997b를 토대로 하였음):

표 2.1 수 적인 면에서 우위에 있는 언어의 제1/제2언어 분포(추정치)

	제1언어(백만 명)	제2언어(백만 명)
중국어	1,200	15
영어	427	950
스페인어	266	350
힌두어	182	350

수 적인 면에서 우위에 있는 이러한 네 개 언어 중에서도 다양한 변이가 있다. 중국어는 다른 어떤 언어보다도 더 많은 사람들에게 제1언어 역할을 하고 있음에 비해, 영어는 가장 많은 제2언어 사용자를 갖고 있다. 영어를 공부하는 사람들에 대한 최근의 추정치는 중국 내에서만 일억 오천오백만 명이 넘는다: 초등학교에서 천만 명, 고등학교에서 팔천만 명, 대학에서는 적어도 오백만 명, 그리고 육천만의 성인들이 다른 교육 상황에서 영어를 공부한다. 중국 정부가 초등학교 수준에서 의무적인 영어교육을 시행함에 따라 이들 추정치에 수백만 이상이 곧 추가될 것이다.

인구 통계치의 변화는 또한 다음과 같은 사실에 의해서도 설명되는데, 현재 중국어를 제2언어로 하는 사용자가 천오백만 명(이 숫자는 확실하지는 않음) 이지만, 그러나 국제 경제 및 정치 분야에서 중국의 관여와 영향력이 증대되고 있기 때문에 다른 지역의 사람들이 공식적인 국가 언어인 중국 표준어 (Mandarin Chinese)를 선택하여 배우려고 하는 필요성은 증가할 것이다(광동어와 대만어와 같은 다른 종류의 언어는 독일어와 스웨덴어만큼이나 다르다). 미국에서 이러한 경향을 나타내주는 하나의 지표는 1998년에 현대 언어학회가 보고한 것을 들 수 있는데, 이에 따르면 중국어는 미국의 단과대학 및 종합대학에서 가장 널리 가르쳐지는 외국어 중 여섯 번째이며 그 숫자는 꾸준히 증가하고 있다.

다중언어 구사능력이 모든 나라에서 부상하고 있지만, 여러 가지 사회적 이유로 인해 언어 사용의 다양성 분포가 아주 똑같지는 않다. 예를 들어, 아이슬란드 같은 나라에서는 공식적으로 국어 이외에 다른 언어를 사용하는 사람들은 별로 없는 반면, 서아프리카의 몇몇 나라에서는 거의 100퍼센트에 가까운 사람들이 국어 이외에 다른 언어를 사용한다. 영어를 제1언어로 사용하는 사람들은 관광, 업무 또는 외교적 목적으로 자신들이 여행하는 세계 어느 지역에서든 "생활해" 나갈 수 있을 것으로 종종 기대하며, 어느 정도는 이러한 이유 때문에 다른 언어에 대해 유창해질 가능성이 덜 하다.

다중언어 환경에서 성장한 사람들은 어린 시절부터 자신의 주위에 있는 사람들과 둘 또는 그 이상의 언어를 사용하는 자연스러운 과정을 통해 다중언어 구사능력을 습득하며, 그렇게 하는 것이 지극히 정상적인 것으로 간주하는 경향이 있다. 그러나 나이가 더 들어서야 제2언어를 추가하는 것은 종종 상당한 노력을 요구하며 따라서 동기 유발을 필요로 한다. 이러한 동기 유발은 다음

사항들을 포함한 다양한 조건에서 생길 수 있다:

- 어떤 나라를 다른 언어 사용자가 침략하거나 정복했을 때;
- 경제 및 다른 특정 영역에서 다른 언어 사용자와 접촉할 필요나 욕구가 있을 때;
- 제1언어 이외에 다른 언어를 사용할 필요가 있는 나라로 이민 갔을 때;
- 다른 언어 사용을 포함하는 종교적 믿음과 관습을 채택했을 때;
- 다른 언어에 능숙할 필요가 있는 교육 경험을 추구하려는 필요나 욕구가 있을 때;
- 다른 언어에 대한 지식을 통해 직업 또는 사회적으로 진보하려는 욕구가 있을 때;
- 다른 문화권 사람들에 대해 더 많이 알고 그들의 과학 기술이나 문학을 가까이 하는 일에 흥미가 있을 때; (Crystal 1997b)

제1언어 및 제2언어 화자의 수는 추정될 수 있다. 언어 데이터를 보고함에 있어 불확실성이 발생하는 이유에는 사회적 및 정치적 중요성을 가진 것도 있고 단지 부정확하거나 애매모호한 용어 사용을 반영한 것도 있다. 예를 들어:

1. 언어 정보가 공식적으로 수집되는 일은 별로 없다.

많은 나라들에서 행하는 인구조사 서식에는 언어 배경에 관한 질문이 포함되어 있지 않은데, 그 까닭은 아마 이러한 정보에 대해 특별한 관심이 없거나, 수집하는 것이 실용적이지 못한 때문이거나, 또는 예민한 성격을 갖고 있다고 생각되기 때문일 것이다. 언어에 관한 응답이 결국 소수 집단 구성원임을 식별해줄 수 있는 경우, 예민함은 개인적일 수도 있고 정치적일 수도 있다: 사적인 예민함이 촉발되는 것은 그러한 식별이 바람직하지 않은 결과를 이끌어낼지 모를 경우이며; 정치적 예민함이 문제가 되는 것은 어떤 집단에 대한 정치적 중요성을 경시하기 위해, 또는 문화적/언어적 다양성을 인식하는 대신 문화적/언어적 동질성과 응집성을 강조하기 위해 정부가 소수 언어 화자가 얼마나 많은지 알고 싶지 않을 경우이다.

2. 언어 정보를 묻는 질문에 대한 답이 믿을 수 없을 지도 모른다.

소수 언어 화자로 인식되는 것을 응답자가 원하지 않을 수도 있다. 캘리포니아의 농촌 학교 지역에서 여러 해 전에 행해졌던 조사를 예로 들어보자. 그 조사는 취학 전 아동을 가진 부모를 대상으로 가정에서 사용하는 언어에 관해 물었는데, 이는 앞으로 영어를 제 2언어로 사용하는 학습지도 프로그램의 필요성을 알아보기 위한 것이었다. 그러나 질문이 스페인어로 이루어졌고 조사자들의 말을 이해하여 응답한 경우에도 멕시코 계통의 부모들 대다수는 가정에서 일차적으로 영어를 사용한다고 주장했다. 언어에 대한 그들의 "거짓 진술"은 영어의 부족으로 인해 미국 시민권에 대한 추가 의문을 촉발하지나 않을까 하는 두려움(비록 학교 측에서 의도적으로 그런 것은 아니지만 그들의 입장에서 보면 이치에 맞는 우려) 때문이었을 가능성이 높다. 또 다른 경우, 응답자는 우위 언어를 실제보다 더 많이 사용한다고 말할 수도 있는데, 그것은 자신의 인종적 유산을 받아들이지 않거나 부끄러워하여 (목표 언어권 문화에) 동화되고 싶은 까닭일 수도 있고, 또는 정부의 압박이나 사회적으로 낙인찍히는 것이 두려운 까닭일 수도 있다. 또 다른 경우, 우위 언어의 사용을 과장하여 보고할 수도 있는데, 그것은 이렇게 하는 것이 공식 대표자의 질문에 적절한 답이라고 느끼거나 또는 투표권 허용과 같은 시민의 특권을 누릴 자격을 얻기 위해서일 수도 있다.

한편, 응답자는 자신의 유산에 대한 자부심 때문에 소수 집단 및 조상의 언어 사용을 과장하여 보고할 수도 있다. 또한 자신이 동일시하는 집단에 대한 인식을 더 넓히고, 자원이나 서비스를 얻어내기 위하여 소수 집단 언어 사용을 과장하여 보고할 수도 있다.

또한 질문을 어떻게 작성하느냐 하는 문제가 언어 데이터에 대한 신뢰성의 저하와 비교 불능의 원인이 되는 일은 흔하다. 예를 들어, 다음 질문들은 모두 화자의 제 1언어가 무엇인지 알아보기 위한 것이지만 똑같은 화자라도 어떤 질문을 하느냐에 따라 다르게 응답할 수 있다:

- 당신의 원래 언어는 무엇입니까?
- 당신의 모국어는 무엇입니까?
- 아이였을 때 처음 배운 언어는 무엇이었습니까?
- 아이였을 때 가정에서 대개 사용하는 언어는 무엇이었습니까?
- 가족과 친구들에게 사용할 가능성이 가장 많은 언어는 무엇입니까?
- 당신이 가장 잘하는 언어는 무엇입니까?

3. 용어에 대한 정의와 식별의 기준은 일치하지 않는다.

만일 두 가지 언어에 대한 다중언어 구사능력을 동시에 습득하였다면 "당신의 원래 언어는 무엇입니까?"와 같은 흔한 인구조사 질문에 대해 답하기는 어려울 수 있다. 이런 경우에는 둘 다 제1언어이며, 둘 중 어느 하나 또는 둘 다 "원래 언어"로 간주될 수 있다. 그러한 질문은 언어 우위(또는 상대적 유창성)가 자신의 제1언어에서 나중에 배운 언어로 이동한 사람에게도 또한 문제가 될 수 있다.

또 다른 문제는 다중언어 구사능력 정도에 관한 것이다. 다중언어 구사능력을 갖고 있거나 제2언어를 "안다"고 주장하려면 어느 정도의 능숙함을 갖출 필요가 있는가? 독해 지식만이 중요한가 아니면 대화를 수행할 수 있어야 하는가? 제한된 영역과 관련된 부분만 또는 특별한 목적으로만 배운 언어는 어떻게 해야 하는가? 다중언어 구사능력을 주장하려면 다중 언어로 기능할 수 있는 능력 면에서 균형이 거의 맞아야 하는가, 혹은 다중언어 구사능력에는 제2언어 학습의 초기 단계도(많은 SLA 연구의 관점) 포함되는가?

정의 측면에서 통계를 신뢰하지 못하는 아마 가장 기본적인 토대는 "언어" 자체의 의미에 있을 지도 모른다. 왜냐하면 별개의 언어로 간주되려면 (언어적인 것 뿐 아니라) 사회적 및 정치적 기준도 포함되기 때문이다. 예를 들어, 종교적으로 차이가 있고 서로 다른 문자 체계를 사용한 결과 인도의 힌두어와 우르두(Urdu)어는 비록 대부분의 다양성에 대해 상호 이해가 가능함에도 불구하고 서로 다른 언어로 간주되고 있다; 한편 상호 이해가 불가능한 중국어의 "방언"들(예를 들어, 중국 표준어와 광동어)은 국가적 응집성을 강조하고 싶을 때 같은 언어로 간주한다. 유사한 예는 정치적 변화에 수반될 수 있는 하나의 과정으로서 언어가 재분류될 때 발생한다. 예를 들어, 정치적 통일체였던 유고슬라비아가 멸망하자 전에는 세르보-크로아티아어 내에 분류되었던 보스니아어와 몬테네그로어가 별개의 언어로 공식 분리되는 결과를 가져왔다(그 자체로는 단일 언어지만 국가적 다양성 때문에 나누어지고 종교적 차이 때문에 서로 다른 알파벳을 사용함으로 구별된다). 하이티 섬의 크레올이 별개의 언어로 간주되어야 하는가 아니면 프랑스어의 다양성으로 간주되어야 하는가와 같이 사회적 지위 또는 특권도 또한 중요한 역할을 한다. 크레올은 원래 아프리카어를 사용하는 노예들과 프랑스어를 사용하는 노예 무역상인 및 식민 통치자들 간의 언어 접촉을 통해 생겨났으며, 프랑스어의 어휘를 통합하는 한편 자체로 체계적인 문법을 발달시켰다. 언어학자들은 크레올을 별개의 언어로 분류하는데 왜냐하면 문법과 용법이 프랑스어와 전혀 다르기 때문이다. 이와는 반대로 크레올은 "실제" 언어가 아니라 단지 프랑스어의 다양성 중 열등한 것이라고 격하하는 사람도 있다. 이러한 크레올 및 다른 크레올을 충분히 성숙된 언어로 인식하는 것은 언어적인 고려를 넘어서는 것인데, 왜냐하면 그러한 인식을 통해 그 언어를 사용하는 사람들에 대한 사회적 실체와 지위가 강화되기 때문이다. 여기에는 또한 잠재적으로 중요한 교육적 함의도 담겨 있다. 예를 들어, 하이티섬의 크레올 사용자가 프랑스어를 습득하는 경우 그들이 사실은 제2언어를 배우고 있다고 교사가 인식하게 되면 서로 다른 지도방법을 사용할 가능성이 있다. 따라서 교사는 자신이 해야 할 일을 자신에게 배우는 학생들의 "나쁜 프랑스어"를 "교정하는 것" 혹은 "일소하는 것"으로 더 이상 간주하지 않게 되며, 제2언어는 제1언어를 대체해야 한다기보다는 제1언어에 부가될 수 있는 것으로 느끼게 될 가능성이 더 높다. 유감스럽게도 사회적으로 "열등"하거나 "교양 없는" 언어의 다양성은 도덕적인 위협이며 완전히 근절되어야 한다는 태도가 교육자들 사이에서도 공유되고 있으며 때로는 이러한 일이 거의 종교적인 열정에 의해 추구되기도 한다.

언어 학습의 특성

제1언어 습득의 대부분은 학교에 들어가기 전에 완성되며, 이러한 발달은 보통 의식적인 노력 없이 일어난다. 생후 6개월까지 유아는 이 세상의 어떤 언어가 되었든 모음 전부와 자음의 대부분을 발음해내는데, 여기에는 부모가 말하는 언어에는 나타나지 않는 몇 가지 소리도 포함된다. 만일 아이들이 자신의 주변에서 영어를 듣게 되면 영어 단어의 의미에 차이를 가져오는 소리들(음소 phonemes)의 구별 방법을 배우게 될 것이며, 그러한 차이가 없는 소리들을 무시하는 방법 또한 배울 것이다. 만일 아이들이 주변에서 스페인어를 듣게 된다면 영어 화자가 무시하는 법을 배우는 몇 가지 소리들, 예를 들어 'but'을 뜻하는 pero에서의 설탄음 'r'과 'dog'를 뜻하는 'perro'에서의 전동음 'rr'을 구별하는 법을 배우게 될 것이며, 스페인어에서는 구별되지 않지만 영어 단어의 의미에 중요한 몇 가지 차이, 예를 들어 share와 chair의 sh와 ch를 무시하는

법을 배우게 될 것이다.

평균적으로 아이들은 3세가 되기 전에 모국어의 변별음 대부분을 숙달하게 되며, 대화 차례 넘겨받기와 같은 기본적인 담화 유형에 대한 깨달음은 훨씬 이른 시기에 숙달된다. 복잡한 문법 유형의 경우, 아이들은 학교에 다니는 동안 이를 계속하여 발전시켜 나가겠지만 제1언어의 기본적인 문법 유형 대부분은 5~6세가 되기 전에 다룰 수 있게 된다.

이와 똑같은, 자연스럽고 일반적으로 별다른 노력이 들지 않는 학습 과정은 어린 시절 한 가지 이상의 언어에 상당한 노출이 있을 때 일어난다. 만일 어린 아이들이 자신이 처한 환경에서 두 가지(또는 그 이상의) 언어를 듣고 이에 응답하게 될 경우, 결과는 동시적 다중언어 구사능력(simultaneous multilingualism) (3세쯤까지 여러 가지의 제1언어가 습득됨)이 될 것이다. 제1장에서 언급하였듯이, 동시적 다중언어 구사능력은 제2언어 습득(SLA)의 통상적인 연구 분야에 포함되지 않으며, 제2언어 습득 연구에서는 순차적 다중언어 구사능력(sequential multilingualism) (제2언어가 제1언어 이후 습득됨)에 초점을 맞춘다.

아이들이 어떻게 제1언어를 이른 시기에 습득하는지에 대한 우리의 이해(및 고찰)는 지난 50여 년 동안 급격히 변화되어왔는데, 그것은 일차적으로 언어학과 심리학의 발달에 힘입은 바 크다. 한때 제1언어 습득은 대체로 자신을 헌신적으로 사랑해주는 부모를 기쁘게 하려는 선천적인 욕구의 결과라고 제안되기도 했는데, 실제로 부모들은 아이들이 알아들을 수 있는 단어를 발화할 때까지 참을성 있게 기다린다. 그러나 비교적 무관심한 부모의 자식들도 거의 똑같은 속도로 언어를 성공적으로 습득한다. 아이들의 언어 습득은 목적이 있는 것이며 자신을 돌봐주는 사람들에게 자신이 원하는 것과 필요를 전하려는 충동 때문에 언어를 발전시킨다고 주장하는 사람들도 있었다. 그러나 이것이 적절한 설명인지는 증명되지 못하고 있는데, 왜냐하면 아이들의 경우, 자신의 제한된 활동 영역 안에서 몸짓을 사용하거나 비명, 흐느낌, 투덜거림, 그리고 울음과 같은 비언어적인 소리를 사용함으로써 의사소통적 필요를 대체로 충족시키는 것처럼 보이기 때문이다.

20세기 중반까지 아마 가장 널리 받아들여졌던 견해는 아이들이 모방을 통해(자극-반응 이론 stimulus-response theory) 언어를 배운다는 것이다. 아이들의 초기 언어학습 중 많은 부분이 주변에서 얻을 수 있는 소리와 단어를 모방하는 것에 기인하는 것이 사실이겠지만, 그들이 사용하는 발화의 많은 부분이 매우 독창적이어서 모방으로는 설명될 수 없는데, 왜냐하면 그들이 그러한 것을 전에 들어본 적이 없기 때문이다.

선천적인 능력의 역할

인간은 언어를 배울 수 있는 선천적인 능력 또는 타고난 능력(innate capacity)을 갖고 태어난다. 그러한 경향이 있다고 추정하여야 하는 까닭은 바로 다음과 같은 여러 가지 사실을 설명하기 위해서이다:

- 아이들은 영어, 벵골어, 한국어, 스와힐리어, 또는 세상의 어떤 언어가 되었든 똑같은 나이에 똑같은 방식으로 자신의 제1언어를 배우기 시작한다.
- 앞서 언급한 것처럼 아이들은 언어에 관계없이 약 5~6세까지 제1언어의 기본적인 음운 및 문법 조작 방법을 숙달한다.
- 아이들은 새로운 발화를 이해하고 만들어낼 수 있다; 이미 들었던 것을 반복하는 것에 제한되지 않으며, 아이들이 만들어내는 발화는 주변의 성인들이 만들어내는 발화와 종종 체계적으로 다르다.
- 제1언어 습득에는 마감되는 나이가 있으며, 그것을 넘게 되면 결코 완벽해질 수 없다.
- 제1언어 습득은 단순히 일반 지능의 한 가지 양상이 아니다.

언어를 습득하는 선천적인 능력을 타고난 능력이라는 관점에서 바라보는 것은 언어 구조의 일부가 인간의 모든 아이에게 유전적으로 "주어져"있다고 말하고 있는 것이다. 모든 언어는 매우 복잡한 체계를 갖고 있어서 어떤 아이가 되었든 그 언어를 평상적인 의미 그대로 "배워야" 한다면 이른 나이에 숙달이 불가능할 것이다. 새로운 발화를 만들어내는 아이들의 능력은 놀라울 정도이며, 일련의 단어들이 문법적인 문장을 구성하지 못하는 것이 언제인지 알아차리는 능력은 훨씬 더 놀랍다. 예를 들어, 제1언어로서 영어를 습득하는 아이들은 'Cookies me give'가 비문법적이라는 것을 일찍부터 알아차릴 수 있다. 특정 단어 집단이 영어 문장이 아니라는 것을 들어본 적이 결코 없지만, 그럼에도 불구하고 그들은 어떻게든 그 사실을 안다. 만일 단어들의 연속 중 어떤 것이 자신의 언어에서 가능한 문장이며 그렇지 못한 문장인지 지적해주는 추상적인 원리들의 집합을 아이가 의식적으로 배워야 한다면, 오직 영리한 아이들만 말하는 법을 배울 것이며 그렇게 하는데 실제보다 훨씬 더 많은 세월이 필요할 것이다. 이것은 "언어 습득의 논리적인 문제"의 일부로서 이후 더 자세히 논의될 것이다.

많은 언어학자와 심리학자들이 지지하고 있는 가설은 이러한 추상적인 원리들 중 다수가 언어-특수성, 다시 말해 특정 언어에만 적용되는 원리에 반대되는 개념으로서 모든 언어에 공통적이라는 것이다. 이러한 견해에 따르면 그러한 보편적인 원리들은 인간의 모든 아이들에게 단지 인간이라는 이유만으로 "프로그램화되어" 있으며, 이와 같은 사실은 자신이 듣게 되는 소리와 단어들의 뒤범벅을 아이들이 처리해내는 능력과 본질적으로 다른 아이들과 똑같은 구조를 생각해내는 능력을 설명해준다.

모든 제1언어 발달이 본질적으로 똑같은 순서를 따르게 되는 이유를 설명하기 위해서 우리는 아이들의 언어 발달에 대해 점점 더 복잡한 구조들과 이들을 결합하는 규칙들을 습득해가는 점진적인 과정으로 간주할 수도 있다. 언어 발달의 단계와 수준이 묘사되고 연구될 수 있기 때문에 아동 문법(child grammar)에 관해 이야기하는 것이 가능하다: 다시 말하면 어떤 아이가 일정한 성숙 수준에서 발화하거나 이해할 수 있는 종류의 발화를 체계적으로 서술하는 것이 가능하다. 그들의 문법과 성인이 사용하는 문법 사이의 차이점은 아이의 입장에서 실패로 간주되는 것이 아니라 그러한 발달 수준에서는 아이들의 정상적인 발화로 간주된다. 아이들이 성숙해짐에 따라 그들의 언어 능력 또한 성숙해진다. 특정 문법에 대한 처리는 다른 처리보다 더 복잡하기 때문에 단순한 수준보다 더 높은 성숙도를 요구한다. Jean Piaget가 수십 년 전에 관찰하였듯이(예를 들어 1926년) 자신이 사용하는 제1언어에서 현재 갖고 있는 언어학적 이해를 넘어서는 복잡성을 숙달하기 위해서 보통의 아이들이 필요로 하는 것은 시간을 늘리는 것이지 자극을 늘리는 것이 아니다.

언어 발달의 여러 단계들을 통과해나가는 **속도**(rate)는 아이 개개인에 따라 매우 다양할 수 있지만, 발달 **순서**(order)는 아이나 언어가 달라지더라도 비교적 변하지 않는다. 그 까닭은 속도의 경우 개인적 요인의 영향을 받을 수 있지만, 순서는 "구조가 가진 의미적 및 문법적 복잡성에 의해 일차적으로 결정되기"(Brown 1973:59) 때문이다.

제1언어 습득에 "마감 시점"이 있다는 말은 만일 그러한 처리 과정이 어린 시절에 시작하지 않는다면 정상적인 발달은 일어나지 않는다는 뜻이다. 습득이 어린 나이에 시작하더라도 대개 사춘기 정도가 되면 어떤 수준에 도달해있든지 언어 발달의 진전 속도가 급격히 느려지기 시작한다. 지능 발달이 몹시 늦은 아이들의 경우 (똑같은 순서로 진행하더라도) 발달 속도가 보다 느리기 때문에 완전한 성인 문법을 결코 발달시키지 못할 가능성이 있다. 나이가 제1언어와 제2언어 습득에 미치는 영향은 제4장에서 결정적 시기 가설(critical period hypothesis)로 논의될 것이다.

언어의 복잡성을 고려하면, 성숙한 지능을 가진 성인들조차 새로운 언어에서 원어민과 같은 유창성을 획득하는 일이 드문 것은 당연하다. 그러나 유한한 기억력, 제한된 추리력, 그리고 거의 존재하지 않을 것으로 추정되는 분석력에도 불구하고 거의 모든 아이들은 적절한 노출을 받았을 경우 어떤 언어에서든지 완전한 유창성을 획득하며 그 언어로 다른 사람들과 상호작용한다. 언어를 습득하는 능력은 분명히 우월한 지능을 가진 아이들이라 하더라도 보통의 지능을 가진 아이들보다 더 일찍 말을 시작하지는 않을 뿐더러 더 나은 결과를 나타내는 것도 아니기 때문에 지적인 능력 하나에만 좌우된다고 할 수 없다.

사회적 경험의 역할

제1언어 습득의 모든 것이 선천적인 능력에 기인하는 것은 아니다. 왜냐하면 특정 언어에 대한 학습 또한 중요한 역할을 하기 때문이다. 아이에게는 언어에 대한 보편적인 속성들이 프로그램화되어 있기는 하지만, 자신의 모국어를 인간의 모든 다른 언어와 구별시켜주는 특징들에 대해 배우지 않으면 안 된다. 그 특정 언어가 자신의 주변에서 사용되지 않을 경우, 아이는 절대로 그 특정 언어를 습득하지 못할 것이다. 또한 아이의 언어적 유산이 무엇이 되었든 자신의 주변에서 사용되는 언어만을 배울 것이다. 한국이나 그리이스의 가계를 가졌지만 미국에서 태어난 아이를 예를 들어, 영어가 그 아이의 주변을 에워싸고 있을 경우, 조부모의 언어를 절대로 배우지 못할 것이며, 만일 성인이 되어 자신의 조상들의 언어를 배우려고 시도할 경우 다른 영어 화자들과 마찬가지로 배우기가 어려움을 발견하게 될 것이다. 따라서 모국어 입력과 상호작용을 포함한 적절한 사회적 경험은 습득에 필요한 조건이다.

어린 아이에게 의도적으로 모국어를 가르치는 것은 불필요하며 정말 별다른 효과가 없다. 자녀의 미성숙한 발음과 문법을 "수정해주는" 부모가 있기는 하지만 대부분의 부모는 그렇게 하지 않으며, 그러한 지도를 받은 아이들 사이에 습득 속도의 차이는 별로 현저하지 않다. 아이들처럼 보다 복잡한 구조를 첨가하면서 문법과 단어 선택을 단순화시키는 성인들도 있지만, 그러나 "단순함"에 대한 성인들의 개념이 언어 습득의 실제 순서와 상응하는 것은 아니다. 아이의 언어 발화를 모방하는 성인들도 있는데, 이러한 모방에서 그들은 때때로 아이가 사용한 구조를 확장하기도 한다(예를 들면, 'That dog'라고 말하는 아이에 대한 응답으로 'Yes, that's a big, brown dog'라고 말하는 것). 그러한 확장은 새로운 형태에 대한 아이의 이해력을 발달시키는 역할을 하겠지만, 이러한 유형의 입력을 받지 못했으면서도 언어 발달 속도가 여전히 똑같은 아이들이 많기 때문에 그것이 필수적이라고 간주할 수는 없다.

제1언어 입력과 상호작용의 원천은 문화적 및 사회적 요인에 따라 다양하다. 어머니의 말은 아이에게 초기 언어 입력원으로서 가장 중요한 것으로 흔히 추정되고 있지만, 아버지나 형제들 또한 여러 사회에서 아이를 양육할 중요한 책임을 지고 있으며 유력한 입력원이 될 수 있다. 그리고 여러 문화권에서 사회적으로 보다 부유한 계층은 아이를 양육할 책임의 대부분을 유모나 하인에게 위임하고 있다. 또한 다른 아이들로부터 받는 입력의 상대적 중요성은 보육원과 같은 사회 기관의 중요성과 마찬가지로 문화에 따라 다양하다.

아이가 주변 사람들로부터 제1언어 입력과 상호작용을 적절히 경험하기만 하면, 발음은 그가 듣게 되는 제1언어의 지역적 및 사회적 다양성 또는 스타일에 따라 자연스럽게 영향을 받지만, 음운 및 문법 발달의 속도와 순서는 입력원에 따라 다양한 체계를 나타내는 것 같지는 않다. 그러나 어휘 지식은 사회적 맥락에 따라 상당한 변이가 있는데, 왜냐하면 어휘는 전형적으로 사회적 경험과 연관되어 학습되기 때문이다. 또한 아이가 이른 나이에 어떤 말하기 기능을 배우는가 하는 것은 그가 가진 사회적 경험에 따라 어느 정도 다양하다. 예를 들면, 보육원에 다니는 아이들은 집에서 양육되기 때문에 동료들과 상호작용하거나 경쟁하는 경험을 갖지 못한 아이들보다 다른 아이들을 통제하고 조종하는데 필요한 구두 언어 기능의 발달이 보다 두드러짐을 발견했다.

어린 아이의 사회적 경험에 둘 또는 그 이상의 언어를 사용하는 사람들이 포함될 경우, 그 두 개 언어 또는 그 모든 언어를 배울 수 있는 타고난 능력을 똑같이 갖게 되는데, 이와 아울러 별도의 지도가 없더라도 각 언어가 가진 특징들을 배울 수 있는 능력도 똑같이 갖게 된다. 초기 어린 시절 이후 다른 언어를 습득하는 것은 약간 중요한 차이를 보이는데, 이 점에 대해서는 다음 항에서 살펴볼 것이다.

제1언어 대 제2언어

제1언어와 제2언어 학습에 대한 간략한 비교는 세 개의 국면으로 나누어진다. 첫번째 국면은 **초기 상태**로서, 여기에는 제1언어 또는 제2언어 습득의 바로 초기에 학습자의 머리 속에 존재한다고 많은 언어학자들과 심리학자들이 믿고 있는 언어 구조 및 원리에 관한 기본 지식이 포함된다. 두 번째 국면은 중간 상태로서 기본적인 언어 발달의 모든 상태를 포괄한다. 여기에는 필자가 "아동 문법"이라고 부르는 곳에 일어나는 성숙 상의 변화 및 **학습자 언어**(또한 **중간언어 IL**)로 알려져 있는 제2언어 발달의 순서가 포함된다. 이 국면에 대해 우리는 제1언어와 제2언어 발달 과정을 비교할 것이며, 필요하거나 언어 학습을

표 2.2 제1언어 대 제2언어 발달

제1언어		제2언어
	초기 단계	
타고난 능력		타고난 능력? 제1언어 지식 세상 지식 상호작용 기능
	중간 단계	
아동 문법		**학습자 언어**
	기본 과정	
성숙		전이
	필요 조건	
입력 상호작용		입력
	용이하게 하는 조건	
		피드백 적성 동기 지도 …
	최종 단계	
원어민 능력		다중언어 구사능력

용이하게 해주는 조건들을 비교할 것이다. 세 번째 국면은 **최종 상태**로서, 제 1언어와 제2언어 학습의 성과에 해당된다.

표 2.2는 이러한 세 가지 국면을 단순화시킨 것으로, 제1언어와 제2언어 학습 간 대조를 이루는 중요한 항목으로서 앞으로 살펴보게 될 몇 가지도 아울러 나타내고 있다.

초기 상태

제1언어에 대한 아이 마음속의 초기 상태는 거의 틀림없이 언어 학습의 타고난 능력인 반면, 나이 든 학생이 제2언어를 습득할 경우에도 그러한 선천적인 능력이 초기 상태의 일부인지는 결코 분명하지 않다(그래서 표 2.2에서는 "?"으로 표시하였음). 언어를 학습할 수 있도록 아이가 출생할 때부터 갖고 있는 유전적인 성향은 평생에 걸쳐 남아있게 되며, 제1언어와 제2언어 학습 간 최종 성과의 차이는 다른 요인에 기인한다고 믿는 언어학자들과 심리학자들이 있다. 또한 제1언어에 대해 아이가 갖고 있는 타고난 능력의 어떤 양상들은 후속 언어의 습득에 여전히 영향을 미치지만 이러한 선천적인 능력의 어떤 양상들은 나이가 들면서 사라진다고 믿는 학자들도 있다. 한편, 언어 습득에 대한 타고난 능력은 어린 시절이 지나면 남아있지 않게 되며 후속 언어를 학습하는 방식은 나이 든 학습자가 수학이나 역사 같은 다른 지적 영역을 넓혀가는 것과 유사하다고 믿는 학자들도 있다.

언어 학습에 대한 정신적 능력을 직접 관찰할 수는 없기 때문에 이러한 서로 다른 믿음들은 대체로 이론적인 가정에 기초하고 있으며 간접적인 방법으로 테스트되는데, 각각 서로 다른 학문적 관점에서 출발했기 때문에 상호 동의하지 않을 수도 있다. 예를 들면, 어떤 제2언어 발화가 가능한지 아닌지(앞서 언급된 예시 'Cookies me give'와 같이) 판단해낼 수 있는 학습자의 능력을 믿는 학자들이 많이 있는데, 이러한 능력은 아이가 가진 제1언어 능력의 한 가지 양상으로서 타고난 능력에 기인한다. 사회적 관점을 취하는 많은 학자들은 (비)문법성에 대한 그러한 판단 능력을 확실한 증거로 받아들이지 않는 경향이 있는데, 왜냐하면 그것이 제2언어를 이해하고 사용하는 실제 상황을 포함하지 않는 인위적인 과업에서 나온 것이기 때문이다. 심리적인 관점을 취하는 많은 학자들은 사회적으로 구성되는 증거(선천적인 언어 발화와 같은)를 받아들이지 않는데, 그 까닭은 실제 사회적 용례에 수반되는 많은 변수들은 실험 조사에 맞도록 통제할 수 없기 때문이다. 그래서 언어 습득에 대한 타고난 능력 중에서 제2언어 습득(SLA)의 경우에도 이용 가능하도록 얼마가 남아 있느냐 하는 정도의 문제는 매우 흥미로우며 중요하지만, 앞으로 몇 년이 더 지나더라도 해결되지 않을 가능성이 높다.

그러나 완전히 일치되는 점도 있는데, 그것은 제2언어 습득의 경우 제1언어 습득에 뒤따르는 것이기 때문에 제2언어 학습의 초기 단계 중 한 가지 중요한 요소는 제1언어에 대한 사전 지식임에 틀림없다는 것이다. 이것은 언어가 (일반적으로) 어떻게 작용하는지에 대해서 뿐 아니라 새로운 제2언어의 발화에 부분적으로만 관련되면서 특정 언어에만 적용되는 무수한 특징들에 대한 지식을 함의한다. 제1언어에 대한 이러한 사전 지식은 제2언어가 발달하는 동안 제1언어로부터 제2언어로의 전이에 영향을 미치는데, 우리는 이를 제1언어 대 제2언어 학습의 두 번째 국면 중 일부로 간주할 것이다.

또한 제2언어 학습자는 언어 습득의 초기 단계에서 제1언어 습득을 시작하는 시점의 어린 아이들이 갖지 못한 실제 세상 지식을 이미 소유하고 있다. 이것은 나이가 들어감에 따라 병행되는 인지 발달 및 경험과 함께 나타나는 것이다. 또한 제2언어 학습의 초기 상태에는 요청하기, 명령하기, 약속하기 및 사과하기와 같은 상호작용 기능을 성취하는 수단에 관한 지식도 포함되며, 이것은 제1언어 습득과 관련하여 발달된 것이지만 제1언어의 초기 상태에는 존재하지 않았다.

따라서 제1언어 학습의 초기 단계는 오로지 언어 습득에 대한 타고난 능력으로만 구성되어 있으며, 이것은 제2언어에까지 지속될 수도 있고 그렇지 못할 수도 있으며 혹은 약간 제한된 방식이기는 하지만 이용 가능할 수도 있다. 한편, 제2언어 학습의 초기 단계에서는 제1언어 구사 능력, 세상 지식, 그리고 효과가 입증된 상호작용 기능들을 갖고 있으며, 이것은 재산이면서 동시에 장애가 될 수 있다.

중간 상태

제1언어와 제2언어 학습자는 언어 체계의 초기 상태에서 최종 상태로 나아가면서 많은 중간 상태를 거치게 된다. 제1언어와 제2언어 발달은 둘 다 대체로 체계적이라는 점에서 유사성이 있는데, 여기에는 각 언어 내부의 많은 현상들에 대해 예측 가능한 순서가 있고 그러한 순서 측면에서 언어들 간 유사성이 약간 있다는 점이 포함된다. 또한 제1언어와 제2언어 학습자 둘 다 그들이 듣거나 배운 것을 단순히 모방하는 것이 아니라 스스로 자신의 언어 발달에 창조적인 역할을 한다는 사실에서도 유사성이 있다.

처리 과정들

지금까지 살펴본 것처럼 제1언어의 아동 문법의 경우, 발달은 자발적이면서 대체로 무의식적인 처리 과정이며, 이것은 인지적 성숙과 밀접하게 연관되어 있다. 앞서 주목한 것처럼 아이가 성숙함에 따라 언어 능력 또한 성숙해진다. 이와는 대조적으로 제2언어 학습자의 경우, 학습자 언어(다시 말하면 중간언어)의 발달은 인지적 성숙이 중요한 요인으로 간주될 수 없는 나이에 일어난다; 제2언어 학습자는 이미 자신의 제1언어에서 복잡한 발화를 이해하고 만들어낼 수 있는 수준의 성숙도에 도달해있으며 성숙도 수준은 특정 언어에만 적용되는 것이 아니다. 결국 성숙 이외의 다른 처리 과정들이 제2언어 습득(SLA)의 발달을 설명하는데 관련되어야 한다.

정신적 능력을 직접적으로 관찰할 수 없는 것처럼, 발달상의 처리과정 역시 직접적으로 관찰할 수는 없지만, 학습자가 서로 다른 단계에서 자신이 이해하고 만들어내는 발화를 통해 아마 어떤 처리과정이 일어나고 있는지는 추측해낼 수 있다. 이것은 SLA에 있어서 근본적인 문제인 '어떻게'에 초점을 맞추고 있는데, 후속 장에서는 이를 다른 관점에서 살펴볼 것이다. 이 문제에 대한 답이 다양하기는 하지만 언어 상호간의 영향, 다시 말해 제1언어의 사전지식이 제2언어에 미치는 전이는 중간언어 발달과 관련된 처리과정 중 하나라는 것에는 일반적인 합의가 이루어져 있다. 전이의 두 가지 중요한 유형은 다음과 같다:

- **정적 전이**: 제1언어의 구조나 규칙이 제2언어 발화에 사용되고 그러한 사용이 제2언어에서 적절하거나 "바른" 것일 때.
- **부적 전이**(다시 말해 **간섭**): 제1언어의 구조나 규칙이 제2언어 발화에 사용되지만 그러한 사용이 부적절하고 "오류"로 간주될 때.

언어 상호간 영향은 중간언어의 모든 수준, 즉 어휘, 발음, 문법 및 언어 구조와 사용의 제반 양상에서 일어난다. 정적 전이는 제2언어 학습을 용이하게 해주는데, 왜냐하면 제1언어의 구조나 규칙이 제2언어에도 적용된다는 것은 새로운 것을 학습할 필요가 없다는 뜻이기 때문이다. 예를 들면, 두 언어에서 본질적으로 똑같은 형태와 의미를 가진 단어는 제1언어에서 제2언어로 적절히 전이될 수 있다: 가령 '바깥'을 의미하는 exterior는 스페인어와 영어 모두에서 사용되는 단어이다(발음이 다르기는 하지만 철자와 의미는 똑같다). 제1언어 자질의 부적 전이는 종종 제2언어 형태를 통해 추론할 수 있는데, 이것은 제2언어의 원어민 화자가 발화할 가능성이 있는 어떤 것과도 닮은 점이 없고 단일 언어 발화에서는 일어나지 않을 것 같은 요소들의 통합이다. 제1언어 발음이 제2언어로 부적절하게 전이되는 것은 비원어민의 발화에 나타나는 "외국인 말투"로 감지할 수 있으며, 제1언어의 영향 중 가장 흔하고 가장 쉽게 알아차릴 수 있는 양상이다. 문법 수준에서의 간섭은 제2언어가 영어인 학습자의 다음 발화에서 그 예를 찾아볼 수 있는데, 영어 원어민이 이렇게 말할 가능성은 별로 없다:

Can I assist to your class?
I have been always to class on time.

우리는 나이가 많은 아이와 성인들의 경우 자신의 제1언어 능력에 더하여 인지적 발달 및 경험이 동반되면서 세상 지식에 접촉하게 된다는 점에 주목하였으며, 이것은 또한 중간 상태 동안의 제2언어 사용에도 적용된다. 상위의 세상 지식에 연계된다는 개념은 너무나 복잡하여 제한된 제2언어 능력으로는 적절히 표현하기가 종종 어렵지만, 적어도 그 의미 중 일부는 맥락을 통해 그 의미가 전달될 것이며 제2언어의 어휘 학습을 자극할 가능성이 있다. 예를 들면, 이민자 가정의 고학년 학생은 교과목 영역(과학 및 수학과 같은)에 대한 사전 지식을 가진 채로 미국 학교에 등록할 것이며, 그러한 지식은 미국 교육과정의 기대치와 동등하거나 그 이상일 것이지만 제2언어로서의 영어 능력은 부족하기 때문에 자신이 아는 것을 표현하지 못할 것이다. 이러한 학생들은 그러한 개념들을 또다시 필요로 하지는 않는데, 왜냐하면 개념 자체는 특정 언어에 의존하는 것이 아니기 때문이다. 그들에게는 단지 이것들을 제2언어로 표현할 수 있는 특정 언어의 새로운 형태가 필요할 뿐이다. 공학과 컴퓨터 과학 같은 분야에서 상위 수준의 국제 학생들은 자신이 이미 습득한 개념에 해당하는 제2언어로서의 영어 용어를 배우는 것이 원어민 화자가 무엇인가를 시작하기 위해 그러한 용어와 개념을 습득하는 것보다 훨씬 더 쉽다는 것을 발견한다.

미국으로 이민 온 가정의 성인들은 종종 운전하는 법을 배우게 되고, 새로운 사회 환경으로 전이될 수 있는 직업 관련 지식과 기능을 갖고 있을 가능성이 있다. 미국에서 운전 면허증을 취득하기 위한 시험에 합격하려면 약간의 새로운 규칙과 법규 및 어느 정도의 영어는 배워야 하지만, 운전하는 법을 완전히 다시 배울 필요는 없다. 이와 비슷하게 직업 관련 영어도 일반적으로는 직업 관련 사전 지식 및 기능에 비교적 쉽게 첨가될 수 있다. 제1언어의 토대가 제2언어 학습의 일부에 이용될 수 있을 때, 그리고 중요한 용어가 언어 상호간 공유될 때, 지식 및 기능을 제2언어 환경에 전이시키기가 훨씬 더 쉬워질 것임은 명백하지만, 개념 전이는 어떤 경우에든 일어난다.

또한 앞서 암시하였던 것처럼 제1언어에서 발달시킨 사회적 상호작용 기능 중 다수가 제1언어에서 제2언어로 전이된다. 여기에는 종종 긍정적 전이가 관련되며 중간언어 발달을 용이하게 하지만, 제2언어 환경에 적절하지 않은 것도 일부 있다. 제한된 언어 수단을 가지고 의사소통을 어떻게 성취해내는가의 예시는 제5장에서 제시될 것이다.

필요 조건

학습자에 대한 언어 입력은 제1언어나 제2언어 학습이 일어나기 위해 절대적으로 필요하다. 이에 더하여 제1언어 학습이 일어나기 위해서는 아이가 다른 사람들과 상호작용할 필요가 있다. 이와는 대조적으로 상호 교환되는 사회적 상호작용은 일반적으로 제2언어 습득을 용이하게 하지만, 필요한 조건은 아니다. 어떤 사람은 비록 라디오, 텔레비전, 또는 문자로 된 텍스트와 같은 비(非) 상호적인 자료들을 통해서만 입력을 받았으면서도 제2언어에서 상당히 높은 수준의 능숙도에 도달할 수 있다. 제2언어 습득에서 입력과 상호작용의 역할은 제5장에서 논의될 것이다.

촉진 조건

아이의 제1언어 학습이 별도의 지도 없이 일어나고, 제1언어의 발달 속도는 미성숙한 형태에 대한 교정이나 말을 하려는 동기의 정도에 크게 영향 받지는 않지만, 제2언어의 발달 속도와 궁극적인 도달 수준은 여러 가지 사회적 및 개인적 요인에 따라 용이해지기도 하고 억제되기도 한다. 용이하게 하는 조건들을 찾아내고 설명하는 것은 제2언어 습득에서 본질적으로 '**왜**' 라는 질문에 초점을 맞추고 있다: 왜 어떤 제2언어 학습자는 다른 학습자보다 더 성공적인가?

후속 장에서 살펴보게 될 그러한 조건들 중 일부는 다음과 같다:

- **피드백**: 제2언어 학습자의 오류에 대한 교정을 포함하여
- **적성**: 기억 용량 및 분석 능력을 포함하여
- **동기**: 다시 말하면 배우고자 하는 필요와 욕구
- **지도**: 다시 말하면 학교 환경에서 명시적인 가르침

최종 상태

최종 상태는 제1언어 또는 제2언어 학습의 결과이다. 제1언어 발달의 최종 상태는 정의상으로는 원어민이 가진 언어 능력이다. 어휘 학습 및 특수 용어(대학에서 사용되는 형식적인 글 유형)의 계발은 성인기에도 계속되겠지만, 아이가 주변에서 듣게 되는 어떤 언어든지 기본적인 음운 및 문법 체계는 (앞서 주목하였듯이) 5~6세 정도면 본질적으로 확립되며 아울러 의사소통 기능을 충족하는데 충분한 정도의 어휘 지식 및 상호작용 기능과 함께 습득된다. 이것은 인간의 보편적인 성취이며 특별한 적성이나 노력을 요하지 않는다.

한편, 제2언어 발달의 최종 상태는 다시 정의해보자면 절대로 원어민이 가진 언어 능력의 전부일 수 없으며, 학습자가 도달하는 능숙도 수준은 대단히 다양하다. 제1언어에서 원어민의 능력을 갖고 있고 아울러 제2언어에서도 "원어민에 가까운" 또는 "원어민 같은" 능력에 도달하는 학습자도 있지만, 대다수는 어느 시점에서 학습 목표를 향한 더 이상의 진보가 멈추게 되며, 결과 제1언어가 간섭하는 예나 제2언어의 원어민 화자가 사용하는 것과는 다른 창의적인 구조(제2언어 습득에서 **화석화**로 알려져 있는 진보가 "얼어붙은" 상태)를 여전히 포함하고 있다. 다중언어 발달에서 궁극적인 수준 차이를 가져오는 요인들의 복합체는 제2언어 습득 이론과 제2언어 교수법에서 매우 중요한 관심사이다.

언어 학습의 논리적 문제

아이가 습득해내는 언어 체계의 복잡성과 그런 일을 하는 나이 때의 미성숙한 인지 능력을 고려할 때 대체 어떤 방법으로 제1언어 발달의 최종 상태를 일반적으로 쉽게 그리고 완전히 성공적으로 성취해내는가? 이 문제는 **언어 학습의 논리적 문제**를 형성한다. 언어학자들에 의해 공식화된 이 "문제"는 통사적 현상과 가장 중요하게 관련되어 있다. 앞 절에서 주목하였던 것처럼 대부분의 언어학자와 심리학자는 이러한 성취가 선천적이고 자발적인 언어학습 개념 및 과정에 기인하는 것으로 간주해야 한다고 추정한다. 선천적인 언어 능력이 언어 습득의 기저에 깔려있어야 한다는 개념은 Noam Chomsky(1957, 1965)에 의해 채택되었고, 이어 제2언어 습득 이론과 연구에 대단히 큰 영향을 주어온 보편 문법 이론으로 공식화되었다 (이 점에 대해서는 제3장에서 논의될 것이다). 이러한 견해는 다음과 같은 주장들에 의해 지지를 받아왔다:

1. 아이의 언어 능력은 자신이 받은 입력으로부터 학습할 수 있는 것을 넘어선다.

이것은 본질적으로 자극 빈약(poverty-of-the stimulus)론이다. 이 주장에 따르면 아이는 문법적인 입력과 함께 불완전하거나 비문법적인 발화를 듣게 되지만 모종의 방법을 통해 자신이 들은 언어를 걸러내어 비문법적인 입력이 자신의 제1언어 체계에 통합되지 않도록 한다는 것이다. 더 나아가 아이는 성인으로부터 대개 단순화된 입력을 받는데 여기에는 자신의 언어 능력에 존재하는 복잡성 모두를 나타내는 데이터가 포함되어 있지 않다. 게다가 아이는 문법적으로 가능한 문장들 중 한정된 양만 듣게 됨에도 불구하고 전에 들어본 적이 없는 무한한 수의 문장을 해석하고 발화해낼 수 있게 하는 일반 원리와 제약을 추출해낼 수 있다. 훨씬 더 놀라운 것은 아이의 언어 능력에는 어떤 문장들이 가능하지 **않은**지를 아는 능력이 포함되어 있는데, 입력은 그러한 정보를 제공해주지 않는다는 것, 다시 말해 입력은 발달중인 문법을 "하향 결정"함에도 그렇다는 것이다.

아이에게 주어지는 거의 모든 제1언어 입력은 **정적 증거**, 즉 다른 화자들이 사용하는 실제 발화이며 아이는 그 중 적어도 일부만 이해할 수 있다. 많은 제

2언어 학습자와는 달리 제1언어의 경우 습득이 일어나는 초기 몇 년 동안 아이는 명시적인 지도를 거의 받지 않으며, **부적 증거**, 즉 그들이 수정을 받는 일은 좀처럼 없다(그런 일이 있다 해도 종종 이를 알아차리지 못한다).

2. 제약과 원리는 학습될 수 없다.

아이들이 언어를 지배하는 일반적인 제약과 원리에 어떻게 접근하는가 하는 점은 제1언어 문법이 나타나는데 걸리는 시간이 다른 것에 비해 상대적으로 왜 짧은지, 그리고 그것이 아주 체계적으로 이루어지는 까닭이 무엇이며 "별다른" 일탈이 없는 이유도 설명해준다. 이렇게 되는 까닭은 아이들의 경우 타고난 원리로 인해 자신이 받은 입력을 오직 어떤 방식으로만 조직할 뿐 다른 방식으로는 조직하지 않기 때문이다. 앞서 언급된 부정적인 증거가 부족한데 더하여, 제약과 원리는 학습되는 것이 아닌데 왜냐하면 아이들은 그러한 추상화가 자신의 이해 능력을 벗어나는 나이에 제1언어를 습득하기 때문이다; 따라서 제약과 원리는 일반 지능과 연관된 학습 처리과정의 영역 밖에 있다. Jackendoff (1997)는 아이가 가진 이러한 능력에 대해 "언어 습득의 모순"으로 설명한다:

> 만일 정신적 문법 원리를 찾아내는데 일반적인 지능으로 충분하다면, 언어학자들(다시 말해서 심리언어학자나 컴퓨터 과학자)이나 적어도 그들 중 몇몇은 일반 지능이 상당한 수준 이상이므로 그 원리들을 오래 전에 발견해냈어야 할 것이다. 정상적인 아이라면 누구나 아무런 도움을 받지 않고 그러한 원리들을 추출해내는데 우리는 여전히 그 과정을 탐색하고 논의하는 중이라는 사실은 정상적인 아이가 일반 목적용 지능 이외에 다른 무엇인가를 사용하고 있음을 암시해준다. (p. 5)

3. 보편적인 발달 유형은 특정 언어의 입력으로는 설명될 수 없다.

언어 입력은 인간의 특정 언어에서 항상 소리, 단어, 구, 문장 및 표면 수준의 다른 단위들로 이루어져 있다. 그러나 입력의 표면적인 차이(서로 다른 언어를 말하는 사람들이 서로 이해할 수 없다는 점에서)에도 불구하고 세계의 어떤 언어에서건 아이의 습득에는 유사한 패턴이 있다. 이러한 유사점의 정도는 언어 보편성이 언어학자에 의한 정교한 이론과 분석을 통해 만들어진 개념일 뿐 아니라 모든 어린 아이의 마음속에 선천적으로 주어진 표상이라는 점을 암시한다.

언어 학습의 논리적인 문제

사람들은 오랫동안 아이들이 주변 사람들의 말을 모방함으로써 언어를 배운다고 생각했다. 그러나 보다 최근의 관점에 따르면 아이는 선천적인 언어 능력을 갖고 있다고 주장한다. 이러한 관점을 지지하는 세 가지 중요한 주장은 다음과 같다.

우선 먼저 아이들은 성인들이 사용하지 않는 말을 하는 경우가 종종 있다. 이에 해당하는 예는 아이들의 경우 복수형이나 과거 시제를 만드는데 있어서 불규칙 형태를 갖고 있는 단어에 대해 규칙적인 유형을 적용하는 경향이다. 아이들은 goed, mans, mouses 및 sheeps와 같은 말을 하는 경우가 자주 있는데, 아이를 둘러싼 성인들 중 어느 누구도 그들 앞에서 그러한 형태를 발화할 가능성은 별로 없다. 우리는 또한 아이들이 단지 모방에 의해서 언어를 배우는 것이 아니라는 것도 알고 있는데, 왜냐하면 아이들에게 모방하도록 요구할지라도 성인들의 언어를 잘 모방하지 못하기 때문이다. 예를 들면 (Crystal 1997b:236에서 발췌):

아이 : He taked my toy!
엄마 : No, say "he took my toy."
아이 : He taked my toy!
(대화는 일곱 차례 반복된다.)
엄마 : No, now listen carefully: say "*He took my toy.*"
아이 : Oh! He taked my toy!

다음으로, 아이들은 일반적이고 보편적인 언어 규칙에 적합하도록 언어를 사용하는데, 실제로는 이러한 규칙을 이해하는데 필요한 인지 능력이 아직 발달되지 못했다는 점이다. 따라서 이러한 규칙은 연역이나 모방을 통해 학습되는 것이 아님도 우리는 알고 있다.

마지막으로, 아이들의 언어 발달 유형은 그들이 받는 입력에 의해 직접적으로 결정되지 않는다는 점이다. 아이들이 특정 언어 요소를 발화하기 시작하는 나이는 입력의 빈도와 일치하지 않는다. 따라서 입력 이외의 어떤 것이 아이들의 언어 발달 순서를 촉발하다고 추정할 수밖에 없다.

만일 제1언어 습득의 논리적 문제를 제2언어 습득(SLA)으로 확장할 경우, 개별 학습자가 다중 언어 구사능력을 성취하는 일이 어떻게 가능한지, 그것도 학습자가 입력에서 배울 수 있는 것을 초월하는 지식이 그러한 능력에 포함되어 있을 경우 어떻게 이런 일이 가능한지 설명할 필요가 있다. 다시 말하면, 제2언어 학습자는 해당 언어에 대한 기초적인 지식 체계를 발달시키는데, 그러한 체계는 그들에게 가르쳐지지 않은 것이며 그들이 들은 것 중 어느 것으로부터도 직접 추론해낼 수 없다(White, 1996). 그러나 이미 살펴본 것처럼, 제1언어 습득과 제2언어 습득은 여러 가지 중요한 점에서 근본적으로 다르다; 어린 아이에게 있어서 선천적인 특정 언어 능력의 존재를 상정하는 그러한 주장들은 제2언어 학습자에게 모두 적용되지는 않는데, 왜냐하면 그들이 똑같이 성공적이지 않고, 대개는 어린 아이보다 인지적으로 보다 상위에 있으며, 지도와 부적 증거를 통해 이득을 얻으며 제1언어 습득에는 부적절해 보이는 많은 요인들에 의해 영향을 받기 때문이다.

어린 아이에 의한 제1언어 습득에 선천적인 능력이 관여되어 있음은 널리 받아들여지고 있다(비록 그 속성에 대한 Chomsky의 공식화에 동의하지 않는 사람들이 많기는 하지만). 그러나 제2언어 습득에도 그러한 능력이 계속하여 사용되는지에 대해서는 확실하지 않다. 그럼에도 여전히 우리는 다중언어 구사능력이 어떻게 입력을 초월하는지, 그리고 제2언어 습득(SLA)의 경우 원어민처럼 생각되는 제2언어 성취로부터 매우 제한적인 제2언어 능숙도에 이르기까지 성과가 왜 그렇게 다양한지 설명할 필요가 있다. 이것은 제2언어 습득(SLA)에 관한 이론과 발견을 서로 다른 시각에서 검토해나가면서 염두에 두어야 할 중요한 의문점이 될 것이다. 왜냐하면 그것은 이 분야의 역사 대부분을 차지해온 논제를 제공해주었기 때문이다.

제2언어 습득의 토대

제2언어 학습과 사용에 대한 관심은 여러 세기를 거슬러 올라가지만(예를 들면, McCarthy 2001 참조), 제1장에서 일람표로 만들었던 제2언어 습득 분야의 기본적인 문제들을 검토하기 위하여 학자들이 체계적인 이론과 모형을 구안한 것은 1960년대 이후였는데 그러한 문제들은 다음과 같다: (1) 제2언어 학습자는 정확히 **무엇을** 알고 있는가? (2) 학습자는 이러한 지식을 **어떻게** 습득하는가? (3) 어떤 학습자는 **왜** 다른 학습자에 비해 더 성공적인가? 앞서 주목한 바 있듯, 제2언어 습득 연구에 대한 서로 다른 접근법은 주로 **언어학**, **심리학**, 그리고 **사회언어학**을 토대로 하고 있다고 범주화할 수 있다. 이러한 시각들 하나하나는 서로 다른 장의 주제로 삼을 것이지만, 이들 사이에는 광범위한 상호 연관성이 있음을 염두에 두어야 할 것이다.

제2언어 습득 접근법에 영향을 미쳐온 중요한 이론적 토대는 표 2.3과 같은데, 이는 일차적으로 연관되는 학문에 따라 배열하고 십년 단위로 순서를 정하되 이 시기 동안 학문적으로 두드러진 특성을 따랐다:

1960년대 이전에는 제2언어 학습에 대한 관심이 외국어 교수라는 관심사에 거의 배타적으로 묶여있었다. 1950년대를 통틀어 언어학의 지배적인 모형은 **구조주의**(예를 들면, Bloomfield 1933)였는데, 이것은 언어 발화의 서로 다른 단계에 대한 기술을 강조하였다: 음운론(소리 체계), 어형론(단어의 합성), 통사론(문장 내에서 어순이나 일치와 같이 단어들의 문법적 관계), 의미론(의미), 그리고 어휘 목록(어휘). 당시 언어 습득에 적용되었으며 학습에 대해 가장 영향력 있는 인지주의 모형은 행동주의(Skinner 1957)였는데, 이는 S-R-R, 즉 언어 입력과 같이 환경으로부터의 자극(stimuli), 그러한 자극에 대한 반응(responses), 그리고 그러한 반응이 어떤 바람직한 결과를 가져올 경우의 강화(reinforcement)에 기인한 습관 형성이라는 개념을 강조하였다. 반복되는 S-R-R 연속은 "학습된다" (즉, 자극－반응의 강한 짝짓기가 "습관"으로 된다). 이러한 두 가지 모형이 만나는 지점에서 청화식 교수법(Audiolingual Method)의 학문적 토대가 형성되었으며, 이는 언어 교수에서 반복과 습관 형성을 강조하였으며 적어도 1980년대까지 세계 많은 지역에서 널리 연습되었던

표 2.3 제2언어 습득(SLA) 연구의 토대

시대	언어학(제3장)	심리언어학(제4장)	사회언어학(제5장)
1950년대 및 이전	구조주의	행동주의	사회문화 이론
1960년대	변형 생성 문법	신경언어학 정보처리	의사소통 서지학 변이 이론
1970년대	기능주의	인본주의 모형	문화변용 이론 적응 이론
1980년대	원리와 매개변항 모델	연합주의	사회 심리학
1990년대	최소주의 프로그램	처리가능 이론	

접근법이었다. 또한 Vygotsky의 사회문화 이론(1962년에 영어로 번역되었음)은 아직 제2언어 관심사에 올라오지는 못했지만 학습이론으로서 20세기 중반까지 널리 받아들여졌다. 이는 언어 처리에 있어서 다른 사람들과의 상호작용을 중요한 것으로 강조하였는데, 이러한 견해는 아직도 제2언어 습득(SLA) 접근법에 영향을 미치고 있으며 이것은 입력과 상호작용의 역할에 관심을 갖고 있다.

언어학

1960년대 이후 제2언어 습득(SLA) 연구는 언어학의 시각에서 내적 및 외적인 두 가지 초점이 맞춰졌다. 내적 초점은 Noam Chomsky와 그의 추종자들의 연구 활동에 주된 토대를 두었는데 이것은 이전의 구조주의가 표면 형태를 기술하려고 했던 것과는 대조적으로 화자에게 내재화되어 기저에 깔려 있는 언어 지식(언어 능력)을 설명하는 것으로 연구의 목적을 삼았다. 제2언어 습득(SLA) 연구의 외적 초점은 언어 사용을 강조하였는데, 이것은 서로 다른 발달단계에서 학습자의 발화에 실현된 언어 기능을 포함하였다.

내적 초점

내적 초점에 대한 최초의 언어학적 토대는 변형 생성 문법(Chomsky 1957, 1965)이다. 이 문법의 출현으로 언어학 이론은 혁명적인 변화를 겪었으며 제1언어 및 제2언어 연구 모두에 심대한 영향을 끼쳤다. Chomsky는 언어 습득에 대한 행동주의 이론은 우리가 가진 언어 능력의 창조적 측면을 설명할 수 없기 때문에 잘못이라고 주장하였다. 그는 우리가 이 장에서 이미 논의하였던 "언어 습득의 논리적 문제"에 주의를 기울였으며 아이는 생물학적으로 부여받은 타고난 능력을 갖고 시작한다고 추정해야 할 필요가 있다고 주장하였다. 이러한 견해는 오늘날까지 제2언어 습득(SLA)에 대한 가장 언어학적인 시각을 지배해왔다.

이러한 토대는 원리와 매개변항 모형 및 최소주의 프로그램으로 이어졌는데, 이들 모두 Chomsky에 의해 고안되었다. 언어 습득에 있어서 "타고난 능력"을 구성하는 것에 대한 상술은 계속 수정되어 왔는데, 보편 문법의 일부로서 인간의 모든 언어에 공통되는 일반 원리와 제약이라는 보다 추상적인 개념을 포함하게 되었다. 최소주의 프로그램은 어휘 지식의 일부로서 특징들의 상세한 내용에 대한 습득을 더 많이 강조할 뿐 아니라 어휘 범주 발달과 기능 범주 발달의 구별을 첨가하고 있다.

외적 초점

제2언어 습득에 관한 외적 초점에 기여한 가장 중요한 언어학적 틀은 **기능주의**의 범주 안에 있는데, 이것은 20세기 초로 거슬러 올라가 동유럽의 프라하 학파에 그 뿌리를 두고 있다. 이들은 발화에서 정보의 내용을 강조하는 한편 언어를 일차적으로 의사소통 체계로 규정한다는 점에서 Chomsky의 틀과는 다르다. 이들 중 몇몇은 세계의 언어들 간 유사점과 차이점을 강조하며 이것을 학습의 상대적 난이도와 관련시킨다. 또한 몇몇은 언어적 기능과 형태 사이의 관계를 사상하는 과정으로서 습득을 강조하는데 그것은 의사소통의 필요에 의해 동기가 유발된다. 또한 몇몇은 제2언어 발화에서 정보를 구조화하기 위해 학습자가 갖고 있는 수단과 이것이 습득과 어떻게 연관되는지를 강조한다. 기능주의 틀에 토대를 둔 접근법은 제2언어 습득에 관한 유럽에서의 연구에 지배적이며 세계 다른 곳에서도 널리 따르고 있다.

심리학

심리학적 관점에서 제2언어 습득 연구는 언어와 두뇌, 학습 과정, 그리고 학습자 차이의 세 가지에 초점을 맞추고 있다.

언어와 두뇌

두뇌에서 언어 기능의 위치와 표상 방식은 19세기 이후 생물학자와 심리학자들에게 흥미 있는 주제였고 **신경언어학** 분야가 이 부분까지 확장된 것은 1960년대 들어 체계적인 연구가 시작되었을 때 인지적 관점이 제2언어 습득에 영향을 준 최초의 움직임 중 하나였다. Lenneberg(1967)는 신경학적인 근거를 토대로 언어 습득에는 **결정적 시기**가 있다고 주장함으로써 커다란 관심을 불러일으켰는데, 제2언어 습득에 관해 나이와 관련된 많은 연구들은 본질적으로 이러한 틀에 기초하고 있다. 제4장에서 살펴보겠지만, 다중언어 능력을 가진 환자에 대한 현대의 비침습성 화상진찰 기법의 발달뿐 아니라 두뇌 수술과 연관된 탐색 절차는 이 분야의 지식을 비약적으로 증가시키고 있다.

학습 과정

학습 과정에 관한 초점은 컴퓨터를 기반으로 하는 **정보처리(IP)** 학습 모형으로부터 많은 영향을 받았으며 이 모형은 1960년대 인지심리학에 의해 확립되었다. 제2언어 습득 현상에 대하여 이러한 틀을 기초로 한 설명에는 제2언어가 고도의 복잡성을 가진 기능이며 아울러 제2언어 학습은 고도의 복잡성을 가진 다른 기능을 학습하는 것과 본질적으로 다를 바가 없다는 가정이 포함되어 있다. (언어 또는 다른 영역의) 처리과정 자체가 학습이 진행된다고 믿는다. 제2언어 습득에 대한 많은 접근법들이 정보처리(IP)에 토대를 두고 있으며 그 중 여러 가지가 제4장에서 논의될 것이다. 그러한 접근법들은 학습자가 제2언어에 대한 지식을 어떻게 습득하는가 하는 문제를 제기하였을 뿐 아니라 언어 발달의 순서에 대해 설명을 제공하는 등 매우 건설적이었다. **처리능력 이론**은 보다 최근에 발전된 틀로서 학습에 대한 정보처리 개념을 확장하여 제2언어 교수에 응용하려는 것이다.

연합주의(connectionism)는 학습 과정에 초점을 두고자 하는 또 다른 인지적 틀로서 1980년대에 시작되어 그 영향력이 증가되고 있다. 이것은 제2언어 습득 연구를 위한 다른 대부분의 틀과는 다른데, 왜냐하면 언어 학습에 있어서 선천적인 지식의 개입 또는 규칙 및 원리에 대한 추상적 개념의 개입 어느 것도 인정하지 않고 자극과 반응 간의 연합(연결) 강도를 증가시킨 결과로 생각하기 때문이다. 이러한 틀은 학습에 있어서 입력의 빈도를 중요한 요인으로 간주하기 때문에 언어 교수와 관련된 연구에 이론적인 토대를 제공해준다.

학습자 차이

제2언어 습득에 있어서 학습자 차이에 관한 초점은 **왜** 어떤 학습자는 다른 학습자에 비해 더 성공적인가 하는 문제에 관심을 가져왔다. 이것은 부분적으로 심리학의 인본주의적 틀에서 비롯된 것으로 그 분야에서 오랜 역사를 갖고 있지만, 제2언어 교수와 제2언어 습득 연구에서는 1970년대 이후에야 비로소 상당한 영향을 미쳤다(Williams & Burden 1997을 참고하라). 이러한 틀은 학습에 있어서 정서적인 연관성, 예를 들면 태도, 동기 및 불안 수준과 같은 정의적 요인에 대한 고려를 필요로 한다. 또한 이것은 처리과정의 제반 양상과 연관된 몇 가지 차이 뿐 아니라 나이 및 성별과 연관된 생물학적 차이도 고려하고 있다.

사회언어학

사회언어학적 관점에서 필자가 범주화한 몇 가지 틀은 또한 언어학적이라고 간주될 수 있는데, 왜냐하면 그것들이 언어 형태 및 기능과 관련이 있기 때문이다. 또한 몇 가지는 인지적인데 왜냐하면 학습과정 또는 태도 및 동기를 탐색하고 있기 때문이다. 이 절에서는 그것들에 대해 살펴볼 것인데 왜냐하면 그것들이 (언어학적 및 인지적 요인에 더하여) 언어 습득과 사용에 있어서 사회적 맥락의 중요성을 강조하고 있기 때문이다.

이러한 관점에서의 제 2언어 습득 연구에는 **미시 사회적**(microsocial) 초점과 **거시 사회적**(macrosocial) 초점의 두 가지가 있다.

미시 사회적 초점

미시 사회적 초점에서는 발화, 해석 및 상호작용이라는 직접적인 사회적 맥락에서 언어 습득 및 사용에 관심을 가진다. **변이 이론**(variation theory)과 **순응 이론**(accommodation theory)이 제공하는 틀에는 학습자 발화에 있어서 사용 맥락에 따른 체계적인 차이에 대한 탐구가 포함되어 있으며, 표면상 "똑같은" 언어를 학습하는 집단 내에서도 제 2언어 습득의 목표가 달라질 수 있는 이유가 무엇인지를 고려한다. Vygotsky의 **사회문화 이론**(sociocultural theory) 또한 상호작용을 언어의 필수적인 근원으로 간주함으로써 이러한 초점에 기여하고 있다.

거시 사회적 초점

거시 사회적 초점은 언어 습득 및 사용을 문화, 정치 및 교육 환경을 포함하여 보다 넓은 생태학적 맥락과 연관시키고 있다. **의사소통 서지학**(ethnography of communication) 틀은 제 2언어 습득에서 습득되는 것이 언어 및 문화적 요인을 넘어서서 적절한 언어 사용에 요구되는 사회 및 문화적 지식을 포함한다는 개념으로까지 확장하고 있으며, 그 결과 제 2언어 학습자는 언어적 경계뿐 아니라 사회정치적 경계를 함께 하는 집단이나 공동체의 일원으로 간주된다. **문화변용 이론**(acculturation theory)과 **사회 심리학**(social psychology)이 제공하는 틀은 정체성, 지위 및 가치와 같은 요인들이 제 2언어 습득의 결과에 어떻게 영향을 미치는지에 대해 보다 폭넓게 이해할 수 있게 해준다.

표 2.4 관점, 초점 및 틀

관점	초점	틀
언어학	내적	변형 생성 문법 원리와 매개변항 모델 최소주의 프로그램
	외적	기능주의
	언어와 두뇌	신경언어학
심리학	학습과정	정보처리 처리가능 이론 연합주의
	개인차	인본주의 모델
사회언어학	미시 사회적	변이 이론 순응 이론 사회문화 이론
	거시 사회적	의사소통 서지학 문화변용 이론 사회 심리학

다음 제3장에서는 1960년 이후의 초점과 틀에 대해 살펴볼 것이다(표 2.4를 참고하라). 이제 우리는 이들 각각에 대해 보다 깊이 있는 탐색을 시작하고 있기 때문에, 이 책에서 논의되는 어떤 관점이나 틀도 "최종 해답"을 갖고 있지 않으며 더 편애하고 있지 않으며, 그 모두가 제2언어 습득을 보다 적절히 이해하는데 필요하다는 점을 지적해둔다.

■ 요약

세계의 대다수 사람들은 여러 가지 이유 때문에 한 개 이상의 언어를 알고 있다. 제1언어는 거의 항상 별다른 노력 없이 그리고 거의 예외 없이 성공적으로 학습된다. 제2언어 학습에는 많은 서로 다른 조건과 처리과정이 연관되어 있으며 성공 또한 확실하지 않다. 그 이유에 대해서 적어도 부분적으로는 언어를 습득하는데 있어서 나이 든 학습자의 경우 어린 아이가 가진 것과 똑같은 선천적인 능력을 이제 더 이상 갖고 있지 않기 때문에, 그리고 제2언어 학습은 제1언어에 대한 사전 지식 및 개인적 또는 그 개인이 처한 맥락 요인들에 의해 영향을 받기 때문이라고 설명할 수 있다.

이 장에서는 많은 이론적 틀을 적시하였는데 이는 제2언어 습득 연구에 대한 여러 가지 다른 접근법의 토대가 될 것이며 앞으로 이러한 접근법들에 대해 살펴보게 될 것이다. 이러한 접근법들은 모두 우리가 제기한 기본적인 질문, 즉 무엇을, 어떻게, 왜 라는 질문을 검토하지만, 흥미와 관심의 초점은 서로 다르다. 언어적 틀은 언어에 대해 내적 초점을 취하느냐 외적 초점을 취하느냐에 따라 다르다. 심리적 틀은 언어와 두뇌, 학습 처리과정, 그리고 개인차 중 어느 것에 초점을 두느냐에 따라 다르다. 사회적 틀은 학습에 있어 미시적 요인을 강조하느냐 거시적 요인을 강조하느냐에 따라 다르다. 화성을 촬영함에 있어 사용되는 렌즈에 색상 필터가 달라지면 서로 다르게 보이는 것처럼 이들은 상호 보완해 주며 제2언어 습득과 연관된 처리과정의 다양한 측면에 대해 상세한 스펙트럼을 제공해준다. 그럼에도 불구하고 많은 부분이 수수께끼로 남아있으며 그 때문에 지속적인 연구가 필요함을 일깨워준다.

활동

■ **자습을 위한 질문**

1. 나이가 더 많을 때 제2언어 학습의 동기로서 가능한 것 다섯 가지를 들어보시오.
2. 단어의 정체성에 차이를 가져오는 소리는 ________라고 부른다.
3. 다음 용어를 정의와 연결하시오:

1. 타고난 능력	a. 모국어를 습득한 이후 제2언어가 도입되었을 때
2. 순차적 이중언어 능력	b. 어린 아이가 동시에 하나 이상의 언어를 습득할 때
3. 동시적 이중언어 능력	c. 선천적인 능력

4. 제1언어와 제2언어에 있어 발달의 초기 상태는 각각 무엇입니까?
5. 언어 학습에(제1언어 또는 제2언어) 필요한 조건은 무엇입니까?
6. 많은 과학자들이 약간의 선천적인 언어 능력이 있다고 믿는 이유를 적어도 두 가지 말해보시오.
7. 언어학자는 언어 습득 연구에 대해 내적 및 외적 초점 입장을 취하고 있습니다. 그 차이는 무엇입니까?

■ **능동적 학습**

1. 만일 둘 또는 그 이상의 언어를 사용할 수 있다면 어떻게 그렇게 할 수 있었습니까? 제2언어(들)를 학습하게 된 이유는 무엇이었습니까? 만일 당신이 오직

한 가지 언어만 사용할 수 있다면 왜 다른 언어는 학습하지 않았습니까? 이 질문에 대한 응답을 다른 사람들의 응답과 비교하고 다중언어 구사능력 또는 단일언어 구사능력의 이유를 표로 작성해보시오. 그러한 이유들을 개인적 선호와 필요 또는 사회 및 정치적 환경에 주로 근거하여 범주화하시오.

2. 언어 학습을 용이하게 하는 것으로 이 장에서 논의된 조건들에 대해 생각해보시오. 이러한 경험들 중 어느 것이 학습을 용이하게 하였습니까? 만일 그런 것이 있었다면 무엇이었습니까? 또한 학습에 영향을 미친 다른 요인들이 있었습니까? 제1장의 두 번째 질문에 대한 대답에서 이러한 조건들 중 어느 것을 고려했습니까?
3. 개인 및 교육 경험을 토대로 할 때 제2언어 습득에 대한 관점들(언어학적, 심리학적, 사회적) 중 어느 것을 선호하거나 더 옳다고 생각하십니까? 왜 그렇습니까? 또는 왜 그렇지 않습니까? 만일 그렇다면 당신이 특별히 인정하지 않는 관점에 대해 열린 태도를 갖기 위해 사용할 수 있는 전략에는 어떤 것이 있습니까?
4. 다중언어 능력을 갖고 있거나 제2언어를 '안다'고 주장하려면 어느 정도 수준의 능숙도가 요구되는지는 논쟁의 여지가 있습니다. 제1장의 첫 번째 질문에서 무엇을 제2언어(들)로 간주하는지 어떻게 결정하십니까? 목록에 넣지 못한 다른 언어에 노출되고 있습니까? 만일 그렇다면 그러한 언어들을 왜 목록에 넣지 않았는지 설명하시오. 제2장을 읽고 나서 제2언어를 가졌다고 간주하기 위해서는 어느 정도의 능숙함이 있어야 하는지에 대해 생각이 바뀌었습니까?

추가 독서

Lightbown, P. M. & Spada, N. (1999). *How Languages are Learned* (Second Edition). Oxford: Oxford.

Lightbown과 Spada는 제2언어 학습을 개관하면서 학습 이론과 제2언어 학습에 영향을 미치는 요인들에 대한 논의를 매우 이해하기 쉽게 설명하고 있다. 더 나아가 학교 환경에서의 제2언어 학습과 교수, 그리고 언어 학습에 관해 널리 퍼져있는 통념도 다루고 있다.

Bialystok, E. & Hakuta, K. (1994). *In Other Words: The Science and Psychology of Second-Language Acquisition*. New York: Basic Books.

제1장 "첫 단어(First word)"는 제2언어 습득의 중요한 문제, 예를 들면 학습자간 나이 차이가 있을 때, 모국어와 습득하는 언어 사이에 관련성이 있거나 없을 때, 또는 교육 경험이 서로 다를 때 학습 차이가 왜 생기는가와 같은 문제를 심리학 및 사회학 관점에서 명확하게 소개하고 있다.

제3장

제2언어 습득의 언어학

▶▶ **개 관**

이 장에는 제2언어 습득 연구와 관련하여 20세기 중반 이래 언어학 분야에 지대한 영향을 미친 여러 접근법을 살펴본다. 언어의 속성에 대한 설명으로 시작하여 언어를 유창하게 사용하기 위해서 갖추어야 할 지식과 기능에 대해 고려해볼 것이다. 다음에는 제2언어 습득에 대한 초기 언어학적 접근에 대한 개관이 이어지며, 이것은 대조분석으로 시작하여 학습자의 창조적인 언어 구성 능력에 관해 내적 초점을 맞추는 여러 이론들, 예를 들면 오류분석, 중간 언어, 형태소 습득 순서 연구 및 모니터 모형들을 살펴볼 것이다. 다음에는 이러한 내적 초점을 보편 문법, 그리고 언어 재능의 구성 요소에 대한 논의로 발전시킬 것이다. 마지막으로 장을 마무리하면서 제2언어 습득 과정에 나타나는 언어 기능에 대한 외적 초점, 예를 들면 체계 언어학, 기능 유형론, 기능 대 형태 사상 및 정보 조직 등을 포함하는 접근법들도 다룰 것이다.

주요 용어

- 간섭
- 자연적 순서
- 언어 재능
- 매개변항
- 최종 상태
- 문법화
- 중간언어(IL)
- 보편 문법(UG)
- 원리
- 초기 상태
- 유표성

언어의 속성

언어를 배운다고 할 때 우리는 무엇을 배우는가? 사전에서 "언어"에 관한 정의를 찾아보면 아마 언어적 특징(말로 하고 글로 쓰여진), 의사소통에서의 기능, 그리고 인간에게만 유일한 특성이라는 언급을 보게 될 것이다. 모든 자연발생적 언어는 다음과 같은 특성을 공유하고 있음에 대부분의 언어학자들이 동의할 것이다.

- **언어는 체계적이다:** 언어는 반복적인 요소들로 이루어져 있으며 이들은 규칙적인 유형의 관계를 보인다. 모든 언어에서 가능한 문장의 수는 무한하며 사용되는 모든 문장의 대부분은 암기된 것이 아니다. 그것들은 규칙이나 원리에 따라 창조되며 만일 화자가 그 언어를 어린 아이였을 때 습득했다면 대개의 경우 그러한 규칙이나 원리를 사용하고 있음을 의식하지 못하며, 심지어는 알고 있다는 것도 의식하지 못한다. 비록 우리가 똑같은 단어 창고를 되풀이하여 사용한다 하더라도, 예를 들면 일간 신문에 있는 문장들을 구성하는 단어들의 특정 조합 대부분은 전에 사용된 적이 결코 없다고 가정하는 것이 안전할 것이다. 그렇다면 그것들을 어떻게 이해하는 것일까? 그러한 단어들이 의미를 나타내기 위해 결합되는 원리를 이해하고 있기 때문이라고 말할 수 있을 것이다. 말을 하는데 있어 우리가 내는 소리와 그러한 소리가 발생하는 순서는 우리가 전혀 의식하지 못하는 어떤 방식에 의해 체계적으로 조직되어 있다.
- **언어는 상징적이다:** 소리나 문자의 연속은 본질적으로 의미를 갖고 있지 않다. 어떤 언어에서 기호들의 의미는 일단의 화자 사이에 무언의 약속을 통해 나온다. 예를 들면 건초를 먹으며 다리가 넷 달린 동물과 [hors]라는 구두 기호 또는 그 동물을 영어로 나타내기 위해 우리가 사용하는 *horse*라는 문자 기호 사이에는 아무 닮은 점이 없다. 영어 화자는 건초를 먹는 동물을 *horse*라고 부르고 스페인어 화자는 *caballo*라고 부르며 독일어 화자는 *Pferd*, 중국어 화자는 *ma*, 그리고 터키어 화자는 *at*라고 부르자는데 동의한다.
- **언어는 사회적이다:** 각 언어는 그것을 사용하는 사회의 사회적 필요를 반영하며, 자신에게 요구되는 사회적 과제를 성취함에 있어서 언어 사용자가 경험하게 될 성공을 어림짐작해보는 것 이외에 한 언어가 다른 언어보다 의사소통에 보다 효과적인지 아닌지 여부를 판단할 수 있는 기준은 없다. 모든 개인의 신경학적인 구성으로 볼 때 제1언어 습득 능력이 본유적이기는 하지만, 자신이 성장하는 사회에서 다른 사람들과의 상호작용이 없다면 그러한 잠재 가능성을 발전시키지 못할 것이다. 우리는 의사소통하기 위해, 사물이나 사건 또는 인간 경험의 과정들을 범주화

> 하고 분류하기 위해 언어를 사용한다. 우리가 언어를 적어도 부분적으로는 문화의 표현적 차원으로 정의하는 것도 무리는 아닐 것이다. 이에 따라 한 가지 이상의 문화적 맥락에서 역할을 가진 사람들이 언어를 하나 이상 알고 있을 경우 의사소통이 보다 효과적으로 이루어지게 될 것이다.

전통적으로 언어학자들은 하나의 언어를 기술하고 분석하기 위해 서로 다른 수준으로 분할하고 있는데, 그렇지만 실제 사용에 있어서는 모든 수준들이 동시에 상호작용하고 기능을 발휘해야 함은 물론이다. 다음과 같이 서로 다른 수준의 지식 영역에서 모든 제1언어 또는 제2언어 학습자가 습득해야 하는 것 중 단순화시킨 목록만 고려해보더라도 인간의 언어 학습 성취는 더욱 놀라운 일인 것 같다:

- **어휘 목록**(어휘)
  - 단어의 의미
  - 발음(및 철자)
  - 문법 범주(품사)
  - 다른 단어들과의 조합이나 관용어에서 가능한 어울림
- **음운론**(소리 체계)
  - 의미에 차이를 가져오는 언어 음(**음소**)
  - 자음과 모음의 가능한 연속(음절 구조)
  - **억양** 유형(스트레스, 음의 고저 및 음장)과 단어 안에서의 음조
  - 리듬 유형(휴지와 멈춤)
- **형태론**(단어 구조)
  - 의미를 가진 단어의 일부분(**형태소**)
  - 문법 정보(수 또는 시제)를 전달하는 **굴절형**
  - 첨가되어 단어의 의미나 문법 범주를 변화시키는 접두사와 접미사
- **통사론**(문법)
  - 어순
  - 문장 요소들 사이의 일치(주어와 동사 간 수의 일치처럼)
  - 의문문을 만들고, 주장을 부정하며, 문장 안의 정보에 초점을 맞추거나 구조화하는 방법
- **담화**
  - 문장을 연결하고 문장 차원을 넘어서서 정보를 조직하는 방법
  - 이야기를 구성하거나 대화에 참여하는 일 등을 하기 위한 구조

－상호작용하거나 중요한 행사를 치르기 위한 대본

모국어에 관한 한 어린 아이는 언어에 관한 이 모든 지식을 자동적으로 이용하며 그것도 대개는 아무런 의식적인 노력 없이 습득한다. 아무리 많은 시간과 노력을 들여 학습한다고 하더라도 모국어에 관한 이러한 지식과 비견할 수 있을 정도의 제 2언어 지식을 성취하는 일은 좀처럼 없다. 그렇지만, 높은 수준의 다중 언어 구사능력이 전 세계에 널리 퍼져있다는 사실은 제 2언어 습득 메커니즘의 잠재적인 힘과 효과를 입증해준다. 이러한 메커니즘이 무엇인지 설명하는 것은 예로부터 다양한 언어학적 관점에서 제 2언어 습득 연구의 중요한 목적이었다.

제 2언어 습득의 초기 접근

초기 접근법을 개관함에 있어서 우리는 1960년대 제 2언어 습득이 하나의 체계적인 연구 분야로 확립되기 이전의 대조분석(Contrastive Analysis, CA)으로 시작하겠다. 이것은 중요한 출발점이었는데 왜냐하면 대조분석 절차의 제반 양상들이 여전히 보다 최근의 접근법에 통합되어 있으며 또한 제 2언어 습득 연구에서 지속적으로 중요한 테마, 즉 제 1언어가 제 2언어에 미치는 영향을 도입하였기 때문이다. Noam Chomsky(1957)가 도입한 언어학 이론의 혁명은 제 2언어 습득 연구의 많은 부분을 내적 초점 쪽으로 방향이 재설정되게 하였으며 이것은 이 절에 포함된 다른 초기(즉 1980년 이전의) 접근법에 명시되어 있다.

대조분석

대조분석은 제 2언어 습득 연구에 대한 하나의 접근법으로서 제 1언어와 제 2언어를 비교한 다음 유사점과 차이점을 토대로 학습자의 문제점을 예측하고 설명하는 것을 포함한다. 이것은 1940년대와 50년대를 통틀어 미국 내 언어학과 심리학을 주도했던 이론들, 다시 말해 **구조주의**와 **행동주의**로부터 지대한 영향을 받았다. 대조분석의 목적은 (제 2언어 학습의 초기 이론들과 같이) 제 2언어 교수와 평가의 효율성을 높이는 것으로서 본질 면에서 일차적으로 교육적이었다. Robert Lado는 이러한 접근법의 고전이 된 Linguistics Across Cultures(1957)를 소개하면서 이 점을 분명히 하고 있다:

> 이 책은 학습할 언어와 문화를 학습자의 모국어 및 문화와 체계적으로 비교함으로써 학습 상 어려움을 가져오는 유형과 어려움을 가져오지 않는 유형을 예측하고 기술할 수 있다는 가정에 토대를 두고 있다. 우리의 견해로는 최신의 교수 및 실험 자료를 준비할 경우에는 이러한 종류의 비교에 기초하지 않으면 안 된다. (vii)

구조주의 언어학의 견해를 따라 대조분석은 제1언어와 제2언어 체계의 표면 형태에, 그리고 두 언어들을 한 번에 한 수준씩 기술하고 비교하는 일에 초점을 두었다. 일반적으로는 제1언어와 제2언어의 음운론을 먼저 대조해 본 후 형태론, 그 다음에는 통사론으로 진행하였고 어휘 목록은 비교적 주의를 기울이지 않았으며 담화에 대한 주의는 훨씬 덜 했다. 분석 방법으로서 (일반적으로 작은 단위에서 보다 큰 단위로 올라가는) "상향식" 우위는 또한 언어 학습 방법에서 의미 이전에 구조의 우위로 표현된다. Charles Fries는 구조주의 언어학을 제2언어 교수에 적용함에 있어서 주도적인 인물이었으며 이러한 우위를 아주 분명히 하였다: "새로운 언어를 학습함에 있어서… 중요한 문제점은 우선적으로 어휘 항목을 학습하는 일이 아니다. 중요한 것은 소리 체계를 숙달하는 것이다. 언어의 구조를 이루고 있는 배열상의 특징들을 숙달하는 것은 그 다음이다." (Fries 1945:3)

Robert Lado(b. Tampa, Florida) 1915~1995

언어학

대조분석에 관한 Robert Lado의 선구적인 저작인 *Linguistics Across Cultures*는 1957년 출간되었다. Lado는 대표적인 응용언어학자로서 외국어 학습자가 학습 과정에서 마주치게 될 문제점들을 발견해내려고 노력하였다. 1960년부터 80년까지 Georgetown 대학의 교수로 재직하던 중 1961년부터 1973년까지 언어학부의 제1학장을 맡았다. 언어 및 언어학에 관해 총 100편 이상의 논문과 60권 이상의 책을 썼다.

〈흥미 있는 사실〉 비록 미국에서 태어났지만 Robert Lado는 스페인 이민자의 아들로서 스페인에서 성장하였다. 성인이 되어 대학에 다니기 위해 미국으로 돌아간 후 Michigan 대학의 Charles Fries와 함께 연구하였다.

행동주의 심리학의 견해를 따라 대조분석의 초기 지지자들은 언어 습득은 **자극**(Stimulus)−**반응**(Response)−**강화**(Reinforcement) (S−R−R)의 과정에 있어서 본질적으로 습관 형성을 포함하고 있다고 가정하였다. 학습자는 자극(언어 입력)에 반응하며 강화는 그러한 반응을 강하게, 다시 말하면 습관화한다; 학습자는 자신이 들은 언어를 모방하고 반복하며 학습은 그러한 반응에 대해 강화가 주어질 때 일어난다. 여기에 함축된 의미는 "연습하면 완벽해진다"는 것이다.

이 이론의 또 다른 가정은 학습에 있어서 **전이**(transfer)가 있다는 것이다: 제2언어 습득의 경우 이것은 제1언어에서 습득된(다시 말해 습관화된) 요소가 목표어인 제2언어로 전이됨을 의미한다. 명사에 붙는 스페인어의 복수형 형태소 -s가 영어에도 전이되는 것(예를 들면 lenguaje<u>s</u>가 language<u>s</u>로)과 같이 똑같은 구조가 두 언어 모두에서 적절할 경우에는 **정적**(또는 용이하게 하는) 전이라 부른다. 한편 스페인어의 복수형 형태소 -s가 수식어에도 추가적으로 전이되어 명사와 수의 일치를 나타내는 것(예를 들면 lenguaje<u>s</u> moderna<u>s</u>가 Modern<u>s</u> Language<u>s</u>로 — 이것은 남아메리카 출신의 사람으로부터 받은 편지의 상단에 적혀있는 것을 번역한 것임 — 또는 green<u>s</u> bean<u>s</u> — 'green beans'를 의미하는 것으로 멕시코 국경 근처의 미국 카페테리아에서 야채 선택 사항으로 붙어있는 것을 보았다)과 같이 제1언어의 구조가 제2언어에서 적절하지 못할 경우에는 **부적**(또는 **간섭**) 전이라 부른다.

대조분석의 과정에는 학습자에게 문제를 일으킬 가능성이 있는 요소들에 대해 두 언어에서 비교 가능한 분절음을 분석하면서 제1언어와 제2언어에 대해 기술하는 것이 포함된다. 이러한 정보는 가장 많은 주의와 연습이 필요할 것으로 예측되는 구조에 초점을 맞춰 언어 학습 단원을 구성하고 그러한 난이도 순서에 따라 제2언어 구조를 배열하는 근거를 제공해준다.

Lado(1957)의 입장을 요약하면 다음과 같다: 제2언어에서 가장 쉬운(아마 제일 먼저 습득되는) 구조는 제1언어에서 똑같은 형태, 의미, 그리고 분포를 보이는 것들이며 따라서 **정적 전이**에 이용될 수 있다; 제1언어에 존재하지 않는 형태를 가진 제2언어의 구조는 어떤 것이 되었든 학습될 필요가 있기는 하지만 그것이 제1언어에서 "상응 어구"와 똑같은 의미와 분포를 보일 경우 그렇게 어려울 것 같지는 않다. 가장 어려운 구조는 형태, 의미 및 분포 면에서 부분적으로는 겹치지만 상응 어구는 없을 경우로서 간섭을 일으킬 가능성이 가장 높다. Lado는 자신이 기술한 몇 가지 대조 유형에 대해 스페인어와 영어의 예를 들고 있는데 이것은 다음 표와 같다. 배열은 이들 언어 중 하나의 화자가 다른 언어를 학습하는 경우, 가장 난이도가 가장 낮은 것으로부터 가장 높은 순서로 하였다.

간섭 유형

형태와 의미는 같지만 분포가 다른 경우

스페인어: *la paloma blanca* 'the dove white'; *las palomas blancas* 'the (pl) doves whites'

영어: the white dove; the white doves

형태 -s와 "복수" 의미는 두 언어 모두에 똑같지만 일어나는 분포는 다르다. 스페인어에서는 관사, 수식어 및 명사에 -s를 붙이지만 영어는 명사에만 -s를 붙인다. 이것은 앞서 나온 *Moderns Languages*와 greens *beans*의 예시에서 설명된 것과 같다. (어순의 차이는 다른 차원에서의 형태상 대조이다.)

의미는 같지만 형태가 다른 경우

스페인어: ir '(I) will go'

영어: I will go

"미래" 의미는 두 언어에서 서로 다른 문법적 요소를 통해 전달된다. 스페인어에서는 'to go'를 나타내는 동사 ir의 부정형에 미래 시제 접미사—를 첨가하여 표현되는 반면, 영어에서는 조동사 *will*에 의해 전달된다. (제1인칭 주어는 다른 차원의 형태상 대조로서 스페인어에서는 접미사에 의해 전달되는 반면, 영어에서는 명시적 대명사 I가 필요하다.)

의미는 같지만 형태와 분포가 다른 경우

스페인어: *agua* 'water'

영어: water

영어 단어 *water*는 *a glass of water*에서는 명사로, *water the garden*

에서는 동사로, 그리고 복합어 *water meter*에서는 수식어로 나타난다. 스페인어 단어 *agua*는 형태가 변하지 않는 한 명사로만 나타난다: 다시 말해 그 분포는 영어에서 그에 상응하는 어구의 분포보다 제한적이다.

형태는 다르지만 의미가 부분적으로 겹치는 경우

스페인어: *pierna* 'leg of humans'; *pata* 'leg of animals or furniture'; *etapa* 'leg of a race or trip'
영어: leg

영어 단어 leg가 가진 의미의 범위는 스페인어에서는 서로 다른 세 단어의 범위를 포함한다; 두 언어 모두에서 상응어구가 단 하나만 사용될 수는 없다.

형태는 비슷하지만 의미는 다른 경우

스페인어: *asistir* 'to attend'
영어: assist

이와 비슷한 단어들은 때때로 "잘못된 동료"라고 부르며 다른 언어를 배우는 화자에게 커다란 어려움을 가져올 것으로 예측된다. 단어들의 모양이나 소리가 아주 닮았기 때문에 제 2언어 학습자는 이들이 같은 의미를 공유할 것이라고 추정하기 쉽다.

대조분석이 학습상의 잠재적인 문제점을 강조한 반면, 행동주의 학습 이론은 제 2언어 학습자에게서 볼 수 있는 성공 가변성의 원인은 부분적으로는 제 1언어와 제 2언어 사이의 관계가 가진 속성(따라서 부적 대 정적 전이의 가능성)에 기인하지만, 그러나 가장 중요한 원인은 좋은 습관 형성 대 나쁜 습관 형성을 조장하는 학습 환경에 기인한다고 하였다. Fries는 영어에 있어서 제 2언어의 정확성을 학습에 대해 자신이 설정한 우위와 관련지었다: "사람은 아주 일찍 외국어에 대한 단순한 유창성을 획득할 수 있는데… 그러한 학생들은 어휘면에서는 유창하지만 소리 체계나 구조 측면에서는 기본적인 통제력이 없어서 영어에 대한 만족할만한 통제력을 성취하는 것에 관한 한 거의 예외 없이 무기

력하다" (1945:3).

1940년대부터 1960년대에 이르기까지 대조분석 접근법은 제2언어 습득 연구에 적절하지 못했는데 그 이유는 부분적으로 이 접근법과 연관되어 있는 행동주의 학습 이론이 제2장에서 언급한 **언어 학습의 논리적인 문제점**(학습자들이 들었거나 배운 적이 있는 것 이상으로 많은 것을 어떻게 알게 되는가)을 설명할 수 없었기 때문이었다. 또 다른 문제점으로는 대조분석이 학습자의 실제 오류에서 나타난 증거를 통해 그 정당성을 항상 입증 받지는 못하였다. 대조분석이 예측한 제2언어의 문제점 중 많은 것이 나타나지 않았다; 대조분석은 학습자 오류의 많은 부분을 설명하지 못한다; 그리고 예측된 정적 전이 중 많은 부분이 구체적으로 나타나지 않는다. 교수법에 적용함에 있어서 중요한 한계점은 이러한 접근법에 따라 만들어진 교수 자료가 언어 특수성이 있어서 서로 다른 모국어 화자들의 경우에는 사용하기가 적절하지 않다는 점이었다. 그럼에도 여전히 대조분석은 (전 세계 대학에서 출간되지 않은 석사 및 박사 논문들을 포함하여) 수백 개의 비교 문법을 준비하도록 자극하였고, 이 이론의 분석적 절차는 기술적 연구와 번역(컴퓨터 번역을 포함하여)에 유용하게 적용되었다. 게다가 최근 들어서는 추상적인 수준에서의 두 언어 간 대조, 분석 범위를 이문화간 의사소통과 수사학의 영역까지 확장하는 것을 포함하여 대조분석 절차가 다시 유행하고 있고 개정된 형태도 나오고 있다.

오류분석

오류분석(EA)은 제2언어 습득 연구로서 학습자가 언어를 구성해내는 창조적 능력에 관해 내적인 초점을 맞추고 있는 최초의 접근법이다. 이것은 (대조분석에서처럼) 제1언어와 제2언어 모국어 화자의 것으로 간주되는 이상적인 언어 구조보다는 제2언어에 있어서 학습자의 실제 오류를 기술하고 분석하는 것에 토대를 두고 있다. 오류분석은 다음과 같은 발달에 힘입어 1970년대까지 대체로 대조분석을 강화하거나 대체하였다:

- 앞에서 주목한 것처럼 대조분석에 의한 예측은 학습자의 실제 오류로 항상 구체화되지는 않았다. 더욱 중요한 것은 아마 학습자의 실제 오류 중 많은 부분이 제1언어에서 제2언어로의 전이 때문이라고는 할 수 없었다.
- 언어학 이론이 변화함에 따라 구조주의 언어학자들에 의해 표면 수준의 형태나 유

형에 대해서만 초점을 맞추던 것이 기저 규칙에 대한 관심으로 바뀌었다.

- 습관 형성이 언어 습득을 설명해준다는 행동주의자들의 가정에 대해 많은 언어학자와 심리학자들이 중대한 의문을 제기하였다. 언어 습득을 설명함에 있어서 심리주의(Mentalism)로 전환이 이루어지면서 외부 영향보다는 언어 학습자의 타고난 능력에 중점을 두게 되었다.
- 제2언어 습득 연구의 동기는 대조분석이 그랬던 것처럼 더 이상 교수 방법 측면에서의 관심에 따라 강한 영향을 받지는 않았다. 제2언어 학습은 제2언어 교수와 어느 정도는 독립적인 것으로 간주되었고 연구자들은 제2언어 습득의 논점들을 교육적인 관심과는 별개로 취급하기 시작했다. 학습 과정은 나름대로 연구의 중요한 초점이 되었다.

일차적인 초점이 표면 형태나 유형으로부터 기저 규칙으로 전환된 것, 그리고 이와 유사하게 습득에 대한 설명을 **행동주의**에서 **심리주의**로 전환한 것은 주로 Noam Chomsky에 의한 **변형 생성 문법**(TG, 1957, 1965)의 도입으로 촉발된 언어학 혁명 때문이라고 할 수 있다. Chomsky는 언어에는 기본적인 문장 구조들을 설명해주는 비교적 적은 수의 필수 규칙이 있고 그에 더하여 이러한 기본 문장들이 수정될 수 있게 하는 제한된 수의 변형 규칙만(삭제, 추가, 대체 및 어순의 변화) 있을 뿐이라고 주장하였다. 어떤 언어든지 유한한 수의 기본 규칙과 변형만 있으면 무한한 수의 가능한 문법적 발화를 설명할 수 있다는 것이다. (이러한 "규칙"은 원어민 화자들이 말하는 것을 단지 기술하는 것이지 **마땅히** 말해야 한다고 생각하는 것을 기술하는 것은 아니라는 점에 주목하라.) 하나의 언어를 "안다는 것"은 표면 구조를 암기하는 것이라기보다는 이러한 규칙을 아는 것이라고 간주되었다. 한 언어의 화자는 전에 들어본 적이 없는 수백만 개의 문장들을 이해하고 발화해낼 수 있기 때문에 다른 사람들이 말하는 것을 듣고 이를 단순히 모방한다고 말할 수는 없고 이러한 기저 규칙을 적용하여 새로운 구조를 창조해낸다는 것이다. 따라서 언어는 **규칙의 지배를 받는 행동**으로 이해되기에 이르렀다.

언어학의 이러한 영향과 이와 연관된 심리학의 발전에 힘입어 제1언어 습득 연구는 내적 동력(환경과의 상호작용)이 학습을 이끌어가며 그 과정에서 아이는 언어 "자극"에 대한 수동적 수용자라기보다는 적극적이고 **창조적인** 참여자라는 생각을 채택하였다. 아이의 언어 발화 구조들을 분석하고 기술함에 있어 성인의 규준과 비교하여 얼마나 "불충분한가"라는 관점보다는 그 나름대로의 문법 체계를 인정하였다(Miller 1964; McNeil 1966). 이와 비슷한 생각이 거의 동시에 제2언어 학습 연구에도 적용되어 부분적으로는 제1언어와 제2언어 습득 과정이 어떻게 같거나 다른지와 같은 논점을 다루기 시작하였다.

제2언어 습득에 대한 접근법으로서 오류분석을 내놓게 된 가장 유력한 출판물은 S. Pit Corder의 논문(1967) "학습자 오류의 의미(The significance of learners' errors"이었는데, 이것은 응용언어학자들의 초점을 바꾸어 놓았다. 이에 따르면 제2언어 학습자의 오류는 뿌리 뽑아야 할 "나쁜 습관"이라기보다 학습 과정에 대해 통찰력을 제공하는 원천이라는 것이다. Corder에 따르면 오류는 제2언어 발달 과정의 특정 시점에서 학습자가 사용하는 언어 체계의 증거를 제공해주며, 자신의 "언어 발견"에 있어서 그가 사용하는 전략이나 절차에 관한 증거도 제공해준다. 어떤 의미에서 오류는 언어 학습자의 마음을 들여다보는 창이라는 것이다. 이러한 접근법에서 학습자의 언어는 분석의 목표로 간주되고 그것은 제1언어 또는 제2언어와는 별개가 될 가능성이 있으며 학습자의 지식 상태는 제2언어 습득 여정 상의 과도기 능력으로 간주된다. 더 나아가 Corder는 오류를 범한다는 것은 중요한데 왜냐하면 학습 과정 자체의 한 부분, 즉 학습 중인 언어의 특성에 대해 자신이 세운 가정을 검증하는 방법이라고 주장하였다. 여기에는 기존에 갖고 있는 제1언어 지식의 제반 양상이 제2언어에도 사용될 수 있는지 검증하는 것이 포함된다. 따라서 오류는 학습자가 단지 과거의 습관으로 인한 "간섭"을 경험하는 것이라기보다는 (아마 무의식적이겠지만) 새로운 체계를 탐색하고 있다는 표시가 된다.

학습자의 오류를 분석하는 절차에는 다음과 같은 단계들이 포함된다(Ellis 1994):

- **학습자 언어의 표본 수집:** 오류분석에서 사용되는 학습자 언어의 표본 대부분은 (다음에 논의될 **형태소 습득순서 연구**에서처럼) 똑같은 종류의 과제나 시험에 반응하는 화자들로부터 수집된 자료를 포함하고 있다. 어떤 연구들은 제2언어에 대한 노출과 능숙도가 증가함에 따른 오류 발생의 변화 유형을 결정하기 위해 소수의 학습자들로부터 여러 주, 여러 달, 또는 여러 해에 걸쳐 수집된 표본을 사용한다.
- **오류 식별:** 분석의 첫 단계는 어떤 방식으로든 목표어인 제2언어에서 벗어난 학습자 언어 표본에서 분석 요소들을 결정하는 일이다. Corder(1967)는 (제2언어에 대한 학습자의 지식 부족으로 발생한) 체계적 **오류**와 (기억력 부족과 같이 어떤 종류의 처리과정 실패로 인해 발생한) **실수**를 구별하고 이러한 실수는 분석에서 배제

한다.

- **오류 기술:** 오류는 분석하려는 목적에 따라 대개 언어 수준(음운론적 오류, 형태론적 오류, 통사론적 오류 등으로), 일반 언어학 범주(예를 들면 조동사 체계, 수동태, 부정문 구조), 또는 보다 특정의 언어 요소(예를 들면 관사, 전치사, 동사형)로 분류된다.
- **오류 설명:** 오류가 왜 발생했는가에 대한 설명은 제2언어 습득 과정을 이해하는데 있어 가장 중요한 단계이다. 제2언어 오류가 일어나는 가장 그럴듯한 원인 두 가지는 부적 전이 또는 제1언어의 간섭으로 인해 발생하는 **언어 상호간**("언어들 사이의") 요인과 타 언어의 영향 때문이라고 할 수 없는 **언어 내적**("언어 내부에서") 요인이다. 또한 언어 내적 오류는 **발달상**의 오류로 간주되며 종종 제2언어 규칙에 대한 학습이 불완전하였거나 그러한 규칙을 과잉일반화하고 있음을 나타내준다. 언어 상호간 및 언어 내적 오류를 구별하고 있음은 이것이 대조분석 절차에 토대를 두고 있음을 암시하는데, 왜냐하면 그러한 구별을 하기 위해서는 제1언어와 제2언어에 대한 비교 지식이 필요하기 때문이다. 예를 들면 다음 지문은 한국어 원어민 화자가 내게 쓴 편지에서 따온 것으로 오류에 대해 밑줄을 긋고 숫자를 매겼다.

The weather *is been*[1] very hot in *the*[2] Washington D.C. *There climate*[3] last week *warm*[4].

[1] *has* 대신 *is*를 사용한 것 (**언어 상호간/발달상의 오류**). 이것은 화자/필자가 영어 조동사 체계를 학습하고 있지만 아직 *be*와 *have*의 형태상 차이점(이것은 한국어에는 존재하지 않는다)을 숙달하지 못했다는 증거다.

[2] 지명에 *the*를 사용한 것 (**언어 상호간/발달상의 오류**). 이것은 화자/필자가 명사에 앞서 오는 관사(한국어에는 관사를 사용하지 않는다)의 사용법을 학습하고 있지만 대부분의 지명 앞에는 쓰지 않는다는 것을 아직 학습하지 못했다는 증거다.

[3] *There climate*는 이러한 맥락에서 사용되는 한국어 구를 직역한 것이다 (**언어 내적/간섭 오류**).

[4] 'warm'에 해당하는 단어가 한국어에서는 동사이므로 영어의 was에 상응하는 추가 동사 없이 사용되었다(**언어 내적/간섭 오류**).

- **오류 평가:** 이 단계에는 그러한 오류가 연구 대상이 되고 있는 화자에게 어떤 영향을 미치고 있는지에 대한 분석, 예를 들면 그것이 얼마나 "심각한지", 또는 그것이 이해 명료도에 어느 정도나 영향을 미치고 있는지, 또는 사회적인 용인 가능성(어떤 직업에 적격인가)이 포함된다. 내가 받은 편지 속의 오류를 범한 한국어 제1언어 화자에 대한 예시에서 그러한 오류들은 전혀 심각하지 않다. 우리는 친구이며, 그녀가 쓰고 있는 많은 문장들의 비문법성은 사회적 관계와 아무 관련이 없다; 게다가 그로 인해 의미를 오해할 가능성은 별로 없다.

오류분석은 제2언어 습득 연구에서 하나의 유용한 절차로서 유지되고 있지만, 지금까지 지적되어 온 수많은 결점들을 명심하여야 한다. 여기에는 다음 사항들이 포함되어 있다:

- **분류의 모호성:** 예를 들면 중국어 제1언어 화자가 제2언어인 영어에서 수와 시제를 나타내는 굴절형을 생략할 경우, 단순화되었거나 "전언 통신문체의" 발화의 원인이 제1언어의 영향(중국어는 굴절어가 아니다) 때문인지 아니면 (제1언어 습득에서도 또한 존재하는) 발달상의 보편적 과정 때문인지 결정하기란 어렵다.
- **긍정적 자료의 부족:** 비록 필자는 앞서 나온 예시를 통해 한국어 제1언어 화자가 영어 조동사와 관사에 대해 무엇을 학습하였는지 추론하였지만, 오류에만 초점을 맞춘다고 해서 제2언어 학습자가 이미 습득한 것에 관한 정보를 반드시 얻을 수 있는 것은 아니다; 더 나아가 올바르게 사용된 것은 알아차리지 못했을 수도 있다.
- **회피 가능성:** 오류가 없다는 것은 어려운 구조에 대한 화자의 회피 전략 때문일 수도 있으며, 이 경우 오류분석에 의해서는 드러나지 않을 것이다(예를 들면 Shachter(1974)에서는 중국어 및 일본어 제1언어 화자의 경우 제2언어인 영어의 관계절에서 별다른 오류를 범하지 않았는데 이것은 그들이 관계절 사용을 회피하기 때문이라고 주장한다).

중간언어

Corder와 똑같은 언어학 및 심리학의 영향 아래, 아울러 오류분석에 대한 그의 개념과 분석 절차에 기초하여 Larry Selinker(1972)는 중간언어(Interlanguage, IL)라는 용어를 도입하는데, 이는 학습자의 언어가 목표어인 제2언어를 지향하여 나아가는 과정 중의 중간 상태(또는 잠정적 문법)를 가리킨다. 1960년대와 1970년대의 오류 분석 및 제1언어 연구들에서처럼 이러한 접근법을 채택했던 Selinker 및 다른 학자들은 중간언어의 발달을 창조적인 과정으로 간주하였는데, 이 과정은 환경적 요인과 상호작용하는 내적 동력에 의해 추진력을 얻고 제1언어 및 목표어로부터의 입력에 영향을 받게 된다. 학습자의 중간언어에서 제1언어와 제2언어 체계로 인한 영향을 명확하게 파악하기는 하지만, 강조점은 발달 과정 동안 제1언어와 제2언어 모두와는 다른 그 나름대로의 세 번째 언어 체계로서 중간언어 자체에 둔다.

중간언어는 다음과 같은 특징을 갖고 있다:

- **체계적이다:** 발달의 어떤 특정 시점이나 단계에서든 중간언어는 학습자의 내적 문법을 구성하는 규칙에 의해 지배를 받는다. 이러한 규칙들은 그 시점에서 학습자가 사용하는 언어, 즉 학습자가 범하는 오류 뿐 아니라 올바르게 발화하거나 이해하는 것을 분석함으로써 발견할 수 있다.
- **역동적이다:** 학습자가 마음속에 갖고 있는 규칙 체계는 빈번히 변화, 즉 항상 유동적이며 그 결과 잠정적 문법이 연속되게 된다. Selinker는 이러한 변화를 연속선상의 꾸준한 진보가 아니라 "안정적인 고원에서 안정적인 고원으로"의 불연속적인 진보로 본다(1992:226).
- **변이가 있다:** 비록 중간언어가 체계적이기는 하지만, 맥락에 따른 차이는 언어 사용에 있어 서로 다른 유형을 보인다(제5장에서 논의된다).
- **형태와 기능 면에서 체계성이 떨어진다: 축소된 형태**(reduced form)란 목표어와 비교하여 중간언어에서 전형적으로 나타나는 덜 복잡한 문법 구조(예를 들면 영어에서 과거시제 접미사와 같은 굴절의 생략)를 가리킨다. 축소된 기능이란 (특히 학습자가 제1언어 공동체의 구성원들과 여전히 접촉하고 있을 경우) 전형적으로 중간언어를 사용하여 충족시키는 의사소통적 필요의 범위가 더 작음을 가리킨다.

Selinker(1972)는 제2언어 습득상의 발달과 어린이의 제1언어 습득 사이에는 관련된 인지 과정의 차이를 포함하여 여러 다른 점이 있다고 강조한다(출전: McLaughlin 1987:61):

- **언어의 전이:** 제1언어에서 제2언어로.
- **훈련의 전이:** 다시 말하면 제2언어가 어떻게 가르쳐지는가.
- **제2언어 학습 전략:** 다시 말하면 학습자가 제2언어 자료와 제2언어 학습 과제에 어떻게 접근하는가.
- **제2언어 의사소통 전략:** 다시 말하면 학습자가 제2언어로 다른 사람들과 의사소통하려고 노력하는 방식.
- **목표어 언어자료의 과잉일반화:** 학습된 제2언어 규칙이 너무나 넓게 적용되는 경우(**과잉 일반화**에는 이전 항에서 설명된 **언어 내적** 또는 **발달상의 오류** 중 일부가 포함된다).

또한 제1언어 습득과는 달리 제2언어 학습자에게는 강한 **화석화** 가능성, 다시 말하면 제2언어 입력이 지속되고 시간이 경과함에도 불구하고 목표어 규준에 도달하기 전의 어떤 측면에서 중간언어 발달이 멈출 개연성이 있다. 이러한 현상은 학습 연령과 관련이 있어서 나이가 더 많은 학습자의 경우 어린 학습자보다 화석화 가능성이 더 높으며, 뿐만 아니라 사회적 정체성과 의사소통적 필요와도 관련이 있다(예를 들면 Selinker 1992를 참고하라). 그러한 요인들은 **왜** 어떤 학습자는 다른 학습자보다 더 성공적인가라는 기본적인 의문과 관련된 논의의 핵심이다. 이러한 접근법에서 "상대적 성공"이란 학습이 멈추기 이전에 도달한 중간언어 발달 수준으로 정의될 수 있다.

표 3.1 중간언어의 범위

L^1 ______	....	______ L^2

중간언어의 시작과 끝은 각각 학습자가 제2언어로 의미를 전달하려 시도한 때와 발달이 "영구히" 멈춘 때이지만, 그 경계가 완전히 명확한 것은 아니다. 그러한 구성 개념의 도식화는 표 3.1에 제시되어 있다. 자연스런 (즉, 학교교육이나 개인 교습을 받지 않은) 상황에서 일어나는 제2언어 발달의 최초 및 아주 초기 단계에는 문맥과 동떨어진 제2언어 단어나 일정 기간 동안 제1언어 구조 속에 암기된 일상어구가 삽입되는 것이 종종 포함된다. 예를 들면 다음과 같은 발화는 영어 습득을 갓 시작한 어린이들로부터 기록한 것이다 (Saville-Troike, Pan과 Dutkova 1995):

중국어가 제1언어인 화자: *Zheige delicious*. 'This is delicious.'
나바호가 제1언어인 화자: *Birthday cake deedaa'*. 'We ate a birthday cake.'
체코어가 제1언어인 화자: *Yili sme bowling*. 'We went bowling.'

문법 상 체계적인 변화가 일어나고 있다는 증거가 있기까지는 중간언어가 시작된다고 말할 수 없을 것이다. 중간언어의 끝은 완전히 확실하게 식별하기가 어려운데 그 까닭은 시간이 추가되고 환경이 달라지면 학습이 재개될 수도 있기 때문이다.

화석화, 즉 목표어의 규준에 이르기 전에 중간언어 발달이 정지하는 것의 여부는 훨씬 더 논란의 여지가 있다(비록 언어적 측면보다 일차적으로는 사회적 및 정치적 측면의 이유 때문일지라도). 목표어의 다른 면에서 발화 기능면의 유창성을 갖고 있음에도 불구하고 이를테면 외국인 말투가 있다고 해서 그 개인의 제2언어 발달이 "화석화된" 것으로 간주되어야 하는가?(우리는 강한 오스트리아계 독일 말투를 갖고 있는 미국의 영화배우 겸 정치가인 아놀드 슈와제네거나 비록 영어로 말이나 글을 원어민 화자보다도 훨씬 더 유창하게 할지라도 영어에 대해 비원어민임을 식별할 수 있는 교수와 학생을 생각한다. 비원어민 말투를 갖고 있는 것이 유리한 경우도 있는데, 이는 "원어민처럼 들리는 것"은 그에 상응하여 원어민의 사회 문화적 지식을 내포하고 있을 것이라고 오해받을 수도 있기 때문이다.)

또한 제2언어 습득의 목적으로서 "목표어"라는 개념에 무엇이 수반되는가에 대한 논점도 있는데, 특히 영어가 보조어 또는 공식어로 채택되어온 세계 여러 지역에서는 그것이 영어 용법에 적용되지만 영국이나 미국에서 지방 고유의 다양성과는 다르다(Kachru와 Nelson 1996을 참고하라). "원어민과 같은" 발화는 많은 화자들에 의해 의도된 것이 아니며 또한 바람직하지도 않다. 그리고 그것이 모든 제2언어 학습자에게 최종 목표이어야 한다고 추정하는 것은 다소 제국주의적인 것으로 간주될 수도 있다.

중간언어가 제1언어 및 제2언어와 적어도 부분적으로는 관계없는 독자적인 학습자 언어 체계라는 개념은 제2언어 습득 연구에 있어서 대단히 생산적이었다. 비록 그것의 구체적인 속성에 관해서, 그리고 "진보"가 원어민 화자의 규준에 어긋나는 것을 측정해야 하는가에 관해서는 여전히 논쟁거리로 남아있지만 지금은 일반적으로 당연하게 여겨지고 있다(예를 들면 Eubank, Selinker와 Sharwood Smith 1995; Johnson과 Johnson 1998: 174-76).

형태소 습득 순서 연구

제2언어 습득 연구에 있어서 1970년대 중간언어 개념이 집중 조명했던 한 가지 중요한 문제는 제2언어 학습자의 문법 발달에 있어서 **자연적 순서**(또는 보편적인 차례)가 있느냐 하는 점이었다. 이것은 흥미로운 문제인데, 그 이유는 만일 학습자의 제1언어가 무엇이 되었든 제2언어에서 똑같은 요소가 먼저 학습된다는 것을 발견하게 되면, 모국어가 달라지면 습득 순서도 달라진다는 것을 발견할 경우보다 제1언어로부터의 전이가 덜 중요해진다는 추정이 가능하기 때문이다. 만일 아이의 제1언어 학습에서처럼 제2언어에서도 똑같은 습득 순서가 발견된다면, 습득 과정은 모든 언어 발달에 아주 똑같을 것이라는 점이 추가로 함축되어 있다.

굴절이란 무엇인가?

굴절이란 하나 또는 그 이상의 의미 단위를 단어의 기본형에 추가함으로써 보다 구체적인 의미를 부여하는 것이다. 영어에서는 이런 방법으로 복수 명사, 과거 시제 및 진행 상황을 나타낸다.

	기본형	의미 단위	의미 단위의 기능	예시
명사	Cat	s	복수	Three cats
동사	walk	ed	과거	I walked yesterday.
	walk	ing	진행	We were walking.

Roger Brown(1973)은 세 명의 어린이가 영어의 문법 형태소 세트에 대한 발화를 숙달해나가는 순서를 추적함으로써 제1언어 습득 차례에 관한 기본 정보를 최초로 제공하였는데, 여기에는 동사의 경우 시제를 나타내고 명사의 경우에는 복수를 나타내는 굴절이 포함되어 있다. 그의 연구는 곧 영어가 제1언어인 아이들을 대상으로 하는 많은 연구를 통해 정당성이 입증되었다. 영어가 제1언어일 뿐 아니라 영어가 제2언어인 화자에게 있어서 이러한 차례가 자연적 순서를 이룬다는 주장은 영어를 학습하는 아이들에 관한 연구를 기초로 하여 Heidi Dulay와 Marina Burt에 의해 처음 제기되었는데 이들의 모국어는 스페인어와 중국어이었다. Brown(1973), 그리고 Dulay와 Burt(1974)의 발견에 포함된 형태소 목록은 3.2에 제시되어 있다. 이러한 결과가 나타내는 점은 예를 들면 영어를 제1언어 및 제2언어로 학습하는 경우 모두에서 진행 접미사 -ing와 복수 -s는 숙달되는 형태소 중 첫 번째라는 것이다; 동사의 불규칙 과거 시제 형태와 소유격 -s는 제1언어의 경우 순서상 그 다음이지만 제2언어의 경우 비교적 나중이었다(be와 a/the 형태 이후).

표 3.2 영어가 제1언어인 경우와 제2언어인 경우의 습득 순서

영어가 제1언어	형태소	예	영어가 제2언어
1	진행형 *-ing*	He is talk*ing*.	3
2	복수 -s	There are two cat*s*.	4
3	불규칙 과거	We *ate*.	7
4	소유격 *-s*	The child'*s* toy	8
5	관사 *a/the*	*The* cat/*A* sunny day	1
6	규칙 과거	They talk*ed*.	6
7	3인칭 *-s*	He sing*s*.	9
8	계사 *be*	He'*s* tall.	2
9	조동사 *be*	She'*s* singing.	5

비록 동일하지는 않았지만 보고된 형태소 습득 순서는 제1언어와 제2언어가 비슷하였다. 나아가 영어가 제2언어인 경우 그 순서는 아이들의 모국어가 스페인어든 중국어든 관계없이 사실상 똑같았다. 그러한 "자연적 순서"의 존재는 내적 동인에 의한 습득 과정이 있다는 주장을 강화하였는데, Dulay와 Burt(1973)는 이를 **창조적 구성**(creative construction)이라고 명명하였다. 그들의 결론에 의하면 제2언어 학습자는 자신이 들은 것을 단순히 모방하거나 제1언어 구조를 새로운 언어에 반드시 전이하는 것도 아니지만, 전에 들어본 적이 없는 발화를 해석하고 발화할 수 있도록 하는 심적 문법을 (무의식적으로) 만들어낸다는 것이었다.

이와 같이 형태소 순서가 유사하다는 증거는 **동일성 가설**(Identity Hypothesis, 또는 **제1언어=제2언어**)을 뒷받침한다는 주장이 이루어졌는데, 그에 따르면 제1언어와 제2언어 습득에 포함된 과정은 똑같다는 것이다. 이러한 가설의 강한 형태는 버려졌는데, 그 까닭은 제2언어 습득에서 **무엇이** 습득되느냐 하는 기본적인 문제를 고립된 영어 형태소 목록으로 제한하고 영어의 다른 양상이나 다른 언어와 관련해서는 아무런 원리가 없었으며, 또한 연구 방법상 약점이 있었기 때문이었다.

그렇지만 자연적 순서 개념은 언어적 및 인지적 접근법 모두에서 제2언어 습득을 이해하는데 여전히 매우 중요하다. 형태소 습득 연구 이후에는 몇몇 통사 구조(예를 들면 부정, 의문문, 그리고 관계절)의 습득에도 아이 및 성인 모두에게 규칙적인 차례가 있음을 지적하는 연구가 뒤이었다. 이러한 발견들은 언어 습득을 위한 선천적인 메커니즘이 어린 시절 초기로만 제한되지 않을 수도 있다는 추론을 지속시키는 토대를 형성하게 된다.

모니터 모델

제2언어 습득에 대한 초기 접근법 중 내적 초점을 갖고 있는 것 중 하나는 Stephen Krashen(1978)이 제기한 모니터 모델이다. 이것은 언어 습득 장치(language acquisition device 또는 LAD)라는 개념을 분명하고 가장 중요한 것으로 채택하고 있는데, 이것은 아이가 가진 선천적인 언어 지식을 나타내기 위해 Chomsky가 사용한 비유이다.

Krashen의 접근법은 제2언어가 어떻게 습득되는지에 대해 중요한 주장과 추정을 이루는 5가지 가설을 모아놓은 것이다. 그러나 Krashen의 모델은 여러 연구자들에 의해 자주 비판받고 있음에 주의할 필요가 있는데, 이는 그 구성 개념 중 많은 것(예를 들면 **이해가능 입력**을 이루고 있는 것)과 학습과 습득에 차이가 있다는 주장은 모호하고 정확하지 못할 뿐 아니라 그 주장들 중 여러 가지가 검증이 불가능하기 때문이다(McLaughlin 1987). 이 모델을 형성하는 가설들은 다음과 같다:

- **습득 – 학습 가설:** **습득**과 **학습**에는 차이가 있다. **습득**은 무의식적이고 아이의 제1언어를 설명하는 선천적인 **언어 습득 장치**가 관련된다. **학습**은 의식적이고 많은 교실 상황에서 일어나는 제2언어 학습이 그 좋은 예시이다.
- **모니터 가설:** "학습된" 것은 **모니터로**만 사용되는데, 이미 발화된 것을 편집하거나 변화시키려는 목적을 갖고 있다.
- **자연적 순서 가설:** 언어 규칙을 예측 가능한 순서로 습득한다.
- **입력 가설:** 언어 습득은 **이해가능 입력**이 있기 때문에 일어난다. 만일 입력이 이해되고 그 양이 충분하면 필요한 문법은 자동적으로 제공된다.
- **정의적 여과기 가설:** **정의적 여과기**가 "높으면" 입력은 처리되지 않을 수 있다(예를 들어 의식적인 학습이 일어나면 그 개인은 자기 억제에 빠지게 된다).

많은 연구자들에 의해 심한 비판을 받고 있음에도 불구하고 Krashen의 모델은 1980년대와 1990년대의 미국에서 언어 교수에 중요한 영향을 끼쳤는데, 여기에는 수백 개의 교실에서 명시적인 문법 교수를 회피하는 것이 포함된다. 이후 시계추는 반대 방향으로 되돌아가기 시작하여 형식적인 문법 교수가 도입되는 일이 증가하였는데, 문법 구조에 대한 명시적 설명으로부터 이점을 얻을 수 있는(심지어 필요할 수도 있는) 성인의 경우에는 특히 그러하였다.

이제까지 살펴본 제2언어 습득의 언어학적 연구의 초기는 서로 다른 접근법에 대한 지지자들 간 다소 활발한 논쟁을 하던 중 몇 가지 이슈를 제기하면서 마감되었으나 몇 가지 중요한 점에 대해서는 공감대가 널리 퍼졌다. 여기에는 다음과 같은 점이 포함된다:

- 제2언어 습득에서 *무엇이* 습득되느냐 하는 것은 "규칙의 지배를 받는" 언어 체계이다. 제2언어 발달에는 역동적인 중간언어 체계를 통한 진보가 포함되는데, 중간언어는 중요한 점에서 제1언어와 제2언어 모두와 다르다. 제2언어의 최종 상태는 원어민 화자의 체계와는 대체로 (다소) 다르다.
- 제2언어 습득이 *어떻게* 일어나느냐 하는 것에는 창조적인 정신 과정이 포함된다. 제1언어와 제2언어 모두의 발달은 일반적으로 예측 가능한 순서를 따르는데, 이것은 제1언어와 제2언어 습득 과정이 중요한 점에서 유사함을 시사해준다.
- 제2언어 습득에서 어떤 학습자는 왜 다른 사람들보다 더(또는 덜) 성공적인가 하는 점은 일차적으로 학습자의 연령과 관련이 있다.

이러한 연구에서 1980년대에 이르게 되자 Chomsky 방식의 이론 언어학에서는 새로운 제안들이 나타났고 이는 제2언어 습득 연구에 중요한 영향을 끼쳤으며, **보편 문법**(universal grammar)은 내적 초점을 갖춘 지배적인 접근법이 되었다(이러한 경향은 계속되고 있다).

보편 문법

보편 문법(UG)은 Chomsky가 자신의 초기 저작에서 도입한 전통을 이어받고 있다. 특히 두 가지 개념은 여전히 중요하다:

(1) 언어 습득에서 설명이 필요한 것은 **언어 능력**(linguistic competence), 다시 말해 화자–청자가 가진 기저 언어 지식이다. 이것은 **언어 수행**(linguistic performance), 다시 말해 특정 예시에서 화자–청자의 실제 언어 사용과는 구별된다.

(2) 그러한 언어 지식은 사람들이 받는 입력으로부터 배울 수 있는 것을 넘어선다. 이것은 언어 학습의 논리적 문제점, 다시 말해 자극 빈약(poverty-of-the stimulus)론이다.

1950년대 이래 Chomsky와 그의 추종자들은 화자−청자가 자신의 모국어에 대해 갖고 있는 능력은 인류가 유전적으로 부여받은 선천적인 능력에 의해서만 설명될 수 있다고 주장하였다. 그들의 주장에 따르면 아이는 어떤 자연언어든 그것이 어떻게 구성될 수 있는지에 관한 제약을 포함하여 모든 언어에 공유되는 것에 대한 일반 지식을 이미 갖고 있으면서 특정 언어를 습득해야 할 과업에 (적어도) 도달하게 된다. 이러한 선천적인 지식은 Chomsky가 **언어 재능**(language faculty)이라고 부르는 것 안에 있는데, 이러한 언어 재능은 인간의 마음을 구성하는 성분으로서 인간의 두뇌와 생물학적인 재능의 일부에 물리적으로 표현되어 있다(Chomsky 2002:1). 모든 언어에 공통적인 것이 보편문법이다.

만일 어떤 언어 재능이 정말로 존재한다면, 그것은 "논리적 문제점"에 대한 해결책이 될 가능성이 있는데 이는 그것의 존재는 아이가 풍부한 언어 지식 체계를 이미 갖고 있으며 이를 제1언어 학습 과업에 활용함을 의미하기 때문이다. 아이는 이러한 기저 체계를 학습할 필요가 없고 "제한되고 지극히 단편적인 언어 경험에 의해 활성화된 내적 자원을 토대로 하여 오로지 그 위에 쌓아가기만 하면 될 것이다(Chomsky 2002:8). 다시 말해, 아이가 처한 사회적 환

Noam Chomsky (b. Philadelphia), 1928~현재

언어학

1961년 이래 MIT 교수인 Noam Chomsky는 언어학 분야에 혁명적인 영향을 끼쳤다. 그의 변형생성 문법은 내적 초점을 갖춘 최초의 언어학 체제였다. 그의 이론들은 여기에서 시작하여 원리와 매개변항 모델로, 그리고 최소주의 프로그램으로 진화하였다.

〈흥미 있는 사실〉 Chomsky에 의해 구성된 Colorless green ideas sleep furiously라는 문장은 문법적으로 옳은 문장이라도 여전히 의미가 결여될 수 있음을 보여주기 위한 것이었다. 이 문장은 이후 1985년의 한 문예 백일장에서 사용되었는데, 이 대회의 목적은 100단어 또는 그 미만으로 그 문장을 의미 있게 만드는 것이었다.

경에서 부모나 다른 사람들이 사용하는 특정 언어에 대한 습득은 그러한 언어의 입력을 필요로 하며, 습득 과업이 가능한 (그리고 거의 변함없이 성공적인) 까닭은 아이의 내재적인 능력 때문이다. 제2언어 습득 연구에 대한 보편 문법 접근법에서 가장 중요한 논점 중 하나는 이러한 선천적인 자원이 초기 아동기 연령을 지나 추가로 언어를 습득하는 사람에게도 여전히 이용가능한가 하는 점이었다.

1970년대 말까지 이러한 접근법의 추종자들은 언어 습득 과업에는 자신이 받은 입력으로부터 보편 문법의 안내를 받아 특정 언어의 규칙 체계에 대한 아이의 귀납추리가 포함된다고 추정하였다. 이러한 일이 어떻게 일어날 수 있는가는 여전히 의문으로 남아있다. (언어 입력은 마음속의 "블랙 박스"로 들어가고, 어떤 일이 일어나며, 특정 언어의 문법 체계가 생겨난다.) 습득 과정에 대한 생각에서 원리와 매개변항 체제(종종 지배 결속(Government and Binding, GB) 모델이라고 부른다)와 이어 도입된 최소주의 프로그램(Minimalist program, 1995) 안에서 보편 문법에 대한 Chomsky(1981)의 재개념화와 함께 중요한 변화가 일어났다.

원리와 매개변항

1980년을 전후하여 원리들의 집합으로서 보편 문법이라는 구성체가 개념화되었는데 이것은 세계 모든 언어의 특성을 포괄하고 있다. 이러한 원리들 중 어떤 것은 **매개변항**(parameters)을 포함하고 있어서 어떤 특정 언어가 관련되느냐에 따라 설정 선택이 제한된다. 원리와 매개변항에 관한 지식은 선천적인 것으로 가정되기 때문에 아이들은 자신이 받은 입력을 해석하고 무의식적으로 분석하여 적절한 제1언어 문법을 구성해낼 수 있는 것으로 추정된다. 이러한 분석과 구성은 보편 문법에 의해 엄격한 제약을 받으며 자라나는 것으로 간주되고 있으며, 그러한 점은 아이들의 제1언어 습득이 왜 비교적 빠르고 항상 성공적인지를 설명해준다. 아이들은 비록 다른 논리적 가능성이 있을지라도 핵심 문법을 절대 위반하지 않으며 보편 문법이 부과하는 통로 바깥에 있는 매개변항 값은 선택하지 않는다.

Chomsky가 가정한 초기 원리 중 하나의 예시는 모든 언어의 모든 구에는 주요어(Head)를 포함하는 똑같은 요소가 있다고 명확히 규정한다: 예를 들면 명사구(NP)에는 주요어로서 항상 명사(N)가 있고, 동사구(VP)에는 주요어로서 항상 동사(V)가 있으며, 전치사 또는 후치사구(PP)에는 주요어로서 항상 전치사 또는 후치사(P)가 있다 등등. 서로 다른 언어에서 화자가 가진 유일한 선택, 즉 매개변항 설정은 주요어의 방향, 다시 말해 그 구 안의 다른 요소와 관련하여 주요어의 위치이다. 여기에는 두 가지 가능성, 즉 **어두 주요어**(head-initial) 또는 **어미 주요어**(head-final)가 있다.

영어를 제1언어로 학습하는 아이들은 일반적으로 영어는 어두 주요어로 매개변항이 설정되어 있음을 알게 해주는 입력을 받는다. 이 때문에 그들은 다음과 같은 어순을 가진 문장을 듣게 된다:

a. *John [kicked the ball]$_{VP}$*
위 예시에서 필자는 동사구 주위를 꺾쇠로 표시하였으며, 그 구의 주요어인 동사 kicked에 밑줄을 쳤다. 이 동사구의 어순은 동사 kicked가 the ball 앞에 위치하기 때문에 영어의 매개변항 설정이 어두 주요어라는 증거를 제공해준다.

b. *John rode [in the car]$_{PP}$*
위 예시에서도 꺾쇠가 전치사구 주위에 표시되어 있으며, 그것의 주요어는 전치사 in이다. 이것은 영어의 경우 매개변항 설정이 어두 주요어라는 추가 증거를 제공해주는데, 이는 그 구에서 전치사가 the car 앞에 위치하고 있기 때문이다.

이와는 대조적으로 일본어를 제1언어로 학습하는 아이들은 일본어의 매개변항 설정이 어미 주요어임을 알게 해주는 입력을 받는다. 그들은 다음과 같은 어순을 가진 문장을 듣게 된다:

a. *John-wa [booru-wo ketta]$_{VP}$* (문자 그대로: 'John ball kicked')
이것은 일본어의 매개변항 설정이 어미 주요어라는 증거를 제공해주는데 이는 그 동사구에서 동사 ketta('kicked')가 booru-wo('ball')의 뒤에 위치하기 때문이다.

b. *John-wa [kuruma-ni]$_{PP}$ notta* (문자 그대로: 'John car-in rode')
이것은 일본어가 어미 주요어라는 추가 증거를 제공해주는데, 이는 후치사 –ni('in')이 그 전치사구에서 kuruma('car') 다음에 위치하기 때문이다.

일본어와 영어의 어순은 전체가 그런 것은 아니지만 대체로 서로에게 "거울 이미지"이다. 영어나 일본어를 제1언어로 습득하는 아이들이 이러한 원리의 매개변항을 올바로 설정하기 위해서 제한된 양의 입력을 들을 필요가 있다. 다음에는 그렇게 설정된 매개변항이 그들을 안내하여 전에 들어본 적이 없는 무제한의 발화에서 올바른 어순을 만들어내게 되는데, 이는 하나의 언어에서 모든 구는 본질적으로 똑같은 구조를 갖는 경향이 있음을 명확히 규정하는 일반원리가 있기 때문이다. (그렇지만 모든 언어가 완전히 일관적인 것은 아니다. 예를 들면 영어와 중국어에서 수식어는 주요어인 명사에 앞서 오지만 목적어가 되는 명사구는 동사 다음에 오기 때문이다.)

언어간 변이를 설명해주는 또 다른 원리와 매개변항 설정에는 주어와 동사의 일치가 명시적으로 표현되어야 하는가 및 주어가 명시적으로 존재하여야 하는가("가주어(null subject) 매개변항")의 여부를 결정하는 것이 포함된다. 예를 들면, 영어 화자는 아무 의미가 없는 명시적 주어 it를 사용하여 _It_ is raining이라고 말해야 하는 반면, 중국어 Xia yu('Down rain')와 스페인어 Está lloviendo('Is raining')에서는 주어가 생략되어 있다. 보편 문법에서 불변의 원리나 매개변항의 선택에 관한 원리를 총망라한 목록은 없고, 이론이 진화함에 따라 그 정체성과 관련된 제안이 변하고 있기 때문에 아마 앞으로도 없을 것이다. 경우가 어떻게 되었든 보편적 원리와 매개변항에 대한 상세한 설명은 이론의 발달과 이해를 위해 적절할 것이며 제2언어 교수에도 실제적인 가치가 있을 것이다. 그러나 아이들에게는 물론 그러한 목록이 쓸모없을 것이며 이용 가능한 것이 있다 할지라도 이해할 수 없을 것이다. 원리와 매개변항은 본질적으로 제1언어 습득에서는 학습되는 것이 아니고, 그럴 수도 없으며 그럴 필요 또한 없는데, 이는 그것들은 우리가 태어나면서 갖고 있는 언어 습득 장치(LAD) 속에 포함되어 있는 것으로 추정하고 있기 때문이다. 또한 이것은 나이가 더 많은 제2언어 학습자의 경우 비록 제2언어에서 매개변항 설정에 관해 깨닫게 되면 입력을 지각하는데 초점 맞추는 일을 도와주고 결과 학습을 용이하게 해주지만 부분적으로만 타당하다.

제1언어 습득에서 습득되는 것은 보편 문법 자체는 아니다. 보편 문법은 모든 인간에게서 선천적인 언어 재능의 일부로서 출생 시 이미 존재하며 이러한 재능이 발현하기 위해서는 성숙과 경험을 필요로 한다. 특정 언어에 대한 아이의 습득에는 보편 문법의 제한된 매개변항 선택조건 중에서 언어 입력을 통해 우연히 마주치게 되는 설정들과 어울리는 것을 선택하는 과정이 포함된다.

Chomsky는 자신의 초기 변형생성문법(TG) 이론을 급격히 바꾸면서 입력에 기초를 두고 보편 문법의 안내를 받아 특정 언어의 규칙 체계를 귀납적으로 이끌어내는 것이 습득 과정에 포함된다는 것을 더 이상 믿지 않는다. 그와는 반대로 보편 문법에는 지극히 일반적인 원리와 선택조건들만 있다고 주장한다. 어휘 습득은 그의 최근 이론에서 훨씬 더 중요해졌는데, 왜냐하면 어휘 항목에는 의미론적 의미를 해석해내는데 뿐 아니라 매개변항 설정과 문법의 다른 특징들을 결정하는데 필요한 특성들에 대한 설명이 풍부하게 포함되어 있다고 생각하기 때문이다. 예를 들어 영어의 명사 foot을 "안다"는 것은 그것이 어떻게 발음되고 무엇을 지칭하며 또한 그것이 명사라서 명사구(NP)의 주요어 역할을 할 수 있고 불규칙 복수형을 갖고 있다는 것을 안다는 것이다. 중국어의 동사 chi('eat')를 안다는 것은 그것의 발음과 의미, 또한 그것이 동사이며 동사구(VP)의 주요어이고 대개는 직접목적어를 필요로 하지만 종종 "가짜 목적어" fan(직역하면 'rice')을 필요로 함을 안다는 것이다.

따라서 아이의 제1언어 습득을 위한 출발점(또는 **초기 상태**)은 두뇌 속의 언어 재능을 "둘러싸고 있는" 선천적인 학습 원리와 더불어 보편 문법이다. 특정 언어를 발달시키는 과정에서 **무엇이** 습득되는가 하는 점에 대해서는 입력(특히 어휘)에서 얻어지는 정보라고 답할 수 있으며 학습자는 이를 보편 문법의 선택조건들과 어울리게 한다. 궁극적인 산물은 **최종 상태**, 다시 말해 성인 문법(또한 "안정된 상태"라고도 부른다)이다. 발달에 있어서 중간 상태는 "상태 L"(L1, L2, L3, ...)이다. 이에 대해 Chomsky는 다음과 같이 요약하고 있다:

> 초기 상태는 경험에 의해 변화가 시작되고 조형이 이루어지며, 내적으로 결정된 성숙 과정에 따라 여러 단계를 거쳐 최종적으로는 사춘기를 전후하여 안정된 것처럼 보이는 후기 상태를 만들어낸다. (언어 재능의) 이러한 초기 상태를 하나의 장치, 즉 경험을 '도달된 상태 L'로 사상하는 '언어 습득 장치(LAD)'로 생각할 수 있다. (2002:85)

이러한 관점에서 볼 때 아이에게 습득이 **어떻게** 일어나는가 하는 점에 대해서는 "자연스러운," "본능적인," 및 "인지 체계에 내재적인"과 같이 답할 수 있다. 제2언어 습득과는 달리 태도, 동기, 그리고 사회적 맥락(필요로 하는 최소한의 입력을 넘어서서)은 아무런 역할을 하지 못한다. 어떤 학습자는 **왜** 다른 학습자에 비해 더 성공적인가 하는 물음은 제1언어 습득에는 적절한 것으로 생각되지 않는데 그 이유는 이러한 관점에서 모든 원어민 화자는 본질적으로 똑같은 "최종 상태"에 도달하기 때문이다. (힙합, 운동 관련 기사, 또는 공식적인 문자 영어처럼 서로 다른 언어 사용역의 발달은 이러한 개념화에 고려되지 않는다.)

보편 문법과 제2언어 습득

보편 문법이라는 관점에서 제2언어 습득 연구에 관한 매우 중요한 질문 세 가지는 다음과 같다:

- 제2언어 습득의 **초기 상태**는 무엇인가?
- 중간언어의 속성은 무엇이며 시간의 경과에 따라 어떻게 변하는가?
- 제2언어 습득의 **최종 상태**는 무엇인가?

초기 상태

앞 장의 제1언어 대 제2언어 습득에 관한 절에서 논의했던 것처럼, 학습자는 제2언어 습득이 시작하는 시점에서 이미 제1언어에 대한 지식을 갖고 있다. 즉, 그들은 매개변항에 있어서 이미 해당 제1언어에 적절한 모든 선택을 완료하였으며 이러한 선택은 보편 문법의 안내를 받는다. 몇몇 제1언어 지식은 분명히 제2언어로 전이되지만, 그러나 정확히 어떤 특징이 전이되고 제1언어와 제2언어 사이의 관계, 제2언어 학습 환경, 그리고 기타 다른 요인들에 정확히 어느 정도나 의존하는지(아마 다음 **기능 유형론**에서 논의하게 될 것과 유사한 **유표성** 특징들이 포함될 것이다)는 알려져 있지 않다. 똑같은 원리에 대한 제1언어와 제2언어 매개변형 설정이 같을 경우에는 제1언어로부터 제2언어로 정적 전이가 일어날 것이지만, 만일 다를 경우에는 부적 전이 또는 **간섭**이 일어날 지도 모른다.

예를 들어, 나바호 족의 한 소녀가(제2언어로서 영어 습득의 초기 단계였다) 선생님에게 인형의 위치를 다음과 같이 묘사하는 것을 들은 적이 있다:

Dollie is wagon in.

이 소녀가 말한 구 wagon in은 주요어인 전치사 in을 wagon 뒤에 위치시키는 후치사구이다. 이것은 영어에서 주요어 in을 해당되는 구의 시작에 위치시키도록 요구하는 주요어 우선 매개변항 설정과 어울리지 않는다. 나바호 언어(일본어처럼)는 주요어 어미 설정을 갖고 있으며, wagon *in*은 tsinaabaas bi-*í*?('wagon it-in')에 해당하는 나바호 어순을 직역한 것이다. 이러한 영어 문장을 발화한 그 아이는 매개변항 설정을 제1언어인 나바호 언어로부터 제2언어인 영어로 부적절하게 전이시켰다.

제2언어 학습자는 제1언어에 관한 지식 뿐 아니라 여전히 제2언어 습득에 관한 한 **초기 상태**인 보편 문법에 접근할 것이다. 그러나 이 점에 대해서는 의견이 일치하지 않는다. 지금까지 다음과 같은 네 가지 가능성이 제안되었다(예를 들면 Cook 1988을 참고하라):

(1) 학습자가 자신의 제1언어 뒤이어 언어를 학습할 경우라도 언어 습득의 선천적인 안내자로서 보편 문법을 완전히 계속하여 이용할 수 있다.
(2) 학습자가 보편 문법의 구성요소 중 일부만 유지하고 있기 때문에 보편 문법을 부분적으로만 이용할 수 있다.
(3) 학습자가 자신의 제1언어에서 이미 실현된 지식을 통해 보편 문법을 간접적으로만 이용할 뿐 직접 이용할 수 있는 부분은 남아있지 않다.
(4) 학습자가 보편 문법을 이용할 수 있는 부분은 없으며 제1언어를 학습할 때와는 전혀 다른 수단을 이용하여 학습해야 한다.

중간언어의 속성과 발달

중간언어(IL)는 원리와 매개변항의 관점에서 제2언어 발달의 중간 상태로(L_1, L_2, L_3 등) 정의되며, 이것은 1960년대와 1970년대 도입되었던 "중간 문법"으로서 IL의 개념과 조화를 이룬다. 만일 제2언어 학습자가 적어도 보편 문법의 이용가능성을 어느 정도 유지하고 있다면, 중간언어 발달의 과정은 대체로 새로운 언어의 입력을 토대로 하여 매개변항을 재설정하는 과정이다. 예를 들면, 제1언어가 일본어 또는 나바호어이면서 영어를 제2언어로 학습하는 화자는 주요어의 방향을 '주요어 어미'에서 '주요어 어두'로 재설정할 필요가 있으며, 영어가 제1언어로서 일본어나 나바호어를 학습하는 화자 역시 '주요어 어두'에서 '주요어 어미'로 재설정할 필요가 있다.

학습자는 그가 받는 제2언어 입력이 자신이 갖고 있는 제1언어 설정과 어울리지 않기 때문에 매개변항 설정을 (대개는 무의식적으로) 변화시킨다. 만일 보편 문법이 아직도 이용가능하다면 학습자의 선택은 (제1언어에서 그렇듯) 제한될 것이고 중간언어 문법은 보편 문법에서 허용되는 구조를 절대 벗어나지 않을 것이다. 만일 언어 재능의 일부인 학습 원리가 또한 여전히 이용가능하다면 이러한 변화를 이끌어내기 위한 충분한 정보는 그가 받은 **정적 증거**, 다시 말하면 자연스러운 사용이나 형식적인 지도를 통해 제2언어를 경험함으로써 제공받는 입력으로도 이용 가능하다. 명시적인 교정을 포함한 **부적 증거** 또한 종종 제2언어 학습자에게 제공되는데(특히 형식적인 언어 지도를 받고 있다면) 이것은 아마 나이 든 학습자에게 있어서 매개변항의 재설정에 모종의 역할을 한다. (매개변형 재설정이 왜 그리고 어떻게 일어나는지에 관한 서로 다른 입장에서의 증거는 Gregg 1996과 White 2003에서 논의된다.)

제2언어 습득에 대해 Chomsky의 최소주의 프로그램(예를 들면 Herschensohn 2000) 안에서 공식화된 접근법인 **구성주의**는 중간언어 발달을 제2언어 어휘에 대한 점진적인 숙달로 간주하는데, 여기에는 어휘 지식의 일부인 형태론적 특성(단어 형태를 상술해준다)도 포함된다. 보편 문법을 구성하고 있는 일반 원리와 매개변항이 학습될 필요가 없는 반면, "형태론적 어형변화표는 단어처럼 점진적으로 어휘부에 첨가되어야 한다"(White 2003:194). 중간언어 발달을 특징짓는 단계와 변이성은 학습자의 능력에 담긴 이러한 특징들에 대한 최초의 불완전한 상술 때문인 것으로 설명된다. 이러한 접근법은 매개변항 설정과 형태론적 특성에 대한 숙달이 제1언어 습득과 연계되어 있는 반면 제2언어 습득에서 나이 많은 학습자에게 반드시 연계되는 것이 아니라고 주장한다. 어휘부에서 특징에 대한 충분한 상술 상태에 이르지 못하는 것은 많은 제2언어 학습자가 원어민에 근접하는 능력을 성취하지 못하고 중간 발달 수준에서 화석화되는 일차적인 이유로 간주되고 있다.

보편 문법 접근법에서 매개변항 (재)설정과 문법의 다른 양상들에 대한 정보를 제공함에 있어 어휘 습득이 가진 중요한 역할은 제2언어 학습자와 교사들에게 특히 적절하다. 이것은 이 장을 시작하면서 살펴보았던 구조주의자 및 행동주의자의 입장과는 뚜렷한 대조를 이루며, 제2언어의 기본적인 문법 구조는 최소 어휘와 관련하여 학습될 수 있을 것이다 (정말로 그렇게 되어야 한다).

만일 보편 문법이나 **언어 재능**의 학습 원리를 제2언어 습득에 더 이상 이용할 수 없다면, 중간언어 발달은 제1언어에서 일어나는 것과는 근본적으로 다른 학습 과정으로 설명될 필요가 있을 것이다. 중간언어가 보편 문법의 제약을 위반하지 않으며 그것이 제1언어의 전이 또는 제2언어 입력으로 완전히 설명될 수 없다는 증거는 **더 이상 이용할 수 없다는** 입장에 반대되는 주장으로서 이용된다.

최종 상태

어떤 학습자는 다른 학습자보다 왜 더 성공적인가 하는 질문은 (모든 아이들이 "최종 상태"를 성취하기 때문에) 기본적인 제1언어 습득에는 적절하지 않은 반면 제2언어 습득에는 대단히 적절하다. 이러한 주제에 대한 모든 접근법은 제2언어 학습자가 궁극적으로 도달하는 수준에서 발견되는 커다란 변이성을 설명할 필요가 있다. 보편 문법의 틀 안에서 여러 가지 가능성이 있는데 그것은 다음과 같다:

- 모든 학습자가 보편 문법을 똑같은 정도로 이용하지는 못할 것이다.
- 제1언어의 다양성과 제2언어 사이의 서로 다른 관계는 결국 전이나 간섭 면에서 차이를 가져올 것이다.
- 어떤 학습자는 다른 학습자와는 질적으로 다른 제2언어 입력을 받게 될 수도 있다.
- 어떤 학습자는 제2언어 입력과 기존의 제1언어 매개변항 설정 사이의 부조화를 다른 학습자보다 더 잘 지각할 수도 있다.
- 어휘 특징에 대한 상술 면에서 정도 차이는 다른 학습자에 의해 성취될 수도 있다.

그러나 제2언어 습득에는 학습자의 정신 조직에 대해 엄격한 **내적 초점**을 맞춘 편협된 보편 문법 접근법으로 인해 아직 다루어지지 않았거나 다루었더라도 만족스럽지 못한 논점도 있다. 이제 우리는 중요한 대안적 견해 몇 가지를 고려해볼 것이다.

기능적 접근법

제2언어 습득에 있어서 보편 문법이 여러 해 동안 지배적인 언어학적 접근법이었던 데 비해 언어 학습에 대하여 **외적** 초점을 취하였던 연구자들도 많이 있었다. 이러한 접근법들 중 보다 영향력이 큰 것은 **기능주의** 틀에 토대를 두고 있다.

분석을 위한 **기능주의적** 모형은 20세기 초로 거슬러 올라가며 동유럽에서 시작된 프라하 언어학파에 그 뿌리를 두고 있다. 이들은 발화의 정보 내용을 강조하고 언어를 규칙 체계라기보다는 일차적으로 의사소통 체계로 간주한다는 점에서 구조주의자나 초기 생성론 모델과는 다르다.

기능이라는 용어는 **구조적 기능**(예를 들면, 언어 구조의 요소들이 주어나 목적어, 또는 행위자나 목적으로서 하는 역할)과 **화용적 기능**(언어 사용을 통해 성취하고자 하는 것으로 예를 들면, 정보 전달하기, 다른 사람의 행동을 통제하기, 또는 감정 표현하기) 둘 다를 포함하여 언어학에 따라 여러 가지 의미를 갖고 있다. 제2언어 습득 연구에 대해 **기능주의적**으로 특징지어지는 접근법들은 강조점과 정의 면에서 서로 다르지만 Chomsky의 전통에 일반적으로 반대한다는 점에서 다음과 같은 특징을 공유하고 있다:

- 기저 지식(**언어 능력**)뿐 아니라 실제 상황에서의 언어 사용(**언어 수행**)에 초점을 맞춘다. 이 둘을 명확히 구별하지는 않는다.
- 제2언어 습득 연구는 언어의 목적이 의사소통이며 언어 지식이 발달하려면 (제1언어든 제2언어든) 의사소통적 사용이 필요하다는 가정에서 출발한다.
- 관심 영역이 문장 차원을 넘어서서 담화 구조 및 상호작용에서 언어가 어떻게 사용되는지를 포함하며 언어 차원을 넘어서서 의사소통의 제반 양상까지도 포함한다 (Tomlin 1990).

제2언어 습득에 많은 영향을 끼친 기능주의적 접근법 네 가지는 체계 언어학(systemic linguistics), **기능 유형론**(functional typology), **기능-형태 사상**(function-to-form mapping), 그리고 **정보 조직**(information organization)이다.

체계 언어학

체계 언어학은 1950년대 말에 시작되어 M. A. K. Halliday에 의해 발전되었다. 이것은 의미 표현에 사용될 수 있는 상호 연관된 선택 체계라는 관점에서 언어를 분석하려는 모델이다. 이 접근법의 기본 개념은 언어 구조는 언어 외적인 사회적 맥락을 포함하여 그것이 사용되는 상황을 고려하지 않고는 연구될 수 없다는 것으로 궁극적으로는 인류학자 Malinowski로부터 유래된 것이다.

이러한 기능주의적 견해에 따르면,

> 언어 습득은… 언어 기능의 숙달로 볼 필요가 있다. 자신의 모국어를 배우는 것은 언어를 사용하는 것과, 그것에서 연상되는 의미 또는 가능한 의미를 배우는 것이다. 구조, 단어 및 소리는 이러한 가능한 의미가 구체적으로 실현된 것이다. 언어를 배우는 것은 어떻게 의미를 나타내는지 배우는 것이다. (Halliday 1973:345)

언어 학습자는 본질적으로 무엇을 습득하는가 하는 질문을 이러한 개념과 관련시켜본다면, Halliday의 견해에서 언어 구조를 지배하는 것은 규칙 체계가 아니라 "가능한 의미", 즉 "화자/청자가 알고 있는 것이 아니라 **알 수 있는** 것(원한다면 그가 나타낼 수 있는 것)이다"(1973:346). 습득 과정은 "언어의 기본 기능을 숙달하는 것과 각각에 대해 가능한 의미를 발달시키는 것"으로 이루어져 있다(1975:33).

Halliday(1975)는 제1언어 습득 초기에 다음과 같은 화용론적 기능의 진화를 다음과 같이 묘사하는데(그는 이것을 "전체로서의 언어 기능"이라고 부르고 있다), 이것은 어린 아이에게 보편적이다:

- **도구적**: 일을 성취하기 위한 수단으로 사용되는 언어(진화의 최초 단계 중 하나): "I want" 기능.
- **규제적**: 다른 사람의 행동을 규제하기 위해 사용되는 언어: "Do as I tell you" 기능.
- **상호작용적**: 자신과 타인 사이의 상호작용에서의 언어 사용: "me and you" 기능.
- **개인적**: 언어를 자신의 정체성 형태로 자각함: "here I come" 기능.
- **발견적**: 사물에 관해 배우는 방법으로서의 언어: "tell me why" 기능.
- **상상력**: 언어를 통해 자신의 세계 창조하기: "let's pretend" 기능.
- **표상적**: 제안을 표현하거나 어떤 것에 관해 의사소통하는 수단(출현하는 마지막 단계 중 하나): "I've got something to tell you" 기능.

발달 과정에서 숙달되는 언어 구조는 언어를 사용하여 충족시키는 기능에 대한 "직접적인 성찰"의 결과이다. 언어 구조의 발달은 전달을 위해 그 구조가 사용되는 사회적 및 사적 필요와 밀접한 관련이 있다.

Halliday의 모델을 제2언어 습득 연구에 적용하는 한 가지 방법은 제2언어 학습을 제1언어에서 이미 성취된 것에 다중언어 측면에서 가능한 의미를 첨가하는 과정으로 간주함으로서 딸려 나온다. 이것은 필자가 몇몇 동료와의 공동 연구에서 취했던 접근법이다. 우리는 "제2언어 습득은 대체로 [제1언어에서 이미 습득되어 사용되는 것과] 똑같은 기능을 달성하기 위해 서로 다른 사회적 환경에서 새로운 언어 형태를 배우는 것"(Saville-Troike, McClure, & Fritz 1984:60)이라고 결론지었다.

예를 들면, 여러 다른 나라에서 미국에 갓 입국한 아이들에 대한 연구에서 우리는 그들 마음대로 사용할 수 있는 영어 수단이 아주 제한적인 기간에도 모두들 매우 다양한 의사소통 기능을 성취해낼 수 있음을 발견했다. 연구 기간 동안 이 아이들에 대해 여러 달 동안 우리가 관찰하고 기록한 것은 (제1언어 발달의 초기에 우리가 기대했던 것처럼) 새로운 기능의 출현이 아니라 그러한 기능을 표현하기 위한 기존의 선택 사항들을 증가시키는 새로운 언어 구조의 출현이었음을 보여주었다. 이러한 구조 출현은 각각의 기능에 대해 (제1언어의 초기 단계와 다르지 않고) 똑같은 일반 순서를 따른다. 예를 들면 다음과 같다:

1. **비언어적**
   규제적: (짜증나게 하는 다른 아이를 때리는 것)
   상호작용적: Unh? (인사말로 발화한 것)
   발견적: (어떤 사물을 [질문하려는 표정으로] 가리키면서 그에 대한 영어 용어를 요청하는 것)
2. **제2언어 형식 또는 암기된 일상어**
   규제적: Don't do that!
   상호작용적: Hi!
   발견적: What's it?
3. **단 하나의 제2언어 단어**
   규제적: He! (교사를 귀찮게 하는 다른 아이의 행동을 가리키면서)
   상호작용적: Me? (함께 놀자는 초대)
   발견적: What? (어떤 사물에 대한 영어 용어를 요청하면서)
4. **제2언어 구 또는 절**
   규제적: That bad!
   상호작용적: You me play?
   발견적: What name this?
5. **복잡한 제2언어 구조**
   규제적: The teacher say that wrong!
   상호작용적: I no like to play now.
   발견적: What is name we call this?

Halliday의 모델을 적용한 또 다른 예는 학습과 사용에 있어 사회적 맥락과 관련된 제2언어 습득 연구에서 발견할 수 있다. 그러한 관점은 제5장에서 논의될 것이다.

기능 유형론

기능주의 틀 안의 또 다른 접근법은 **기능 유형론**으로서, 이것은 전 세계의 광범위한 언어들에 대한 비교 연구에 토대를 두고 있다. 이 연구는 언어 및 그 특징들을 여러 범주로 분류하는데, 그 주요한 목적은 서로 간의 유사점과 차이점의 유형들을 기술하고, 어떤 유형의 빈도가 더 많거나 적은지, 또는 어떤 유형이 분포 면에서 보다 더 보편적인지를 결정하고자 한다. 이 접근법은 "기능적"이라고 부를 수 있는데 그 이유는 언어 구조, 의미 및 사용에 대한 여러 가지 고려사항들이 이러한 분석에 통합되기 때문이다.

기능 유형론은 제2언어 습득 연구에 적용되어 제2언어 습득의 여러 발달단계, 제2언어의 어떤 구조는 다른 구조보다 학습자들이 습득하기에 더 또는 덜 어려운 까닭, 그리고 이(異) 언어간 영향이나 전이의 선택성(즉, 제1언어의 일부 요소들이 제2언어에 이동하는 이유는 무엇인지 그리고 다른 요소들은 왜 그러지 못하는지) 등을 가장 내실 있게 설명해주었다. 이러한 설명과 관련하여 특히 중요한 한 가지 개념은 "**유표성**(markedness)"으로, 이것은 어떤 언어의 특정 특징이 유표적인지 또는 비유표적인지를 다룬다. 어떤 특징이 만일 같은 범주 안의 대조적인 요소보다 더 자주 나타날 경우, 구조적으로나 개념적으로 덜 복잡할 경우, 또는 어떤 다른 차원과 함께 보다 더 "정상적"이거나 "예상되는" 경우, 그것은 "비유표적"이다. 이 개념은 모든 수준의 언어분석에 적용된다. 예를 들면:

- 음운론에서, 세계의 모든 언어에서 나타나는 가장 일반적인 음절 구조는 CV(me와 ba-na-na에서처럼 자음 + 모음)이며, 따라서 이 구조는 "비유표적"이다. 음절의 시작이나 끝에서의 연속된 자음은 매우 보기 드물다. 이런 점에서 street[striː t]와 fence[fɛnts]처럼 영어에서의 연속된 자음은 "유표적"이다.
- 어휘에서 전치사 *in*은 위치를 나타내는데 사용되는 반면 전치사 *into*는 위치와 방향성을 둘 다 나타냄으로써 더 복잡하다. 따라서 *into*는 구조적 및 개념적으로 더 복잡하기 때문에 *in*과는 대조적으로 "유표적"이다.
- 통사론에서 SVO(주어 – 동사 – 목적어)와 같이 기본적인 문장 어순은 SOV보다 세

계의 모든 언어에서 더 일반적이다. 따라서 SVO는 상대적으로 "비유표적"인 반면 SOV는 상대적으로 "유표적"이다.

- 담화에서 영어의 형식적인 인사인 *How are you?*에 대해 예상되는 "비유표적" 응답은 (그 응답자가 실제 어떻게 느끼든 관계없이) *Fine. How are you?*이다. 어떤 사람의 건강이나 사적 상태에 대한 다른 정보를 전하는 응답은 이러한 일상적인 의사 교환에서 예상되지 않으며, 따라서 "유표적"이다. 이와 비슷하게, 정보를 요청하는 질문에 대한 "비유표적"인 응답은 똑같은 화제에 대한 대답이다. 침묵이나 다른 화제에 대한 언급은 "정상적인" 대화 관습과 일치하지 않기 때문에 "유표적"인 응답이다.

언어습득 상의 순서와 상대적인 난이도를 설명함에 있어서 아이들은 제1언어 습득에서 유표적 요인들보다 비유표적인 요인들을 먼저 습득하는 경향이 있고(Jakobson 1941), 제2언어를 습득하는 학습자에게도 더 쉽다. 음운론에서 예를 들면, 어린아이의 옹알이와 첫 단어들은 (모국어가 무엇이든) 비유표적인 음절 구조를 이루는 경향이 있고, 유표적인 CC 연속은 발달의 후반부에서만 나타나는 경향이 있다. 또한 제2언어 학습자는 유표적인 CC 연속을 발화하는 데 어려움을 느끼는 경향이 있는데, 특히 그러한 음이 화자의 모국어에 나타나지 않을 경우에는 더욱 그렇다. 제1언어에서 제2언어로의 선별적인 전이에 대해 유표성 차원의 설명(1977년 Eckman에 의해 **유표성 차이 가설** Markedness Differential Hypothesis로 제안되었음)에 의하면, 제2언어에서 유표적 특징들은 학습하기가 더 어려울 것이며 아울러 제1언어의 비유표적인 특징들은 전이가 더 잘 될 것으로 예측되고 있다. 이러한 가설을 단순화시킨 요약은 표 3.3에 나타나 있다.

표 3.3 유표성 차이에 따른 제2언어 습득 예측

제1언어 특징	제2언어 특징	예 측
유표적	비유표적	제2언어의 특징은 쉽게 학습될 것이다.
		제1언어의 특징은 제2언어로 전이되지 않을 것이다.
비유표적	유표적	제1언어의 특징은 제2언어로 전이될 것이다.

예를 들어, school에서 유표적인 자음 연속인 [sk]의 발음은 스페인어가 제1언어인 화자들에게는 더 어려울 것인데, 왜냐하면 그들의 모국어 음운 체계에서는 두 개의 무성자음이 함께 나타나는 경우가 없기 때문이며 이런 점에서

영어보다 더 간단하다. 제1언어가 스페인어로서 영어를 제2언어로 학습하는 초보자들이 이러한 [sk] 결합을 두 개의 음절로 나누어 [ɛs-kul]로 발음하는 것은 아주 흔한데, 이를 통해 유표적 구조를 회피하려는 것이다. 역으로 제2언어로 스페인어를 학습하는 사람들은 school을 escuela [ɛs-kwe-la]로 발음하는 데 있어서 앞에서 언급한 것에 비견되는 문제를 겪지 않는데, 왜냐하면 스페인어에서는 어떤 음절에서도 연속적인 자음군이 나타나지 않기 때문이다.

기능 유형론은 제1언어에서 제2언어로의 전이를 설명하거나 예측하기 위해 서로 다른 언어들의 요소들을 비교한다는 점에서 **대조분석**과 비슷하지만, 대조분석에서 행하는 표층 수준의 구조적 제약을 넘어서서 보다 더 추상적인 유형, 원리 및 제약을 다룬다. 또한 유표성 차이 가설은 다음과 같은 점에서 전통적인 대조분석 접근법으로부터 진보된 것이다:

> Eckman의 저작은 엄격한 대조분석 교수법에서 추론되는 것처럼 전이가 항상 양(兩)방향 과정은 아님을 시사해준다. 그 대신, 언어 보편성에 관한 이 저작은 제1언어의 어떤 구조는 전이되는데 다른 구조는 왜 전이되지 않는지 그 이유가 다양한 언어들 간 구조의 유표성 정도와 관련 있음을 나타내준다. (McLaughlin 1987:90)

이 접근법으로부터 이끌어낼 수 있는 한 가지 시사점은 모든 언어가 똑같이 복잡하다는 언어학계의 전통적인 주장에도 불구하고 일부 언어의 어떤 양상은 다른 양상에 비해 보다 학습하기 어렵다는 것이다. 숙고해보아야 할 또 다른 논점은 모국어와 제2언어 모두에서 일부 유형이나 패턴은 다른 것보다 빈도가 왜 더 높은가 또는 왜 더 낮은가 하는 점이다. 기능적인 설명은 언어 외적인 요인들, 즉 언어 외부의 요소들에 대해 언급하는 경향이 있다. 지금까지 제안된 요인들은 다음과 같다: 지각의 두드러짐, 인지 처리과정의 용이함, 신체적 제약(예를 들면, 인간 음성기관의 형태), 그리고 의사소통적 필요 등(Ramat 2003을 참고하라).

기능 – 형태 사상

중간언어에 대한 기술과 분석에 적용되어온 또 다른 기능적 접근법에서는 습득의 연속선상에서 **기능 – 형태 사상**을 강조한다. 이러한 관점에서 나온 기본적인 개념에 따르면, 제1언어와 제2언어의 습득에는 **문법화**(grammaticalization) 과정이 포함되는데 이것은 (과거 시간의 표현과 같은) 문법적 기능이 처음에는 담화 맥락에 기초하여 공유된 언어 외적 지식과 추론에 의해 전달되고, 다음에는 (yesterday와 같은) 단어에 의해, 그리고 (접미사 –ed와 같은) 문법적 표지에 의해 전달되는 것은 나중이라는 것이다. 예를 들어, 초보 영어학습자에게 어제 무엇을 했느냐고 물으면 그는 과거 시간의 의미를 전달하기 위해 맥락에 의존하여 I play soccer라고 말할 것이다. 약간 진보한 학습자는 과거의 의미를 전달하기 위해 부사를 이용하여 Yesterday I play soccer라고 말할 것이다. 그리고 훨씬 더 발전된 학습자는 문법 굴절형인 –ed를 활용하여 I played soccer라고 말할 것이다.

시간과 같은 기능을 표현하기 위해 맥락과 단어들에 의존하는 것을 감소시키고 문법 형태에 대한 의존도를 증가시킨다는 일반적인 원칙은 모든 언어에서 따르고 있다. 예를 들어 중국어를 제 2언어로 학습하는 경우, 학습자들은 이러한 개념을 표현하는데 있어서 문법적 표지인 le('finished')를 사용하기 이전에 사건들의 일시적인 연속성을 표현하기 위해 부사 jiu('then')를 사용하는 경향이 있다. 다음 발화는 자신들이 보았던 영화(The Pear Story) 속의 똑같은 사건에 대해 초보 학습자(a)와 더 발전된 학습자(b)가 재구성하여 말한 것이다 (Yang 2002):

a. Ta kan neige ne haizi de shihou, ta *jiu* shuai xia, ta shuiguo *jiu* diao xiagu.
'When he looked at that girl, he then fall off (the bike), his fruit then fall down (on the ground).'

b. Suoyi tade zixingche shui dao *le*, suoyi suoyou de neige shuiguo dou diao xialai *le*.
'So his bike fell down, so all the fruit fell off.'

Talmy Givón(1979)은 맥락에 많이 의존하는 의미 표현 방식과(그는 이것을 **화용 방식**이라고 부른다) 형식적인 문법적 요소에 더 많이 의존하는 표현 방식(**통사적 방식**)을 구별하고 전자에서 후자로 변화하는 개념이야말로 속성상 진화하는 것이라고 제안하였다.

그는 문법적 형태소를 전혀 사용하지 않는 데서 문법적 형태소를 정교하게 사용하는 것까지 진화하는 것(이 점에 대해서는 앞에서 설명하였다)에 더하여 수많은 대조점을 열거하고 있다. 추가된 발달상의 대조점은 다음과 같다:

- **화제 언급으로부터 주어-술어** 구조로. 주어-술어 구조는 문장의 여러 요소들 사이에서 요구되는 일치 때문에 문법적인 표지가 더 많이 포함된다. 반면에 화제 언급 구조는 화제가 무엇이고 그 화제에 관한 몇 가지 정보를 제공하는데 있어서 그런 표지를 요구하지 않는다.
- 느슨한 접속사로부터(여러 요소들이 단순히 병치되어 있거나 *and*로 연결되어 있음) 단단히 조여진 종속관계로(요소들이 *since*와 *because* 같은 단어들로 연결되어 있음).
- 느린 전달 속도로부터(몇몇 억양 곡선 하에) 빠른 전달 속도로(단 하나의 억양 윤곽 하에)
- (화제-언급 구조에서처럼) 구 정보를 먼저 활용하고 새로운 정보가 뒤따르는 화용론적 원칙에 주로 지배되는 어순으로부터 (주어 또는 목적어와 같이) 의미론적 기능을 신호하는데 사용되는 어순으로.
- 담화에서 명사와 동사를 대략 1 대 1의 비율로 사용하는 것으로부터 동사에 비해 명사를 더 많은 비율로 사용하는 것으로. 동사에 대한 명사의 비율이 증가하는 것은 의미론적 기능이 더 많이 표현되고 있음을 나타낸다. 예를 들면, 주어 뿐 아니라 (동사 하나에 명사 하나) 목적어와 간접목적어(전체적으로 명사가 세 개 사용됨).

이러한 접근법에 따르면, 언어 습득은 의미적이거나 화용적인 기능을 수행하기 위하여 언어 형태를 발전시키는 것이 포함된다. **문법화**는 의사소통적 필요와 사용에 의해 추진력을 얻게 되며, 언어 학습의 일부로서 보다 효율적인 인지 처리과정의 발달(예를 들면 **자동화**를 통하여)과도 관련이 있다. 언어 습득의 이러한 양상은 제4장에서 고려해볼 것이다.

정보 조직

정보 조직은 **발화 구조**, 다시 말하면 "학습자들이 단어를 조합하는 방식"에 초점을 맞추는 기능적 접근법을 지칭한다(Klein & Perdue 1999:3). 이러한 관점에서 제2언어 습득을 연구하는 일에는 **중간언어**(Klein & Perdue는 이를 **학습자 다양성**이라고 부른다)의 구조를 기술하는 것, 다양한 발달 단계에서 학습자의 발화를 이끄는 조직 원리가 무엇인지 발견해내는 것, 그리고 이런 원리가 어떻게 서로 상호작용하는지 분석하는 것이 포함된다.

표 3.4 유럽과학재단 프로젝트에서의 언어

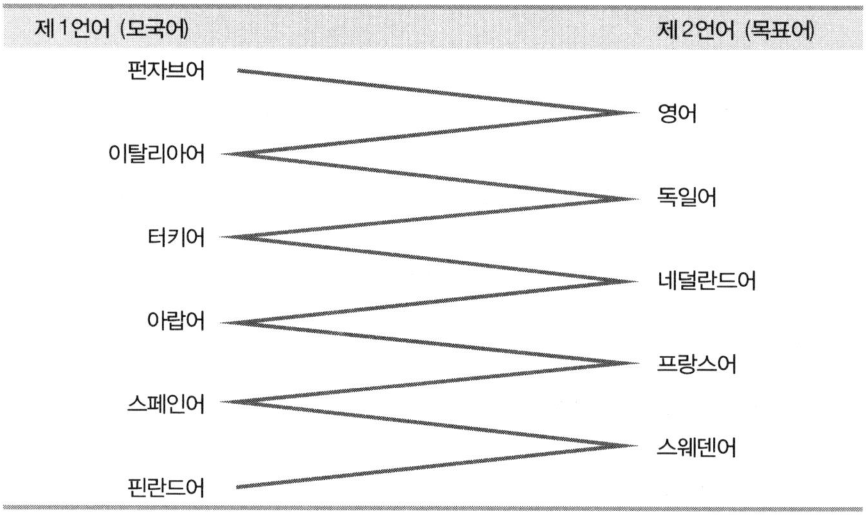

이러한 기술과 분석에 대한 증거는 일차적으로 유럽과학재단(ESF)의 프로젝트에서 나온다(예를 들어 Klein & Perdue 1992; Perdue 1993). 거의 3년에 걸쳐 Klein, Perdue와 다른 언어학자들은 다섯 가지의 서로 다른 제2언어를 학습하는 여섯 화자들의 제1언어 발화를 규칙적으로 기록하였다. 학습자들은 모두 유럽에 온 성인 이민자들로서 의사소통을 위해 제2언어를 사용할 필요가 있었지만 해당 언어에 대해 상당한 양의 정식 수업은 받지 못했다.

이 연구에서 제1언어와 제2언어의 수는 중요한데 이는 그 숫자로 인해 연구자들은 중간언어(또는 학습자 다양성)의 속성에 대해 일반화할 수 있었으며, 만일 모든 참여자가 똑같은 제1언어 화자들이거나 모두가 똑같은 제2언어를 학습하고 있는 상황이었다면 그러한 일반화가 가능하지 않았을 것이기 때문이다. 모국어와 목표어의 조합은 표 3.4에서 나타나 있다(Klein & Perdue 1992:5에서 개작).

이 표는 참여자들이 펀자브어와 이탈리아어 원어민들로 영어를 학습하였고, 이탈리아어와 터키어 원어민들로 독일어를 학습하였고, 터키어와 아랍어의 원어민들로 네덜란드어를 학습하였고, 아랍어와 스페인어 원어민들로 프랑스어를 학습하였고, 스페인어와 핀란드어 원어민들로 스웨덴어를 학습하고 있음을 보여준다. 제2언어들 대부분이 게르만어와 연관되어있지만, 제1언어들은 투르크어(터키어), 셈어(아랍어), 인도-이란어(펀자브어), 로망스어(이탈리아어와 스페인어), 그리고 피노-우그리스어(핀란드어)와 같이 여러 가지 매우 다른 어족임을 나타내준다.

발달 수준

이 연구에 참여한 모든 학습자들은 자신의 제1언어와 제2언어가 무엇이든 중간언어에서 상당히 비슷한 발달 순서를 겪었다. 다음 예시는 Charlie Chaplin 영화에 관한 이야기에서 발췌한 것으로서 영어를 제2언어로 학습하는 사람들에 의해 표현된 것이다(Huebner, Carroll, & Purdue 1992에서 보고되었음).

- **명사 상당어구 발화 조직**(nominal utterance organization, NUO) : 학습자들은 일반적으로 주어와 목적어에 대해 외견상 연관되지 않는 이름 말하기(즉, 명사와 대명사, 다시 말하면 명사 상당어구)로 시작한다. 그들은 또한 부사와 형용사 또는 다른 요소를 사용할 수 있지만 동사를 사용하여 하나의 발화를 조직하는 일은 좀처럼 없다.

제1언어가 펀자브어인 학습자: charlie and girl accident
제1언어가 이탈리아어인 학습자: this man one idea from the window

- **부정형 발화 조직**(infinite utterance organization, IUO) : 학습자는 자신의 발화에 점차 동사를 첨가시키지만 시제, 인칭 또는 수에 따른 의미를 전달해주는 문법적 형태소는 좀처럼 사용하지 않는다(즉, 동사는 굴절형이 없는, 다시 말해 "부정형"이다). 또한 전치사와 같은 문법적 관계사(relator)의 사용이 증가한다. 이 단계에서 학습자는 **기본적 다양성**이라고 하는 중간언어 문법을 구축한다. 이 단계의 학습자는 일부 맥락에서 자신을 적절히 표현할 수 있지만 모두가 이 단계를 넘어서 계속 발달하는 것은 아니다.

제1언어가 펀자브어인 학습자: charlie and girl and policeman put on the floor
제1언어가 이탈리아어인 학습자: the blonde friend tell other woman about the son

- **정형 발화 조직**(finite utterance organization, FUO) : 중간언어 발달이 부정형 발화 조직(IUO) 수준을 넘어서 계속되는 학습자는 동사에 문법적 형태소를 첨가한다(즉, 동사는 굴절형을 갖게 되는데, 이것은 "정형화"됨을 의미한다). 이것은 점진적인 **문법화** 과정이며, 앞서 **기능-형태 사상**에 관한 항목에서 기술되었다.

제1언어가 편자브어인 학습자: after she said to charlie "you eat dinner"
제1언어가 이탈리아어인 학습자: he has finished the work

구조 발달의 순서는 NUO와 IUO 수준에서 최소한의 이(異) 언어 간 영향을 보여준다. 즉, 모든 언어 화자들이 똑같은 패턴을 따라가지만 학습자가 제2언어 자원을 증가시켜 보다 복잡한 발화들을 만들어내면 제1언어 전이가 더 많이 일어난다(Purdue 2000).

조직 원리

학습자들이 정보를 조직하는데 활용하는 한정된 수의 원리들이 있다. 이 원리들은 서로 상호작용하며 이들 중 활용의 균형과 비중은 중간언어의 발달 과정 동안 바뀐다. 이러한 원리들은 다음과 같이 분류된다:

- **구 제약(phrasal constraints):** 다시 말하면 사용될 수 있는 구 유형에 대한 제한. 예를 들어, 일단 동사가 나타나면 기본 패턴은 명사구 더하기 동사(NP+V)이며 여기에 가능하다면 동사 뒤에 두 번째 NP를 첨가한다. 또한 각 구 범주의 구성과 복잡성에 대해서도 제한이 있다. 예를 들면, 발달 과정의 어떤 단계에서 명사구(NP)는 오직 명사(N)나 대명사로만 구성될 수 있다. 그러나 그 다음 발달 단계에서는 한정사(예를 들면, *the*) 더하기 명사(D+N) 또는 형용사 더하기 명사(Adj+N)가 될 수 있다. 그러나 D+Adj+N의 형태는 될 수 없다. 구로서 가능한 구성은 발달 수준에 따라 복잡성이 증가한다.
- **의미 제약(semantic constraints):** 다시 말하면 문장 내 위치를 결정짓는 (예를 들면, NP 같은) 범주들의 특징과 그것들에 할당되는 격의 역할(예를 들면, 어떤 행동의 행위자 또는 "하는 사람", 또는 행동의 수동자 또는 수용자). 어떤 발화가 하나 이상의 NP를 갖고 있을 때, 학습자는 어느 것이 먼저 와야 하는지 결정하기 위해 의미론적인 요인을 활용한다. 학습자가 따르는 원리는 행위자를 먼저, 다시 말하면 다른 지시 대상을 통제할 가능성이 가장 높은 것을 지칭하는 NP를 먼저 말한다.
- **화용적 제약(pragmatic constraints):** 여기에는 이전에 언급된 것, 또는 청자가 이미 알고 있다고 화자가 추정하는 것과 관련된 제한이 포함된다. 일반적인 화용적 원리는 알려진 것(화제)을 먼저 말하고 새로운 정보나 화자가 초점을 맞추고 있는 것은 마지막에 말하는 것이다.

자신의 발화를 조직하는데 있어 모든 학습자가 똑같은 원리를 따르기도 하지만, 부분적으로는 그 원리가 자신의 제1언어에 어떻게 적용되고 중간언어 사용에 어떤 영향을 미치느냐 하는 점에 따라 사적 변이가 있다. 따라서 이러한 제약들은 결정론적인 것으로 간주되지 않고, "'이끄는 힘(guiding forces)'과 같은 어떤 요인들이 있어서 그 상호작용에 따라 발화의 형태가 결정"된다(Perdue 1993:25).

결과를 요약하면서 Klein과 Perdue(1993:261-66)는 자신들이 발견한 습득순서에 대해, 그리고 왜 일부 제2언어 학습자들이 다른 학습자보다 더 성공적인지에 대해 네 가지의 "설명 보따리"를 제공하고 있다.

- **의사소통적 필요**(communicative needs) : 담화 과제는 부분적으로 의사소통적 부적합성을 극복하기 위해 발화를 조직하게 한다. 표현 측면의 초기 수준 또는 초기 단계의 한계를 극복하기 위해 언어적 수단들이 습득된다.
- **이(異) 언어적 영향**(cross-linguistic influence) : 제1언어의 영향은 비록 습득의 순서까지는 아니라 하더라도 중간언어 발달의 속도와 궁극적인 성취 수준에 영향을 미친다. 제1언어의 영향은 속도와 성취도에 있어 하나의 요인이 될 수 있는데, 이는 제1언어는 제2언어 입력에 대한 학습자의 분석을 다소 용이하게 하고 발화를 조직하는데 필요한 제2언어의 장치들 중 어떤 것을 선택하는데 일정 역할을 담당하기 때문이다.
- **외적 요인**(extrinsic factors) : 기본적 다양성을 뛰어넘는 진보는 태도나 동기와 같은 "기질(propensity)" 요인, 그리고 학습자가 제2언어에 노출된 정도나 속성과 같은 "환경" 요인 둘 다에 좌우된다. 이 단계에서도 일상적인 환경은 교실 수업보다 진보에 더 많은 영향을 미친다.
- **처리과정에서의 제한**(limits on processing) : 현재 내재화된 학습자의 중간언어 체계는 새로운 언어 특징들을 통합할 준비가 되어 있어야 하며 그렇지 않으면 의사소통에서 즉각적으로 사용할 수 없다. 학습자가 동시에 모든 의사소통적 필요에 주의를 기울일 수는 없다.

Klein과 Perdue는 다음과 같이 결론짓고 있다:

> 이제 **창의적인 학습자**에 대한 그림이 하나 떠오르는데, 그는 사회적 환경으로부터 제공되는 입력의 다양한 구조적 특징들을 한 항목 한 항목씩 그리고 가능하면 똑같이 되풀이하려 하기보다는, 그러한 입력으로부터 어떤 재료를 추출하고 이것을 자신의 언어 구성에 사용한다. 이러한 구성은 한편으로는 새로운 입력물의 영구적인 쇄도와 다른 한편으로는 다양한 구조적 부적합성 때문에 끊임없이 도전을 받는다. 학습자가 이런 도전에 맞서는 정도와 그것이 행해지는 방식은 해당 학습자 및 관련된 특정 언어에 좌우된다(1993:38-39).

이 장에서 논의된 모든 기능적 접근법은 기본적으로 다음 사항에 합의하고 있다:

- 제2언어 습득에서 **무엇이** 습득되는가에 대한 대답은 의미를 전달하는 체계이다.
- 언어가 **어떻게** 습득되는가에 대한 대답에 의사소통에 있어서 창의적인 학습자의 참여가 포함된다는 점이 중요하다.
- 제2언어 습득 과정이 사용 환경과 분리될 경우 그러한 과정에 대한 이해는 불가능하다.

그러나 기능적 접근을 취하는 많은 사람들의 경우, 의사소통적 의미와 문맥에 대한 관심을 갖고 있다고 하더라도 설명적 기제로서의 선천적인 (그리고 아마 특정 언어에 대한) 능력이 존재한다는 것에 대한 믿음을 미리 배제하지는 않는다. 또한 학습자가 자신이 받은 입력에 의해 설명될 수 있는 훨씬 이상으로 언어에 대해 더 많이 알고 있다는 "논리적 문제"를 검토해보려는 관심을 배제하지도 않는다.

■ 요약

언어 사용 능력은 복잡한 지식과 기술을 필요로 하지만 어린아이로서 제1언어를 획득할 경우에는 모든 사람들이 자동적으로 이용할 수 있다. 그러나 설사 학습자가 학습 과제에 대해 많은 양의 시간과 노력을 투자하더라도 제2언어에서는 제1언어에 비견될 수 있는 수준을 성취하기가 매우 어렵다. 여러 가지 다른 언어적 접근법들이 내적 또는 외적 초점 측면에서 제2언어 습득에 대한 기본적인 질문을 탐구해왔다. *무엇이* 습득되고 있는가에 대한 견해는 매우 추상적인 언어 원리와 제약에 대한 기저 지식들로부터 제2언어로 정보를 구조화하여 전달하는 능력에 이르기까지 그 범위가 다양하다. 제2언어 습득이 *어떻게* 일어나는지에 대한 견해는 언어 학습에 대해 선천적인 보편 문법 능력이 지속된다는 점을 강조하거나 또는 의사소통적 처리과정의 요건을 강조한다는 점에서 다르다. 왜 일부 학습자들이 다소 언어 학습에 성공적인지에 대한 견해는 언어와 마음에 주로 내재해있는 여러 요인들 때문이라는 것으로부터 의사소통적 필요와 기회를 포함하는 설명에 이르기까지 다양하다. 그렇지만 순수한 언어적 접근법들은 대부분 심리 및 사회적 요인들을 배제시켰다. 제2언어습득에 대해 보다 깊이 있고 "입체적으로" 이해하기 위해서 그러한 과정에 대해 하나 이상의 렌즈를 통해 바라볼 필요가 있음은 자명하다. 현재의 그림에서 아직 애매모호한 속성은 보다 세련된 이론 모형과 후속 연구가 뒤따라야 할 필요성을 나타내준다.

활동

■ 자습을 위한 질문

1. 언어가 어떻게 (a) 체계적인지 (b) 상징적인지, 그리고 (c) 사회적인지 간략히 설명하시오.
2. 다음 언어학 용어를 그에 상응하는 동의어/정의와 연결하시오:

1. 어휘부	a. 단어 구조
2. 음운론	b. 문법
3. 형태론	c. 어휘
4. 통사론	d. 소리 체계

3. 다음 이론들을 중심 인물과 연결하시오:

1. 대조 분석	a. Krashen
2. 오류 분석	b. Dulay와 Burt
3. 중간언어	c. Corder
4. 형태소 습득순서 연구	d. Chomsky
5. 모니터 모델	e. Lado
6. 보편 문법	f. Selinker

4. 학습자가 목표어 규준에 도달하기 이전에 중간언어 발달이 멈추게 될 때 이를 _________라 한다.
5. Chomsky의 보편 문법 이론에서 이해할 수 있는 것처럼 언어 수행과 언어 능력 사이의 차이는 무엇입니까?
6. 기능주의적 관점에 의하면 언어의 일차적 목적은 무엇입니까?
7. 다음 문장들은 다음과 같은 정보조직의 틀(명사적 발화 조직, 비정형 발화 조직, 정형 발화 조직)로부터 어떤 발달 수준을 나타내고 있는지 선택하시오.
   a. my manager say I get raise
   b. they have eaten
   c. girl nice but she not pretty
   d. later we talked

e. he call his mother, say "come over"
f. man wife restaurant

■ 능동적 학습

1. 다음 시나리오를 읽고 언어의 어떤 면이 각 문장에 언급되고 있는지 결정하시오. (어휘부, 형태론, 음운론, 그리고 통사론에서 선택하라.)
   a. 만일 문맥에서 벗어나 단어 "talks" 하나만 본다면 우리는 그것이 어근 "talk"와 복수형 -s로 구성된 명사(more than one talk/discussion/address)이거나, 또는 그것이 어근 "talk"과 삼인칭 -s로 구성된 동사의 활용("he talks", "she talks" 또는 "it talks"처럼)이라고 생각할 수 있다.
   b. 영어 단어 "talk"는 "speak", "say", "express", "shout", "yell" 및 "whisper"와 같은 동의어를 갖고 있다.
   c. 영어 단어 "talk"는 화자의 지리적 위치에 따라 서로 달리 발음될 수 있다.
   d. 영어에서 적절한 어순은 "The man was talking to the child."와 같이 주어－동사－목적어이다. 일본어에서의 어순은 주어－목적어－동사이며, 따라서 "The man the child to was talking"와 같이 말한다.
2. 자극 빈약 논쟁에 관한 항목을 다시 읽고 이 이론에 대해 자신의 말로 정의하시오. 이 이론이 제1언어 습득 뿐 아니라 제2언어 습득에서 유효하다고 생각합니까? 그렇게 생각하는 이유는 무엇입니까 또는 그렇게 생각하지 않는 이유는 무엇입니까?
3. 이 장에서 논의된 것처럼 다음 이론이나 학파가 언제 번창하였는지 나타내주는 연대표를 만드시오. 이론들의 발전 순서에 대해 생각해보시오. 이론이 변할 때 옛 이론에 토대를 두고 있습니까 아니면 옛 이론을 거부하고 있습니까? 한 가지 이론을 선택하여 그 이전의 이론에 토대를 두는지 아니면 거부하고 있는지 설명하시오.

a. 대조 분석	h. 정신주의
b. 행동주의	i. 중간언어
c. 구조주의	j. 형태소 습득 순서 연구
d. 오류 분석	k. 모니터 모델
e. 보편 문법	l. 구성주의
f. 체계적 언어학	m. 기능주의 형태론
g. 기능 대 형태 사상	n. 정보 조직

4. 당신의 언어를 비(非)모국어로 말하는 사람의 말을 듣고 그들의 말에서 비문법적인 문장을 적으시오. 이 장의 49~53쪽에 있는 대조분석 원리와 오류분석 절차를 이용하여 각각의 오류를 분류하시오. 이용 가능한 특정의 "바른" 답이 없을 수도 있으며 이것은 단지 당신의 예측일 수도 있음을 기억하시오.
5. 만일 제2언어를 공부한 적이 있다면 숙달하기에 가장 어려웠던 언어 요소는(형태론, 음운론, 통사론 등) 무엇입니까? 그것이 왜 더 어려웠다고 생각합니까?
6. 보편 문법의 지지자들은 언어 능력이 선천적이라고 믿는 반면, 기능주의자들은 주로 의사소통의 필요 때문에 언어를 발달시킨다고 믿고 있습니다. 어떤 이론을 믿고 있습니까? 그렇게 믿는 이유는 무엇입니까?

추가 독서

Pinker, S. (1994). *The Language Instinct*. New York: William Morrow and Company.

현대 언어학에 대해 매우 재미있게 읽을 수 있는 설명. 이 책의 제4, 5, 6장은 통사론, 형태론, 음운론 및 언어의 자의성을 논의하고 있다.

Yaguello, M. (1981/1998). *Language through the Looking Glass: Exploring Language and Linguistics*. Oxford: Oxford University Press.

*Language through the Looking Glass*는 언어학 연구의 전통적인 범주들(음운론, 형태론, 의미론, 통사론)에 대한 설명을 제공하고 있다. 여기에 더하여 Lewis Carroll의 *Alice in Wonderland*에서 따온 문학적 예시를 바탕으로 언어의 보편성과 자의성 문제를 다루고 있다.

Selinker, L. (1992). *Rediscovering Interlanguage*. New York: Longman.

Selinker는 대조분석과 오류분석을 결국 중간언어 개념을 이끌어낼 수 있었던 시작으로 다루고 있다. 게다가 그는 화석화에 관한 저작 및 중간언어 개념이 1972년에 처음 만들어졌을 때와는 반대로 오늘날 어떻게 사용되고 있는지에 관한 저작을 제시하고 있다. 이런 일은 현대 이론을 그 분야의 역사 틀에 맞추려는 총체적인 목적 하에 이루어진다.

Baker, M. (2001). *The Atoms of Language*. New York: Basic Books.

Baker는 Chomsky의 원리와 매개변항 이론 개념을 일반 대중에게 적절한 수준으로 설명한다.

Bialystok, E. & Hakuta, K. (1994). *In Other Words: The Science and Psychology of Second-Language Acquisition*. New York: Basic Books.

제2장 "Language"에서 Bialystok과 Hakuta는 (Chomsky의 관점과 기능주의적 관점을 논의하면서) 오늘날 제2언어 습득의 기본적인 믿음을 하나의 분야로서 이해하는데 필요한 언어학적 배경의 많은 부분을 분명하게 제시하고 있다.

Mitchell, R. & Myles, F. (2004). Functional/pragmatic perspectives on second language learning. *Second Language Learning Theories* (Second Edition) (pp. 100-20). London: Arnold.

이 장은 여러 가지 기능주의적 관점에 대한 개관을 제공하면서 제1언어 발달 및 제2언어 학습과 관련짓고 있다. 또한 여기에는 제2언어 습득 분야의 지식 체계에 기능주의가 기여한 점을 간략히 설명하는 짧은 절이 포함되어 있다.

제4장

제2언어 습득의 심리학

▶▶개 관

이 단원에서는 제2언어 습득(SLA)에 관해 심리학으로부터 많은 영향을 받은 접근법 몇 가지를 살펴본다. 그것들은 관심의 초점에 따라 배열되어 있는데, 첫 번째는 **언어와 두뇌**에 관해 초점을 맞춘 것이고, 다음에는 SLA와 연관된 **학습과정**에 초점을 맞추며, 마지막으로는 **학습자들간의 차이점**에 대해 초점을 맞춘다.

언어와 두뇌에 관한 연구는 주로 **신경언어학**이 제공하는 틀에 기초하고 있는데 이것은 다음과 같은 질문에 대한 답을 찾으려고 한다: 단일언어 사용자와 다중언어 사용자는 언어의 위치와 조직 방식이 머리 속에서 어떻게 다른가? 또한 다중언어 사용자들은 제2언어를 배우는 연령이나 환경에 따라 어떤 차이가 있는가? 물리적인 면에 있어 **무엇**이 습득되고 있는지 먼저 알아본다: 사람들이 또 다른 언어를 추가적으로 습득할 때 두뇌의 신경학적인 "배선"에 무엇이 추가되는가 혹은 어떤 변화가 있는가?

학습과정 연구는 특히 **정보처리과정**(IP)과 **연합주의**에 주요 골자를 두고 있는데 습득 단계와 습득 순서에 관한 질문도 포함되어있다. 여기서 관심사는 주로 언어습득이 **어떻게** 일어나는지에 맞춰진다. 두뇌에 전문적으로 **언어 능력**만을 전담하는 영역이 있을까, 아니면 (앞 장에서 읽었듯이) 모든 학습이 같은 방법으로 진행되는 것일까?

학습자들 간의 차이점에 관한 접근법은 주로 **인본주의적인** 전통, 즉 정의적인 면을 고려한 것이라 할 수 있으나, 어떤 이들은 나이, 성별이 주요소라 생각하고 또 어떤 이들은 언어학습에 대한 적성에 개인간 차이가 있다고 본다. 세 번째 관심사는 **왜** 어떤 학습자는 제2언어 학습에 있어 다른 사람들보다 더 잘 하는가라는 질문에 맞추어져있다. 학습자가 새로운 언어학습을 시작하는 나이가 열 살 혹은 스무 살인 경우 어떤 차이가 나는 것일까? 혹은 여자, 남자의 차이가 있을까? 사교적 또는 내성적인 경우 차이가 나는 것일까?

마지막으로, 다중언어 사용자들의 경우 그들이 생각하는 방식에 어떠한 영향을 주는지 또한 그들은 지능검사에서 어떻게 답하는지 알아본다.

주요용어

• 측면화	• 결정적 시기 가설
• 정보처리 과정(IP)	• 통제처리 과정
• 자동처리 과정	• 재구성
• 입력	• 출력
• U-자형 발달	• 연합주의
• 적성	• 동기 유발
• 인지 유형	• 학습전략

언어와 두뇌

두뇌의 특정 부위가 언어기능을 전담한다는 사실은 적어도 19세기경에 이미 알려졌다. Paul Pierre Broca(1861, 1865)는 두뇌의 왼쪽 전두엽(Broca's area)을 관찰하였는데 이 부분이 말하는 능력을 책임지고 있는 것으로 오른 쪽 두뇌의 손상인 경우보다 왼쪽 두뇌의 손상인 경우 언어 상실을 가져오는 것을 알게 되었다. Wernicke(1874)는 대뇌피질 근처에서 청각 정보가 처리되는 근처 부위(Wernicke's area)를 확인하였는데 이는 언어처리과정에 중심이 된다. 몇몇 예외경우도 발견되었으나 대부분의 사람들에게 언어는 두뇌의 왼쪽 절반(혹은 **반구**) 주변 내(브로카 영역과 베르니크 영역 포함)에서 반영되는데 이는 실비안 골(Sylvian fissure, 두뇌의 전두엽 등을 나누는 골진 부분) 근처이다. 후속 연구에서는 이전 연구에서 주장된 것보다 더 많은 부분의 두뇌 영역이 언어활동과 연관성이 있다는 것이 밝혀졌는데 언어활동은 국부적인 것이 아니지만 언어의 핵심 처리 과정은 좌반구에서 주로 일어난다는 것이다.

이러한 두뇌의 두 부분의 전문화를 측면화(lateralization)라고 하는데 이것은 갓난아기에게서 조차도 어느 정도 나타난다(Mills, Coffey-Corina와 Neville 1993). 두뇌가 성숙함에 따라 전문화는 증가하고 **유연성**은 감소한다: 예를 들어, 만약 두뇌의 한 부분에 손상이 생겼을 경우 다른 두뇌의 기능도 약해진다. Lenneberg(1967)는 어린이가 언어를 담당하는 두뇌 부분의 손상을 당한 경우 모국어를 유창하게 습득할 수 있는 기간은 몇 년 안 된다고 주장하며 어린 시

Paul Pierre Broca (b. Sainte-Foy-la-Grande, France) 1824-1880

신경언어학

파리대학에서 교수 겸 연구자가 된 이후 Paul Pierre Broca는 두뇌의 해부에 관해 대단히 중요한 발견, 즉 현재 브로카 영역이라고 부르는 언어 중추를 발견하였다. Broca는 실어증에 걸린 환자의 두뇌를 연구하면서 이러한 발견을 하게 되었다.

〈흥미있는 사실〉 Broca는 신동으로 간주되었고 문학, 수학 및 물리학 학사 학위를 취득하였다. 17세에 의학 공부를 시작하여 대부분의 의학도가 공부를 시작하는 나이인 20세에 의학 공부를 끝마쳤다.

표 4.1 좌, 우반구의 주요 의사소통 전문화

반구의 주요 전문화	
좌반구	우반구
음운론	비언어적인 것(아이의 울음소리 같은)
형태론	시각 및 공간적 정보
통사론	억양
기능어와 어형 변화	비언어적인 의미와 중의성
음조 체계	다양한 실용적인 능력
많은 어학적 지식	일부 어학적 지식

절 두뇌의 유연성은 손상된 부분의 언어기능을 다른 부분이 맡도록 하지만 특정한 나이가 되면 정상적인 언어는 가능하지 않게 된다는 것이다. 제 2장에서 언급했듯이 이것을 **결정적 시기 가설**이라 한다. SLA에 있어 나이가 미치는 영향을 말하는 것인데 아래에서 논의된다.

두뇌의 좌, 우반구에 의한 의사소통기능은 Obler와 Gjerlow(1999)의 연구에서 제안된 것으로 표 4.1에 정리되었다.

반구의 전문화를 논의하는데 있어, Obler와 Gjerlow는 "신경언어학자들의 궁극적인 목표는 두뇌의 언어현상을 특정지역에 국한시키는 것이겠지만, 우리는 언어에 있어 전적으로 '책임'을 지는 부위가 있다거나 '주된' 영역이 있다는 기대를 하지 않으며, 또한 이와 관련이 없다고 생각하는 부분과도 대조해보는 것"(1999:11-12)이라는 점을 강조한다.

언어에 있어 반구의 전문화는 언어로 말을 하든지 하지 않든지에 상관없이 동일하여 청각 장애인들이 사용하는 수화의 주된 언어 기능도 좌반구에 위치한다. 4.1에 나열된 것과 같이 시각 및 공간적 정보는 뜻이 전달되는 움직임을 나타내지만 그 자체가 비언어적인 것이다. 움직임이 음성학, 형태학, 통사론의(수화에서와 같이) 언어적 단위로 통합될 때 좌반구에 근거해 일어난다(Emmorey 2002). 주요 기능의 전형적인 분포는 아마도 좌반구가 우반구보다 계산적으로도 힘이 훨씬 강하기 때문일 것이고 따라서 언어의 복잡한 요소를 처리하는데도 좌반구가 훨씬 더 적합하기 때문일 것이다.

두뇌가 여러 언어를 어떻게 체계화시키는지에 대한 관심 역시 19세기부터 가지게 되었다(예를 들면, 프로이드 1891). 다중언어 사용자가 두뇌 손상을 당한 이후, 언어의 회복과 방해받는 부분의 여러 패턴 등을 관찰하면서 의문점들이 나오기 시작하였다. 대부분의 사람들은 여러 언어를 같이 잃거나 같이 회복하는데, 어떤 이들은 한 언어를 다른 언어보다 더 일찍 회복하고 어떤 이는 한 언어를(제1, 제2언어 중 하나) 결코 회복하지 못한다. 이러한 연구는 두 언어 혹은 그 이상의 언어가 각각 다른 위치에서 나타날 수 있다는 것과 또한 다른 활동 체계가 있음을 의미한다. 이런 가능성은 지난 세기 동안 여러 연구 관찰을 유도해왔으며 이러한 연구의 과정은 기술적인 면의 발전과 함께 상당한 변화도 있었다. 데이터를 수집하는 방법도 다음과 같이 다양하다.

- 두뇌 손상의 위치와 언어들이 다르게 영향을 받은 경우에 생기는 언어의 손상/회복 패턴과의 상관관계.
- 두뇌의 어느 쪽이 각 언어의 정보처리와 관련이 있는가를 조사하기 위하여 좌, 우 반구에 다양한 언어의 시각, 청각적 자극을 주기. 좌반구보다 우반구에 제시된 것이 더 빨리, 더 정확하게 정보 처리되는지 아니면 그 반대인지 알아보기.
- 수술시 전기 자극을 사용하여, 언어에 있어 또한 말하는 데 있어 어느 부위와 관련이 있는지를 기록하여 정확하게 두뇌의 표면 부위를 도표화하는 방법(이 방법은 간혹 두뇌 조직을 떼어내기 전이나 떼어내는 과정 중에 사용되는 것인데 종양이나 다른 이상 때문에 수술 시 가능한 한 언어 기능에 이상이 생기지 않도록 하려는 신경외과 의사의 노력으로 행해진다).
- 양전자 방사 단층 촬영술인 PET(Positron Emission Tomography) 스캔이나 다른 비침투 영상기술 등은 여러 언어의 자극과 언어 임무에 의한 두뇌의 활동을 직접 관찰할 수 있게 됨.

수년 간의 연구에도 불구하고, 몇 가지는 여전히 답을 찾지 못하였거나 논쟁점으로 남아있다. 일부 이유는 연구 대상자가 일단 제한적이었고, 그들의 두뇌가 어떻게 "작동을 하는지"가 상당히 다양하였기 때문이다. 또 일부 이유는 데이터의 수집 및 분석을 위한 연구가 동일한 절차가 아니어서 전체적으로 비교할 만한 결과를 얻지 못했다. 그러나 여전히 두뇌의 다중언어의 구조와 표상 등을 설명하는 연구결과는 많이 있다. 밝히고자 하는 주요 연구 과제와 이들의 연구 결과를 간단히 요약한 것은 다음과 같다.

1. 다중언어 사용자들의 언어들은 서로 어떻게 독립적인가?

화자들마다의 개별 차이가 상당한 것으로 보이고 또한 고려되어야 할 복잡한 요소들이 많기 때문에 이 질문에 대한 간단한 답은 없다. 그러나 여러 언어 체계는 완전히 별개이거나 전적으로 연관되어 있지 않음을 결론짓는 충분한 이유가 있어 보인다.

Ervin과 Osgood(1954; Weinreich 1953 이후)은 개개인의 마음과 언어의 관계를 세 가지 방법으로 설명할 수 있다고 제안했는데 이는 **대등형, 혼합형, 종속형 이중언어**이다. **대등형**이란 평행적 언어 체계를 말하며 각각이 독립적이고, **혼합형**은 연결되어 있거나 하나의 체계로 통합되어 있고, **종속형**은 한 언어가 다른 언어 체계로 접근 가능한 것을 말한다. Ervin과 Osgood은 이러한 차이점이 언어 학습을 위한 다른 상황과 일부 관련이 있기 때문이라고 주장한다. 대등형 이중언어의 극단적인 예는 드물긴 하지만 두 가지 이상의 언어를 각각의 상황에서 습득하였지만 서로의 언어로(의식적으로 노력하더라도) 번역을 전혀 못하는 경우가 되겠다. 좀 더 일반적인 경우는 혼합형 이중언어인데 어린 나이(3살 이전)에 이중언어를 동시에 같이 구사하는 예이며 종속형 이중언어는 모국어를 통해서 제2언어를 배우는 결과(외국어 교육에서 문법-번역 방법과 같은)를 말한다. 두 언어의 관계는 제2언어의 유창성과 관련이 있는데, 혼합형 또는 종속형 이중언어에서 지식이 더 높아지고 수준도 발전하는 대등형 이중언어로 전환하는 것을 보여준다(Kroll과 Steward 1994).

다른 연구자들은 물론 여러 가지 목적으로 분리를 유지하고자 하겠지만 각 언어 간의 상호의존을 강조한다. Obler와 Gjerlow는 다중 언어체계는 "... 필요한 만큼 독립적이고, 가능한 경우마다 하나의 체계와 연관성이 있다"고 결론을 내린다(1999:140).

2. 다중언어는 두뇌에 각각 어떻게 체계화되어 있을까? 두 언어는 같은 곳에 저장되어 있을까?

역시 개개인마다 현저한 차이가 있다. 적어도 몇몇 다중언어 사용자에게는 모국어와 제2언어가 두뇌의 다른 부위에 저장된 것으로 보이나, 두 언어 모두 좌반구 부분(아마도 겹쳐진 채)에 주로 있다. 하지만 우반구는 모국어보다는 제2언어와 더 관련성이 있는 것 같다.

연구자들은 수술(Ojemann과 Whitaker 1978) 중에 두뇌의 특정 부위를 자극하여 두뇌의 어떤 부위를 건드리면 두 언어로 무언가 이름을 말하지 못하는 것을 알아냈고 또 다른 부위를 건드리는 경우 전혀 관련이 없는 것을 알아냈다. 모국어와 제2언어 모두 저장되어 있는 곳은 좌반구의(이미 단일 언어인 경우 주된 언어영역으로 알려진 브로카 영역과 베르니크 영역 포함) 실비안 골 근처이다. 그러나 모국어와 제2언어가(주로 제2언어가 더) 자극에 의해 더욱 방해를 받아 실비안 골로부터 더욱 멀어지는 것으로 나타났다. 한 스페인어-영어 연구 대상자의 PET-스캔 영상을 사용한 실험에서 반복 과제를 실시한 결과, Fedio et al.(1992)은 모국어일 때보다 제2언어일 때 더 두뇌의 활동이 분산되는 것과, 다른 영역이 있음을 알아냈는데 이는 제2언어에서 더 많은 단어와 표현의 기억이 필요한 것으로 나타났다(모국어의 경우 단어가 의미로 직접 처리되는 과정과 반대).

3. 두뇌의 구조는 모국어와 제2언어의 습득 경우 나이와 상관이 있을까, 어떻게 배워질까, 유창성의 수준과도 상관이 있을까?

위의 세 질문 모두에 대한 답은 아마도 "예"일 것이다. 언어 습득이 나이가 든 제2언어 학습자의 두뇌 구조에 영향을 준다는 증거에 신빙성이 있기 때문이다.

이중언어 화자의 측면화를 연구 검토한 후, Vaid(1983)는 나이 들어서 제2언어를 배우는 사람들의 경우 우반구를 더 많이 쓰는 것으로 결론지었다. 이 결론을 뒷받침하는 Wuillemin과 Richards(1994)는 제2언어를 4세 이전에 배우는 학습자보다 9세에서 12세에 배우는 학습자들은 우반구의 두뇌를 더 많이 쓰는 것으로 보고하였다. Cook은 사람들이 어떻게 언어를 배우는지가 하나의 요인이 될 수 있다고 주장하는데 "우반구의 영역이 쓰이는 이유는, 모국어의 습득을 위해 단일 수단이 쓰이는 것에 비해 제2언어를 습득하기 위해서는 더 많은 수단이 필요하기 때문에 결과적으로 더 넓은 반구 영역에 퍼지게 된다"(1992:572)는 것이다.

여태까지는 두뇌의 지식 구조가 제2언어의 유창성의 수준과 어떻게 관련되어 있는지 아는 바가 없었다. 그러나 제2언어 지식 구조는 유창성이 낮은 그룹에서는 더 분산되어 있고 유창성이 높은 집단에서는 더 밀집된 것으로 보인다. 방금 전에 보았듯이(Fedio et al. 1992), 두뇌의 PET 스캔은 다중언어 사용자가 더 많은 제2언어의 기억과 모국어의 의미 확인 과정을 더 직접적으로 하는 것을 보여준다. 다른 연구(예를 들어, 읽기에서의 오류 분석)에서는 제2언어 학습자들이 제2언어에 대한 유창성이 증가함에 따라 언어의 기억보다 의미에 더 의존하는 것을 보여준다. 비침투적 영상테크닉이 가능해져서 동일한 연구 대상자가 시간의 흐름에 따른 제2언어 학습의 발전 과정을 관찰하여 데이터를 얻을 수 있게 됨으로써 언어 간의 발달과 두뇌의 구조적인 지식 변화가 실질적으로 있는지 알아볼 수 있게 되었다.

4. 두뇌의 손상 후 이중언어 혹은 다중언어에 동일한 손상이나 장애가 생길까? 손상에서 차도가 있거나 회복이 될 경우 어느 언어를 먼저 회복할까?

이 단원 앞부분에서 언급했듯이, 두뇌의 손상은 대부분의 다중언어 사용자들의 언어 모두 또는 이중언어 모두에 손상이나 회복이 같거나 매우 비슷한 패턴으로 되지만 예외적인 경우가 많이 보고되었다. 초기의 가설 중 하나는 두뇌 손상의 경우 가장 나중에 배운 언어를 가장 먼저 잃게 되고 그 바로 전에 배운 언어의 손상이 그 다음이며 모국어의 경우 마지막까지 남아있게 되고, 회복의 경우, 모국어를 제일 먼저 되찾게 된다. 이것은 적어도 회복되는 순서에 관해서는 확률적으로 나타나는 것처럼 보이지 않는다. Obler와 Gjerlow(1999)의 결론은, 언어 회복에 가장 중요한 요소는 제1, 제2언어 중 어느 것이건 상관없이 손상을 가져온 사고 이전까지 어느 언어를 가장 많이 사용했나하는 것이다.

이 질문에 관한 연구는 또한 두뇌의 손상에 따라 다른 언어에 영향을 주는 것 뿐 아니라 같은 언어에서도 손상의 차이점을 보인다. 예를 들면, 통사적인 면과 어휘 차이, 언어의 사용적인 면과 이해적인 면의 차이, 혹은 말과 글의 차이 등이다. 이러한 관찰은 언어의 다양한 요인들이 두뇌의 서로 다른 부위에 위치해 있다는 것을 뒷받침한다.

우리는 제2언어를 습득할 때 두뇌에 **무엇이** 추가되는지 모국어로 인해 이미 두뇌에 있는 것과 매우 다르거나 전혀 별개가 아님을 결론내릴 수 있다. 하지만 흥미로운 차이점은 다음과 같다. 일부 차이점은 제2언어의 유창성 수준과 관련이 있는데 더러는 제2언어 학습 환경 때문이고 또한 우리 두뇌의 "배선"이 전적으로 동일하지 않다는 사실 때문이기도 하다. 이 부분의 연구는 두뇌-영상 기술의 도움으로 빠르게 확대되어 제2언어를 **어떻게** 습득하는지 또 일부 사람들이 다른 사람들보다 **왜** 언어를 더 잘 하는지에 대해 신경학적인 답변을 더욱 잘 할 수 있을 것이다.

학습 과정

심리학은 우리에게 학습과정에 관한 두 가지 중요한 틀을 제공해 주는데 **정보처리 과정(IP)**과 **연합주의**이다. IP는 제2언어 습득 연구에 있어 다른 어느 심리적인 면보다 더 큰 영향을 주는데 John Anderson(1976, 1983)에 의해 주장된 이후 더욱 그렇다. 그의 주장은 언어를 배우는 것은 다른 분야의 지식을 배우는 것과 근본적으로 비슷하여 사람들이 수학을 배우거나 운전, 또는 일본어를 배우는데 두뇌의 활동에 있어 근본적으로 다른 부위를 쓰는 것이 아니라는 것이다. **학습은 학습이다.** 일반적인 정보처리 틀을 살펴보고 이를 토대로 세 가지 방법을 설명하는데 **다차원 모형, 처리능력**과 **경쟁 모형**이다. 연합주의의 틀은 "학습은 학습이다"라고 주장하지만, 원칙이나 규칙의 추상적인 면보다 연상의 힘을 증가시키는 면에서 학습과정을 고려한다.

정보처리 과정(IP)

IP에 근거한 방법은 언어 학습, 언어 사용과 관련된 두뇌 과정과 관련이 있다. 이러한 방법은 새로운 정보의 인식과 입력을 포함하는데 형태, 구조, 내부적인(정신적인) 설명의 규칙, 그리고 그 정보를 출력하거나 꺼내는 전략 등이다.

정보처리 방법은 다음과 같은 다양한 가정을 전제로 한다(McLaughlin 1987):

(1) 제2언어 학습은 복잡한 인지기술을 습득한다. 이런 면으로 볼 때 언어 학습은 다른 복잡한 기술을 습득하는 것과 같다.
(2) 복잡한 기술은 간단한 부분적 기술의 조합으로 나뉘는데 서열에 의한 구성이다. 고급 단계의 기술을 배우기 위해서는 저급 단계의 기술이 선행되어야 한다.
(3) 기술을 학습하기 위해서는 학습자의 집중이 요구되기 때문에 **통제처리 과정**이 필요하다.

(4) 통제처리 과정은 상당한 양의 정신 "공간" 또는 집중하는 노력이 요구된다.

(5) 인간의 처리과정 능력은 제한적이다. 한꺼번에 통제처리 과정을 하기에는 양적으로 제한되어 있다.

(6) 학습자는 연습에 의해 통제처리 과정에서 **자동처리 과정**으로 발전한다. 자동처리 과정은 정신 "공간"과 집중하는 노력이 덜 필요하다.

(7) 학습은 기본적으로 통제처리 과정에서 자동처리 과정으로 발전하는 것을 의미하는데 새로운 정보와 고급 단계의 기술을 위해 통제처리 과정이 자유로워지는 것이다.

(8) 통제처리 과정에서 자동처리 과정으로 발전하는 것과 함께 학습에는 두뇌의 개념 작용을 위한 재구조화나 재조직이 포함된다.

(9) 학습의 일부분으로서 두뇌의 개념 작용을 위한 재구조화는 두뇌의 활동이 이루어질 때 더 빠른 반응을 보이며 더 조화를 이루며 통합되어 효율적인 구조로 만들어준다.

(10) 제2언어 습득에 있어, 내부적인 제2언어 개념 작용을 위한 재구조화는 내재된 많은 기억과 함께 제2언어의 유창성을 증가시키는 역할을 한다.

통제처리 과정을 위한 우리의 두뇌 능력 조건은 제2언어를 배우는 단계에서 분명하게 되는데 무언가 이해하거나 기본적인 어휘, 통사적인 구조 등을 이해하기 위해서 관심을 집중할 필요가 있는 것과 마찬가지이다. 이러한 과정이 자동화되어야만 더욱 복잡하고 수준 높은 내용이나 구조를 이해할 수 있게 된다. 컴퓨터 워드프로세서의 새로운 "언어"를 배우는데 있어서 이와 비슷한 능력의 한계를 경험하게 된다(우리는 흔히 "정보 과부하"를 경험한다). 처음에는 적절한 기호나 적당한 규칙을 적용하기 위해 통제처리 과정을 사용하게 되는데 고급 단계의 내용이나 창의적인 처리 과정을 동시에 집중하는 것은 어렵거나 불가능하다. 저급 단계의 기술이 자동화된 후에야 비로소 고급 단계의 사고를 위한 처리 과정이 자유로워진다. 작가들이 타자를 치고 내용을 컴퓨터에 저장하고 글씨체를 바꾸는 등의 기초적인 단계의 일을 자동화하지 못하면 "온라인"에 작품을 효율적으로 올릴 수가 없게 된다. 또 다른 예는 비언어적인 운전이나 스키와 같은 경우도 마찬가지인데, 처음에는 집중된 통제가 절대적으로 필요하지만 연습과 함께 자동화되면 이들은 어떤 통제처리 과정이 특별히 필요한 일이 생기지 않는 한 의식적으로 깨닫지 않은 채 운전이나 스키를 타게 된다. 집중된 통제 하의 행동은 바뀔 수 있다. 그러나 일단 자동화되면 보다 효율적으로 되지만 바꾸기는 더 힘들다. 사실 IP 면에서 제2언어 **화석화**(또는 학습이 중단된 상태)에 대한 설명은 제2언어가 일정 목표수준이 되기도 전에 자동화되어 버리고 긍정적인 입력이 더 이상 그들의 발전에 영향을 주지 못 하게 되는 것이다.

정보처리 과정에는 세 단계가 있는데 표 4.2와 같다(Skehan 1998에서 채택).

표 4.2 정보처리 과정의 단계

입력	주요 처리 과정	결과
인지	통제－자동처리 과정	발화
	서술적－절차적 지식	
	재구조화	

SLA를 위한 **입력**(input)은 학습자에게 노출된 어떤 것이라도 예가 되지만 실제로 주목(그것에 집중)하지 않는 한 처리 과정으로 연결되지는 않는다. 주목을 거쳐 처리 과정으로 연결되면 그것은 **흡입**(intake)이 될 수 있다. 이 시점에서 우선 순위가 결정되어 입력된 것이 인지되고 집중할 대상이 정해진다. Richard Schmidt(1990)는 주목하거나 자각하는 정도에 영향을 주는 요소들을 다음과 같이 나열한다.

- 항목들을 접하는 빈도
- 항목들의 계속되는 특징
- 학습자가 집중할 수 있도록 하는 교육적 전략
- 개인의 처리 능력(적성의 구성 요소)
- 특정 항목을 알아차리는 준비성 (복잡함의 서열과 관련)
- 과제 요구, 또는 학습자가 수행하는 활동의 본질

이러한 IP 방법과 관련하여, 학습자가 입력 자료를 자각하는 능력을 고취시키고 집중을 구조화하기 위한 전략을 증진시키고 테스트하는 것은 외국어의 학습 디자인과 교육이 잘 되도록 성공적으로 입력하는 주요한 추진이 되어왔다.

SLA에서의 **출력**(output)이란 학습자가 언어를 구사하는 것인데 말이나 수화 또는 글로 하는 것이다. 제2언어의 성공적인 학습을 위한 출력의 중요성은 Merrill Swain(Swain과 Lapkin 1995 참조)에 의해 잘 설명되고 있다. 학습자에게 의미 있는 언어 구사 연습은 다음과 같은 방법으로 학습자를 도와준다:

- 연습을 통해 자동화를 더욱 발전시킴으로써 유창성 증진
- 의미를 이해하는 처리 과정에서 통사적 처리 과정으로 발전하면서 학습자가 관련 정보에 더 많은 관심을 갖도록 해줌으로써 본인의 지식 정도의 차이를 깨닫게 함
- 발달과정 중인 중간언어에 기초하여 감시와 수정을 통해 가설 검증
- 적절한 입력 자료를 유도하고 (협동을 통해) 문제를 해결하면서 언어에 대해 이야기하기

유창성은 자동화된 규칙을 바탕으로 한 체계를 사용함으로써 또한 기억된 것을 바탕으로 말의 토막들이 발화되는 것인데 "끌어내거나 통째로 사용되는" 본보기나 형판 같은 역할을 한다(Skehan 1998:60).

중심 처리과정은 이 모형의 핵심으로서 학습이 일어나는 곳이다. 이 과정은 학습자가 통제처리 과정에서 자동화된 과정으로 넘어가고 이 과정에서 지식이 재구조화된다. 통제처리 과정은 시간이 더 걸리기 때문에 자동화의 정도를 테스트하는 것이 가능하다. 다중언어 사용자가 단어와 문장 구조를 기억해내는데 걸리는 시간을 측정한 연구에서는 두 언어 다 유창하게 구사하는 사람조차도 제1언어의 경우보다 제2언어의 경우에서 덜 자동화되었고, 유창하지 못한 제2언어는 유창한 제2언어보다 덜 자동화되었음을 보여준다.

Anderson(1976)에 의해 제안된 학습 모형을 보면, 지식이 **서술적인** 단계에서 **절차적인** 단계로 발전하는 것은 여러 면에서 통제처리 과정에서 자동화된 과정으로 발전하는 것과 일맥상통한다. 서술적인 단계는 별개의 사실과 규칙들을 습득하게 되는데 처리 과정이 상대적으로 느리며 집중을 요하는 통제 아래 이루어진다. 절차적인 단계로 발전은 좀 더 긴 학습이 필요하고 자동화가 늘어가는 것을 뜻하는데 집중에서 자유로워지면서 고급 단계의 기술을 익히게 된다. 절차화에는 연습이 필수이다. 앞서 IP에 관한 가설에서 보았듯이, 중심 처

리과정에서 나타나는 재구조화는 두뇌의 개념 작용을 좀 더 협력적이고 통합적이며 능률적으로 한다. 이 과정은 질의 변화를 가져오는데 이는 제2언어 발달이 새로운 형태가 옛 것에 계속적으로 추가되는 형태가 아니라 부분적으로 연결성이 없는 형판에 체계적인 재조직과 재형성화가 규칙적으로 일어나는 것이다. 학습자의 말과 글에서 찾아낸 두 가지 증거가 종종 인용되는데 하나는 학습자가 제2언어의 분석되지 않은 부분을 사용하고 새롭게 형성된 규칙에 따라(예를 들어 SLA에서 "발달"이라고 표시되는 발화에서 비문법성을 증가시키거나 고수하는) 습득하는 차례이다. 이와 관련된 결과는 **유-자형 발달**에서 알 수 있는데 학습자는 영어에서 발의 복수 형태를 foots가 아닌 feet로 처음에 사용하다가 다음에는 foots로 쓰고 나중에 결국 feet로 사용한다. 이 경우, feet는 처음에는 분석되지 않은 단어로, foot의 복수 형태라는 인식 없이 학습된 것이다. 나중에는 foots가 학습자의 문법 체계에 규칙 복수명사에 -s가 붙는다는 체계적인 재구조화에 근거를 두었기 때문에 나오는 것이다. Feet는 다시 학습자가 복수어미 규칙에 예외를 습득하기 시작하면서 나타나는 단어이다.

습득 순서에 관한 이론

SLA에 관한 심리적인 방법은 왜 어떤 요소는 고정적인 차례로 습득이 되는지 이해하는데 중요한 공헌을 했다. 이러한 방법 중 가장 잘 알려진 것은 다차원 모형인데 ZISA 프로젝트에서 이탈리아, 스페인, 포르투갈어를 제1언어로 사용하는 사람들이 제2언어로 독일어를 습득하는 성인 학습자를 대상으로 한 연구자들에 의해 개발되었다(Clahsen, Meisel과 Pienemann 1983 참조). 이 모형에는 다음과 같은 주장이 포함되어 있다:

- 학습자들은 일정한 문법적 구조에 있어서 발달과정상의 순서에 의해 습득한다.
- 발달과정상의 순서는 학습자들이 처리 과정의 한계를 어떻게 극복하는지 나타난다.
- 발달과정상의 요소를 목표로 하는 언어 학습은 학습자들이 이전 단계와 관련이 있는 부분을 마스터했을 경우에만 성공적이다.

언어 인지와 언어 발화의 발달 순서를 설명하는 처리 전략은 제한된 능력의 IP 제약과 관련하여 Clahsen(1984)에 의해 다음과 같이 설명되고 있다: "높은 수준의 처리 능력이 필요한 언어적 구조는 나중에 습득될 것이다"(p. 221). 어떤 통사적 구조가 더 많은 처리 능력이 요구되는가(더욱 복잡한가) 하는 문제는 출력하는데 내재된 관련성의 정도에 따라 결정되며 또한 다시 사용할 경우의 인지적인 두드러짐에 의해서도 결정된다. Clahsen은 다음과 같은 위계로 설명한다:

(1) **표준적인 단계 전략**: "기초"적인 단어에서는 재순서화가 없다. 이 전략에서 처리되는 구조는 제일 먼저 습득된다.
(2) **최우선/최종 전략**: 내재된 요소들을 문법적인 면의 맨 처음이나 맨 나중으로 재순서화하는 것은 인지적으로 더 두드러진 것이고 내부적인 위치로 변경하는 것보다 처리하기가 더 쉽다.
(3) **종속절 전략**: 종속절에서 재순서화는 허락되지 않는다. 이것은 왜 "학습자가 주절에서만 특정한 재순서화를 사용하는지 그리고 [...] 종속절의 요소들의 순서가 덜 다양한지"(1984:223)를 보여준다.

다차원 모형의 재교육은 **처리능력 이론**으로 알려졌는데(Pienemann 1998) 이는 언어 학습과 관련하여 처리능력이 발달되는 순서를 결정하고 설명하려는 목적을 지니고 있다. 처리능력 기술의 위계는 아래와 같이 제시되고 있다(Pienemann과 Hakansson 1999에서):

(1) **표제어/단어 접근**: 단어(또는 표제어)가 입력 처리되어도 아직 어떤 문법적인 정보는 없고 어떤 단계의 규칙도 연관성이 없다.
(2) **범주화 과정**: 단어적인 요소가 범주화되고 문법적인 정보가 추가될 수 있다(예를 들어, 명사에 수와 성별이, 동사에 시제가).
(3) **구 과정**: 구의 수준에서 숫자의 일치, 명사절에서의 형용사와 명사간의 성별과 같은 것 등을 말한다.
(4) **S-과정**: 구 수준 이상의 문법적 정보가 교환되는데 주어와 동사간의 인칭이 일치되는지 등을 말한다.
(5) **절 영역**: 주절과 종속절 구조 등이 다르게 다루어진다.

이것은 1단계는 2단계 처리과정을 위한 필수조건이고, 2단계는 3단계를 위한 필수조건이라는 의미에서 암묵적 위계이다. 전략들의 순서는 연속되는 단계의 문법(통사적, 형태적) 규칙을 습득하기 위해서는 선행되는 처리과정을 통해서 학습자가 문법을 개발하게 된다는 것을 보여준다.

SLA에서 이러한 순서의 공통점은 이를 뒷받침하는 연구 결과를 토대로 검증된다. 독일어를 제2언어로 배우는 대상을 연구한 Pienemann의 분석(1998)과 스웨덴어를 제2언어로 학습하는 대상으로 하는 이전의 논문을 재분석한 Pienemann과 Hakansson의 논문(1999) 이외에도 네덜란드어, 노르웨이어와 스웨덴어에 관한 광범위한 연구가 행해졌다(Glahn et al. 2001).

제2언어 학습자가 발달과정상 (보다 높은 상급단계보다는) 바로 다음 단계에 목표를 두는 경우에만 언어 학습이 효과적일 것이라는 주장은 1970년대 이후에 많은 언어에서 연구되었다(Spada와 Lightbown 1999에서 검토됨). 발달순서와 학습 수준과의 상호작용에 관한 결과는 다양하지만, 적어도 몇몇 구조에 대해서와 일부 학습자들에게는 보다 높은 상급단계에서 더 효과적인 것으로 나타났다. 복잡성이란 지도 유형(예를 들어, 구조에 관해 제1언어–제2언어 간 명시적인 대조 정보가 주어지는지의 여부)과 제1언어의 지식이 어느 정도 적용되는지 등이 포함된다. 그러나 이러한 복잡성은 학습자가 보다 높은 상급단계의 학습에서 더 많은 도움을 받는다 하더라도 습득 순서에 관한 주장을 무효화하는 것으로 보이지는 않고 동일한 발달 단계를 거쳐 향상된다.

경쟁 모형

언어가 어떻게 학습되느냐는 일반적인 질문을 다루는 또 다른 심리적 접근법은 경쟁 모형이다(Bates와 MacWhinney 1981; MacWhinney 2001). 이는 모든 언어적인 실행은 외부적인 형태와 내부적인 기능 사이의 "사상(mapping)"으로 된다는 전제에 근거한 기능적인 방법이다. 사전적인 어휘의 형태는 청각적인 형태로 나타나고 그 기능은 의미적으로 나타나며 어휘 항목의 나열된 형태는 단어–순서의 패턴과 형태적인 어미변화를 동반하고 문법적인 기능을 한다. 단어 horse를 예로 들어 보면, [hors]라는 소리로 나타나고 기능은 네 발로 풀을 먹고 사는 동물을 의미한다. Horses eat hay라는 문장에서, 어순에 주목해보면 horses가 hay 앞에 놓이고 hay는 동사 뒤에 놓이며, 역할을 보면 horses는 주어이며 hay는 목적어이다. 어미변화 –s는 horses에 있으며 이 역시 형태이며 역할은 한 마리 이상의 말을 나타내기 위함이다.

이 방법은 제1언어 습득에서 **형태–기능 사상**의 체계를 배우는 것이 기본임을 염두에 두었다. SLA에 있어 이 방법은 제1언어 학습자에게 존재하는 내재된 체계의 사상을 목표어에 적절한 것으로 조정하는 것을 포함한다. 이는 특정 기능이 있는 언어 입력의 **단서**를 찾아내어 각각의 가능한 단서에 어느 정도의 무게가 실리는지(**단서 강도**) 인식하는 방법으로 습득한다. 영어의 Horses eat hay라는 문장에서 horses가 주어라는 단서는 horses가 동사 앞에 온다는 어순이다. 만약 이 문장이 일본어였다면 단서가 **격 표지**(case marker)였을 것이고 단어 끝에 붙는 어미 -ga가 이것이 주어임을 나타낼 것이다(예를 들어, 주격 변화가 있다).

Brian MacWhinney (b. New York), 1945~현재

심리학

MacWhinney는 여러 언어 간의 언어 처리과정에 관한 연구를 Elizabeth Bates와 함께 진행하여 경쟁 모형을 발전시키는데 공헌하였다(MacWhinney와 Bates, 1989). 이 연구에서, 처리과정의 다양한 영역이 연구되었는데 정상적인 성인의 문장 처리과정, 어린이의 문장 처리과정의 발달과 실어증에 걸린 사람들의 언어 처리과정 등이다. MacWhinney는 여러 가지 컴퓨터 프로그램과 CHILDES(Child Language Data Exchange System)라 불리는 데이터베이스를 개발하여 46개국 800여명 이상의 연구자들에 의해 쓰이고 있다.

언어 입력에 있어 여러 단서가 동시에 주어지기도 하는데 언어 처리과정은 다양한 단서들 중 "경쟁"과 관련 있다. 예를 들면, 주어의 문법적 기능을 알기 위해서 가능한 단서는 **어순**, **(주어－동사의) 일치**, **격 표지**, **생명성**(의지가 담긴 행위를 할 수 있는 능력과 같은) 등이 있다. 이 모든 가능한 단서는 다음 문장에서 설명할 수 있다(일부는 비문법적이거나 문법적으로 좋지 않다):

(a) The cow kicks the horse.
(b) The cow kick the horses.
(c) Him kicks the horse.
(d) The fence kicks the horse.

영어에서 단서를 찾기 위해 어순의 상대적 강도를 시험해 볼 수 있는데 위의 문장들을 원어민에게 제시하여 주어 혹은 행위자가 누구인지(누가/무엇을 "찼는지") 알아볼 수 있다.

(b)와 (c)의 비문법성과 (d)의 비정상적인 특성에도 불구하고 원어민들은 각 문장의 첫 번째 명사구를 각각 문장의 주어로 간주할 것이다. (b)의 동사는 주어보다는 뒤에 나오는 명사구와 더 일치하고 (c)의 him은 목적격(행동의 수용자)이고 (d)의 fence는 무생물이므로 동사 kick의 "실행자"가 될 수 없다. 이러한 문장들이 다른 언어로 번역이 되면 일치, 격 부여, 생명성 등에 무게가 더 많이 실려짐에 따라 주어에 대해 다르게 인식될 가능성이 있다. 일본어를 예로 들어보면, 격 표지 어미 -ga가 명사에 붙게 되는데(다른 -ga가 없는 경우라면) 그렇다면 문장에서 어순에 상관없이 이 명사구가 주어라는데 무게가 실리는 것이다. 영어가 제1언어인 학습자가 일본어를 제2언어로 배울 때, 어순이라는 강한 단서를 갖고 있기 때문에 형태－기능의 사상을 잘못 전이할 수도 있다(그래서 명사구가 첫 번째 놓이면 주어로 잘못 간주하게 된다). 일본어 원어민인 경우, 그들의 제1언어 단서를 영어인 제2언어에 적용해 비원어민적인 해석을 할 수도 있게 된다.

적절한 형태－기능 사상의 습득은 어떤 특정한 단서가 있을 때 특정 기능적 해석이 선택되는 개연성에 의해 주로 이뤄진다. 이 개연성이 높으면 단서도 믿을만하다. 단서 강도를 결정하는 다음과 같은 요소들은 MacWhinney(2001: 74-75; Ellis 1994:373-77 참조)에 의해서도 논의되었다:

- **과제 빈도**: 형태－기능 사상이 얼마나 자주 일어나는지. 영어 문장의 대부분은 주어가 동사 앞에 놓이기 때문에 주어 기능으로 어순 형태를 사상하는 것이 매우 빈번하다.
- **상반된 가능성**: 단서가 있을 때 상반된 결과가 있는지. 위의 예 (a)에서(*The cow kicks the horse*), 동사의 3인칭 *-s*는 앞뒤의 명사구 두 가지와 다 일치하기 때문에 이 일치는 어느 것이 주어인지를 나타내주지 못한다. 이것이 쓸모 있으려면 가능한 단서가 상반되게 주어져야 한다.
- **갈등 신뢰성**: 하나의 단서가 잠재적 가능성이 있는 다른 단서와 비교되어 사용될 때 그 단서가 정확한 이해를 가져오는 빈도는 얼마나 자주 있는지.

초기 SLA단계에서 제1언어, 제2언어 체계가 다른 경우 제1언어에서 단서가 되는 것이 제2언어로 옮겨가는 것이 빈번하게 나타나는데 어떤 학습자들은 제2언어에 도움이 되기 위해 제1언어의 단서를 궁극적으로 버리고, 어떤 학습자는 두 언어 체계를 절충하여 둘을 통합하고 또 어떤 학습자는 두 언어 처리과정 면에서 차이점으로 접근한다는 연구가 나왔다.

연합주의 접근법

학습을 위한 연합주의 접근법은 IP 면에서는 공통점이 많으나 "규칙"과 같은 추론된 추상적 개념이나 재구조화보다는 자극과 반응간 연상의 강도에 더 중점을 둔다. 실제로, 연합주의 접근법에서 학습이란 이러한 연결 관계의 강도 변화이다. 이러한 논리의 주장은 적어도 1940년대에서 1950년대부터 심리학에서 대두되었다(역사적 발달 과정의 개요는 McClelland, Rumelhart와 Hinton 1986 참조). 그러나 **연합주의**는 1980년대에 와서야 제1, 제2언어 습득의 모형으로 크게 주목받기 시작했다.

SLA에서 가장 잘 알려진 연합주의 접근법은 **평행분포 처리과정**(Parallel Distributed Processing, PDP)이다. 이 관점에서 처리과정이란 두뇌의 통로가 연결되어 기초 단위(또는 "유니트")의 네트워크에서 이루어진다는 것이다. 학습자가 정보 입력의 기초 단위인 패턴에 계속 노출되면 가능한 연상들이 형성되어 강화된다. 이러한 기초 단위 간의 연상을 **연결 강도** 혹은 **활성화 패턴**이라 부른다. 이 연결 강도는 입력의 빈도와 피드백의 본질에 따라 변한다. 학습은 내재된 지식(보편 문법과 같은)에 의해 습득되거나 컴퓨터의 시뮬레이션으로 지지된 규칙-형태에 의한 것이 아니라는 주장이 있다. 예를 들어, Rumelhart와 McClelland (1986)는 "패턴 연결 네트워크" 프로그램이 내재되어 있는 컴퓨터는 다른 **선험적** "규칙" 없이도 적절한 과거 시제 형태를 알게 되고 이는 어린이가 제1언어를 배울 때와 같은 학습 곡선으로 가능하다는 것을 보여준다. 이 모델은 익숙하지 않은 동사 변화를 포함한 규칙, 불규칙 시제 변화와 "유-자형" 발달 곡선(습득의 순서에 대해 앞서 논의한 것처럼) 등을 알려주는데 이는 규칙 기반 학습에서 나타나는 것 같은 다른 인지 학습방법과 언어학적 모형에서 자주 인용되었다.

이러한 연합주의/PDP 관점에서의 처리과정에 대한 가설은 여러 중요한 면에서 전통적인 IP와는 차이가 있다. 예를 들어 보면(McClelland, Rumelhart와 Hinton 1986; Robinson 1995) 다음과 같다:

(1) 집중이란 정보를 별개의 기억 보관 장소, 즉 IP의 주장대로 통제처리 과정과 자동처리 과정 두 가지 다 가능한 곳에 직접 보내는 중앙장치로 간주되는 것이 아니라 처리과정체계를 부분적인 패턴을 통해 전달하는 기법으로 간주한다.

(2) 정보처리 과정이란 "고정된 연속 순서 안에서 하나의 저장 구조로부터 다른 저장 구조로 전달되는 … 파이프라인이 아닌 것처럼"(Robinson 1995:288) 그 자체가 순차적인 것은 아니다. 처리과정은 많은 연결이 동시에 이루어지는 평행 상태이다.

(3) 지식은 패턴으로 기억 · 저장되거나 검색되는 것이 아니고 재창조되는 패턴을 설명하는 기초 단위들간 "연결 강도"이다.

자전거를 타면서 휴대전화를 받는 것처럼 전혀 다른 두 가지 일을 동시에 할 때 평행적 처리과정이 적용되지만 음성학, 통사론 구조, 의미나 화용론적인 면을 부호화하거나 해독하면서 동시에 말하거나 독서를 하는 경우와는 좀 다르다. 언어의 이해와 사용을 성공적으로 하기 위해서는 두뇌의 연결 대부분이 동시에 다 활성화되어야 하는 것이지 순차적인 처리과정 (한 가지가 처리되고 또 다른 것이 처리되는 등의 과정)이 아니다.

SLA에서 이 방법을 토대로 한 연구는 별로 없으나, 가설은 제1언어에서 제2언어로 전이된다는 것인데 이는 제1언어의 강한 연상이 제2언어의 네트워크를 이루는데 방해되기 때문이라는 것이다. 얼마나 자주 나타나는지 그 빈도가 연결 강도를 결정하는 요인이기 때문에 제1언어에서 대부분의 일반적인 패턴이 제2언어에서는 방해 현상으로 나타나게 됨을 예측할 수 있다. 그러나 언어학적인 면에서의 전이 현상에 대한 연구는 이러한 결론을 뒷받침하지 않는다. 제1언어－제2언어 관계는 그렇게 간단하지 않다. 언어 습득에 있어 연합주의 접근법을 지지하는 사람들은 빈도가 "포괄 산재 인자"(Ellis 2002:179)이기는 하지만 다른 결정 요소와도 상호 관련이 있다고 주장한다. 학습자가 언어 입력을 받아들이는데 언어의 패턴이 얼마나 두드러지는지, 그러한 패턴이 규칙적인지, 또한 다른 많은 변이와 예외적인 사항도 함께 나타나는지 등과도 관련이 있다는 것이다.

많은 언어학자들과 심리학자들은 언어 학습에 있어 언어 입력의 빈도가 강한 결정 요인 역할을 한다는 점에 반대하고 있다. 한 가지 반대 의견으로는,

영어에서 가장 잦은 단어 중 몇 가지가(가장 자주 나오는, the) 가장 나중에 쓰게 되는 편이며 완전히 마스터하는 것도(만약 마스터가 가능하다면) 가장 마지막에 할 것이다. 하지만 어떤 논리를 적용하건 간에, SLA에 있어 빈도의 효과는 그동안에 받았던 관심보다 더 많이 받게 되었는데 이는 언어 교육에서 반복 연습이 유행에 뒤처진 감이 있기 때문이다. SLA에서 학습 작용에 초점을 맞춘 방법들을 연구하는 연구자들은 빈도가 학습에 어떤 영향을 주는지 새로이 알아보게 했다.

학습자 차이

제3장에서, 우리는 일부 제2언어 학습자들은 **왜** 다른 이들에 비해 언어적인 면에서 더 성공적일까 하는 기초적인 질문에 대해 생각해 보았다. 제5장에서는 학습의 사회적 환경 면에서 이 질문을 다시 생각해볼 것이다. 여기서는 이 질문을 심리학적 견해에서 살펴볼 것인데 학습자들간 차이에 초점을 맞춰보겠다. 우리가 살펴볼 차이란 나이, 성별, 적성, 동기, 인지 유형, 성격과 학습 전략 등이다. 관련 연구들은 신경학적인 형태나 구조를(언어와 두뇌 부분에 관한 논문 같은) 알아보는 것이 있는 반면, 실험적인(변이요소 조작과 인과관계에 관한 직접적인 주장을 하는 등의) 것도 있고 "좋은 언어학습자" 연구(특이한 특성과 성공적인 SLA에 관한 상관관계 등을 다룬 것)도 있다. 이러한 일부 연구들은 여전히 추론에 불과하다.

나이

어른보다 아이들이 제2언어를 더 성공적으로 학습한다는 것이 일반적인 믿음이다. 그러나 이를 뒷받침하는 증거는 사실 의심스럽다. 한 가지 이유는 연구 결과들이 일관성이 없는데서 비롯된다. 어떤 연구에서는 학습의 "성공"을 학습 **최초 속도**(initial rate)로 정의하는데(보편적인 믿음과는 반대로, 나이가 든 학습자들에게 더 장점이 많다는) 또 다른 연구에서는 성공을 **최종 성취**로 정의한다(제2언어를 어렸을 때 배우게 되고 정말 뛰어나게 잘 하는 경우). 또한, 어떤 연구에서는 학습자의 발음이 얼마나 원어민 화자와 비슷한가에 따라 "성공"의 정의를 내리고, 다른 연구에서는 학습자의 문법적인 판단이 얼마나

표 4.3 SLA에서 나이의 차이점

어린 학습자의 장점	나이가 든 학습자의 장점
두뇌의 유연성	학습 능력
비분석적	분석 능력
두려움이 적음(대체로)	실용적인 능력
약한 단체의식	제1언어의 지식이 많음
주로 단순한 입력	세상 지식

원어민에 가까운가에 대한 기준으로 하고, 또 다른 연구에서는 유창성과 기능적인 능력으로 판단한다. 상반된 주장을 판단할 때 평가의 기준을 유지하는 것이 매우 중요하다.

나이가 제2언어 결과와 관련이 있는지, 어떻게 관련이 있는지는 SLA에 있어 수년 동안 주요 논점이었다. 최근 많은 연구 발표는 여러 다른 시각에서 본 것들이다(Birdsong 1999; Scovel 2000; Singleton 2001 등). 어린 학습자와 나이가 든 학습자 양측에 대한 장점은 〈표 4.3〉과 같이 보고되었다.

이 단원 서두에서 언어와 두뇌에 관해 모국어를 습득하는데 **결정적 시기**가 있음을 언급했는데 어린이들에게 정상적인 습득이 가능한 시기는 몇 년 안 된다는 것이다. 그 외에도 심리적인 변화가 두뇌의 **유연성**을 잃게 하거나 언어학습이 요구하는 새로운 기능을 하는 능력을 잃게 한다. 모국어 습득을 촉발하는데 필요한 언어학적 입력을 어떤 이유로 하여 박탈된 개인은 다른 어떤 언어도 정상적으로 배울 수 없게 된다. 이 점에 대해 아주 드문 예를 제시한 유명한 연구 보고서의 주인공은 지니(Genie)라는 소녀인데, 그녀는 어떠한 언어적 입력도 모두 단절된 채 13세까지 타인과의 교류조차 없이 버려진 경우이다. 치료를 위해 수년간의 집중적인 노력에도 불구하고 모국어인 영어의 언어학적 지식을 결코 습득하지 못하였는데 어린 시절부터 언어를 습득한 다른 학습자들과 비교가 되는 대표적인 케이스이다(Curtiss 1977).

지니(Genie)

결정적 시기 가설의 증거

"지니"의 불행한 예는 결정적 시기 가설을 직접 보여주는 케이스이다. 지니는 1970년, 13세의 나이에 발견되었다. 그녀는 극도로 격리된 곳에 버려진 상태로 자라 매우 불안해했고 발달도 덜 되었으며 언어도 배우지 못했다. 치료와 재활 과정에서 그녀에게 말하도록 가르치는 노력이 대거 실행되었다. 그녀는 2살 때부터 사춘기의 나이까지 언어적인 자극을 전혀 받지 못하였으므로 그녀의 언어학습 능력은 Lenneberg의 가설과 직접적인 관계가 있음을 증명하는 경우이다.

지니가 언어적 기술을 향상시키는 방법을 분석하는데 몇 가지 비정상적인 것이 나타났는데, 그것들은 언어의 발화와 이해 사이에 현저한 격차, 규칙을 사용하는 변수, 판에 박은 말투, 통사론적인 기술 습득의 차이와 일반적인 발달저하 속도 등이었다. 다양한 심리 언어적 테스트를 통하여, 지니가 우측 반구를 사용하고 있음을 알게 되었는데(다른 몇 가지 활동도 마찬가지로) 이는 좌반구의 발달이 이루어지는 결정적 시기 이후 언어학습을 시작한 결과로 보인다. 그러므로 이 케이스는 Lenneberg의 가설을 입증하는 것으로 보이지만 형태상으로만 약간 그렇다. 지니는 사춘기 시기 이후에야 궁극적으로 언어에 노출되어 습득할 수는 있었지만(어휘 면에서는 대단한 발전을 이루었고 형태학적인 면과 통사론적인 면에서도 계속 발전하였음) 정상적으로 하지는 못했다.(S. Curtiss 1977 이후에는 Crystal 1997b에서)

Lenneberg(1967)는 결정적 시기가 SLA에서도 모국어 습득처럼 적용된다고 주장하며 바로 이 점이 왜 대부분의 제2언어 화자들이 결정적 시기 이전에 습득하지 못하는 경우 "외국인 말투"가 있는지에 대한 이유라고 주장한다. Seliger(1978)와 Long(1990)은 언어의 다른 면을 제한하는 몇 가지의 시기가 있다고 주장하는데 어떤 시기는 음성학의 습득과 또 어떤 시기는 통사적 습득과 관련이 있다며 이러한 시기가 절대적 분리 시점을 말하는 것은 아니라고 서술한다. 즉, 나이가 들어서 제2언어를 배우는 것보다 어린 시절에 시작하는 것이 더 완전할 수 있을 것이라는 주장이다. 제2언어 학습자들 중 성인인 경우 물론 소수이기는 하나 원어민과 같은 유창성을 지닌 학습자들이 있다는 점이 위의 다소 약한 주장을 뒷받침하는 것 같다.

대부분의 사람들은 어린 학습자들이 제2언어에서 궁극적으로 더 높은 유창성 수준까지 도달한다는 점에 동의하는 가운데, 청년기와 성인 학습자들도 처음 단계에서는 빠르게 학습한다는 결과도 있다. 두뇌의 유연성이 표 4.3에서 보여주는 것처럼 어린 학습자들에게 장점이지만 나이가 든 학습자들은 어휘의 기억력이 더 좋고 학습 능력이 뛰어난 장점이 있다. 또한 성인 학습자들에게는 분석 능력이 뛰어난 장점도 있어 문법 규칙을 이해하고 적용하는 능력으로 인해 적어도 단기적으로는 언어 습득에 장점으로 작용한다. 반면, Newport (1990)는 이 점에 대해 "부족한 것이 더 장점이다"라고 제안하는데 어린 학습자들이 원어민과 같은 문법적인 직관력을 더 잘 갖게 되는 것은 그들이 비분석적인 처리과정을 거치기 때문이라는 것이다. 이것은 또 다른 자질을 말하는 것으로, 어린 학습자들은 비형식적이고 자연스런 학습상태에서 제2언어를 더 성공적으로 습득하고 나이가 든 학습자들은 형식적인 교육 환경에서 더 성공적으로 습득한다는 것이다.

어린 학습자들이 지니고 있는 다른 장점은 나이가 든 학습자들보다 두려워하는 면이 덜 하다는 것이고, 같은 모국어를 쓰고 있는 다른 사람들(가족이나 돌봐주는 사람이 아닌)과의 관계에서 정체성이 약하다는 것이다. 어린이들은 또한 다른 사람들로부터 간단한 언어 입력을 받아 학습을 촉진시킨다(제5장에서 논의될 요소). 나이가 든 학습자의 장점은 제1언어의 지식과 실질적인 사용 기술이 높기 때문에 제2언어의 사용에 긍정적으로 전이될 수 있다. 또한 나이가 든 학습자는 세상 지식이 더 많기 때문에 언어학적인 지식은 제한적이라도 더 어려운 임무를 수행할 수 있다.

성별

학습자 성별과 SLA의 관계에 관한 대부분의 연구는 인지 유형과 학습 전략에 대한 부분이나, 제2언어의 어떤 다양성이 습득되었는지, 언어 입력이나 상호관계(제5장에서 논의될 사회 요소임)의 기회에 관한 부분에 있어 어떠한지에 대한 것들이다. 많은 서구 문화에서, 여성 학습자들이 제2언어 학습을 남성보다 더 잘한다는 전반적인 믿음이 있는데 이는 문화적, 사회 심리학적 제한과 영향력 등을 반영한 결과에 근거한다.

언어 습득과 학습 작용에서 성별의 차이가 나타나기는 하지만 연구 결과는 복합적이다. 예를 들어, 말하기 유창성 테스트에서는 여성이 남성보다 더 잘하나(어떤 특정 글자로 시작하는 단어를 맞추는) 여성의 두뇌가 말하기에 있어 남성의 두뇌보다 덜 비대칭일 수 있다(Kimura 1992). SLA와 관련 가능성이 있는 결과는 어휘 대 문법에 있어 두뇌의 반응에 대한 것인데 여성은 복잡한 형태 등의 암기를 더 잘하고 남성은 구성 규칙 등의 계산을 더 잘하는 것으로 나타났다(Halpern 2000). 그 외의 차이점은 호르몬의 변수와 관련 있어 보이는데 앤드로겐(androgen) 수치가 높을수록 자동화 기술이 더 좋고, 에스트로겐(estrogen)이 높을수록 의미적 또는 이해 능력이 더 좋은 것으로 나타났다(Mack 1992). Kimura(1992)는 높은 수준의 조음 능력과 운동 능력은 여성의 경우 월경 주기 때 높은 에스트로겐 수치와 관련이 있다고 보고했다.

적성

언어 학습에는 특별한 재능이 있다는 가설은 수년 동안 지배적이었다. 다음과 같은 4가지 요소는 Carroll(1965)에 의해 제안되었는데 여기에는 재능이 내재되어 있고 이는 대부분 적성검사의 기본이 된다.

- 음소의 부호화 능력
- 귀납적 언어 학습 능력
- 문법적 민감성
- 연상적 기억 능력

음소의 부호화 능력은 청각 입력을 부분으로 분할하여 저장하고 검색할 수 있도록 처리하는 능력이다. 이는 학습 초기 단계에서는 매우 중요한데 그 이유는 이 능력이 "어떤 입력은 학습자로 하여금 입력 처리되도록 하고 어떤 것은 단순히 스쳐 지나가는 소리나 어느 일부분만 처리되도록 하는지에 대한 범위와 관련이 있기 때문이다"(Skehan 1998:203). 다시 말해서, 청자가 말의 흐름에서 형태소를 알아차리기 위해 음소를 분석할 수 없다면 입력된 정보는 입력되었다고 할 수 없다.

귀납적 언어 학습 능력과 **문법적 민감성**은 두 가지 다 중심적 작용과 관련이 있다. 이것들은 귀로 들은 내용을 두뇌로 하여금 입력하여 구조를 추리하고 패턴을 알아내어 일반화시키며 각각 요소들의 문법적 기능과 규칙을 만들어 내는 세부작용을 하도록 한다. 재구조화가 일어나는 것이 바로 이 중심적 작용에서이다.

연상적 기억 능력은 언어학적 항목들이 어떻게 저장되고 기억되어 언어로 사용되는지와 중요한 관련이 있다. 이 능력은 저장된 제2언어 구성원들 중 적절한 것을 선택하는 결정이며 궁극적으로 화자의 유창성을 측정한다.

언어 학습에서 적성이라는 개념은 이러한 능력을 다양한 정도로 진행시키는 과정이 제2언어 습득의 성공 여부를 예측할 수 있다는 가설이다. Skehan(1998)은 이 가설을 크게 뒷받침하는 연구를 검토하였지만 그의 결론은 개개인의 능력은 여러 가지 요소에 의해 다르며 문법적 민감성이 뛰어난 학습자가 연상적 기억 능력은 떨어진다거나 그 반대의 경우도 가능하다는 것이다. 제2언어의 성공적인 학습을 위해 모든 면의 재능이 필수조건은 아니다. 어떤 학습자는 언어학적 분석 능력으로 성공적인 학습을 이루고 또 어떤 이는 기억 능력으로 성공적인 학습을 이룬다. Skehan은 언어 학습의 적성은 "일반적인 인지 능력과 완전 별개인 것도 아니지만 지능검사로도 나타나듯이 똑같은 것도 결코 아니다"라고 결론짓는다(1998:209).

제2언어의 성공적 학습을 결정하는데 적성이 중요한 요소라는 주장은 자연스러운 환경에서와 형식적인 교실에서의 교육 모두에 해당된다고 한다. 그러나 전적으로 결정짓는 것은 아니고 제2언어의 유창성에 궁극적인 영향을 미치는 몇 가지 요소 중 하나라는 것이다.

동기

일부 제2언어 학습자가 왜 더 성공적으로 잘 하는지를 설명할 수 있는 또 하나의 요소는 개개인의 동기이다. 동기란 제2언어를 향상시키는데 여러 단계에 걸친 학습자의 노력 정도를 주로 결정하게 되는데 이것은 유창성의 궁극적인 수준에 중요한 열쇠가 된다.

동기란 다양한 정의가 가능하지만 적어도 다음과 같은 구성원이 포함된 것으로 본다(Oxford와 Ehrman 1993; Dornyei 2001 참조):

- 중요한 목표나 필요성
- 목표를 이루고자 하는 바람

- 제2언어 학습이 목표를 달성하는 것과 관련이 있다거나 필요성을 충족하는 것이라는 견해
- 제2언어 학습의 성패에 대한 믿음
- 잠재적 결과 또는 보상의 가치

동기에 있어 가장 널리 알려진 유형은 **통합적인** 것과 **도구적인** 것 두 가지이다. **통합적인 동기**는 제2언어 학습에 대한 관심에 근거하는데 언어를 배우고 싶어 하거나 그 언어를 사용하는 사람들과 교류(교제하고 싶은 이유 같은)하고 싶거나 제2언어를 사용하는 지역에 참여하거나 합류하고자 하는 의지 때문이다. 어떤 상황이건, 감정적이거나 정의적인 요소가 지배적이다. **도구적인 동기**는 제2언어 학습을 해야 하는 이유가 순전히 실용적인 가치 때문인데, 직업상, 사업상의 기회나 권력, 격을 향상시키는 경우 과학, 기술적인 면의 기회 또는 학교에서 학점을 이수해야 하는 경우 등이다. 이 두 가지 유형 중 제2언어 성과에 있어 어느 한 가지가 본질적으로 더 장점이 있는 것은 아니다. 둘 중 어느 한 가지의 상대적 효과는 복잡한 개인적, 사회적 요소에 달려있어 사회적으로 우월한 그룹의 일원에게는 통합적인 동기에서 더 많은 도움을 받을 것으로 보이고 열세한 그룹의 일원에게는 도구적 동기의 영향을 더욱 받을 것으로 보인다. 그 외에도 다른 동기는 이타적인 이유, 일반적인 의사소통의 요구, 여행하고 싶은 욕구, 지적인 호기심 등이다(Skehan 1989; Oxford와 Ehrman 1993).

이 주제에 관한 연구의 대부분은 타 언어 학습의 이유를 묻는 설문지를 돌려받은 자료를 바탕으로 행해졌다. 이러한 정보의 신뢰도에 대한 의문이 제기되었으나 동기가 높을수록 제2언어 성취가 높은 것으로 일관성 있게 나타난 것으로 보아, 이 두 가지의 연관성이 실제로 높은 것으로 보인다. 인과관계는 "닭－계란"의 관계처럼 불확실하게 보인다. 동기가 높은 학습자가 높은 제2언어 성과를 내는 것일까, 제2언어 학습의 성공적인 결과에서 오는 만족이 동기를 높이는 것일까? 언어 학습 과정(대개의 경우 여러 해가 요구되는데)에서는 아마 상호 영향을 미칠 것이다.

SLA 이론(Schumann 1997, 2001)의 최근 발달을 보면 제2언어 학습과정과 함께 제2언어학습의 동기는 신경학적인 체계에 의해 통제된다고 제안한다. 우리 두뇌의 기능 중 "자극 평가"를 행하는 부분이 있는데 다른 자극과 동기의

관련성을 평가하는 곳으로 우리의 태도가 어떤지, 궁극적인 노력의 정도는 어떤지 등 우리의 반응이 어떤지를 결정하는 부분이다.

동기의 잠재력은, 만약 "원어민"과 같은 발음이 너무나 중요한 이유로 생각되는 경우 나이가 든 학습자조차도 원어민과 같은 발음을 습득하지 못하는 "가능성"을 극복하는 경우와 같이 흔치 않은 경우에서도 볼 수 있다.

인지 유형

인지 유형이란 개개인이 선호하는 과정 즉, 인지하고 개념화하여 정리한 정보를 기억해내는 방법을 말한다. 나이, 적성, 동기 같은 요소와는 달리, 일부 학습자가 왜 다른 사람들보다 더 성공적으로 학습하는지에 관해서는 인지 유형의 설명이 어려운데 터무니 없는 주장도 때로는 있어왔으므로 회의적인 시각과 신중한 태도로 바라볼 필요가 있다. 인지 유형과 성공의 관계가 무엇이건 간에 우리는 특정 제2언어의 사회적, 학습적 환경과 복잡한(그럼에도 충분히 이해가 잘 되지 않은) 상호작용이 있다는 것을 안다. 인지 유형은 성격적인 요소와 아래에서 논의될 학습 전략과 밀접한 관계 및 상호작용이 있다.

인지 유형의 분류는 일반적으로 연속선상의 각 끝에서 서로 쌍을 이루는 특성으로 흔히 식별되는데 개개인 학습자가 극한적인 면으로 치우쳐있는 경우는 거의 없고 연속선을 따라 양 극의 사이에 위치한 것으로 여겨진다. 연구자들은 인지 유형의 다양한 면과 제2언어 유창성의 다양한 단계와의 관계를 비교하였는데 표 4.4에서 몇 가지 특징을 보여준다.

장 의존적/독립적(FD/FI)인 차원은 SLA와 관련된 연구에서 자주 언급되는 개념 중 하나(Chapelle과 Green 1992에서 검토됨)이다. 이 분류는 원래 Witkin et al.(1954)에 의해 소개되었는데 개개인의 인지적 차이와 일반적인

표 4.4 인지 유형

장 의존적	장 독립적
전체적	특정적
총체적	분석적
연역적	귀납적
의미에 초점	형태에 초점

인지 처리과정이 어떻게 관련 있는지와 언어학습에서는 나중에야 적용이 된다는 것을 알려준다. FD/FI에 일반적으로 사용되는 기준은 연구 대상으로 하여금 간단한 모양을 복잡한 디자인에서 찾아내게 하는 모양 찾기 검사를 통해 수행하게 하는 것이다. 여기서 물체의 모양을 찾아내는데 어려워하는 사람은 FD로, 어려움을 못 느끼는 사람은 FI로 간주한다. 인지적 과제란 시각적인 자극을 재구조화하거나 분리하여 내부적, 외부적 사물에 의존하는 것이다. 이러한 일면이 학습에 적용되어 FD인 개개인은 전체적이고 총체적인 과정으로 새 정보를 얻는 것으로, 또한 FI인 개개인은 좀 더 특정적이고 분석적인 것으로 간주한다. FD인 학습자는 제2언어 습득 면에서 더 성공적인 성취를 하는 것으로 생각되는데 이는 고도의 문맥상의 상호작용인 의사소통 경험을 통한 것으로 전체적인 "인지 유형"과 잘 맞는 것이다. FI 학습자는 상황적이지 않은 분석적인 방법과 형식적인 교육에서 더 도움을 받는다. IP 학습모형 면에서는 FI 학습자의 집중력이 더 뛰어날 수도 있다(Skehan 1998). 이러한 분류는 몇몇 연구자에 의해 비유적으로 확장되어, 국가적으로나 일부 민족 간의 문화적인 차이점에 관한 연구에서 논의되었는데 그 결과는 논란의 여지가 되었다.

일부 관련 있어 보이는 또 다른 측면은 **연역적** 또는 **귀납적 처리과정**의 선호도이다. **연역적**(또는 "하향식") **처리과정**은 예측이나 규칙으로 시작하여 특정한 언어 입력의 예를 이해하는 방법이다. **귀납적**(또는 "상향식") **처리과정**은 언어 입력을 검토하여 일정 패턴을 알아내고 일반화시키거나 그것을 이루는 규칙을 알아내어 귀납적으로 적용한다. 연역적인 인지 유형은 언어적-분석적 능력과 관련이 있는데 언어 적성의 한 요소로 자연적이거나 교육적인 상황에서 제2언어 학습의 성공을 가져다주는 것으로 앞에서도 언급되었다.

몇몇 연구 결과, 의미에 초점을 두는 경우와 형태에 초점을 두는 경우 각각 다른 성공 사례를 보여준다. 재능이 아주 뛰어난 제2언어 학습자를 관찰 연구한 Novoa, Fein과 Obler (1988)는 이 학습자들이 "의미보다는 형태에 더 초점을 둔 인지 유형을 갖고 있다는(그러나 물론 의미와 결합한)" 것을 알아냈다(Obler와 Hannigan 1996:512-13).

인지 유형의 또 다른 차이점은 나이와 관련 있어 보인다. Ellen Bialystok (1997)은 제2언어 학습자들이 새로운 언어의 구조를 적절히 나타내기 위해 기존의 언어 구조 분류를 적용시키는 방법에 두 가지가 있다고 주장한다. 한 가지 방법은 제2언어의 새로운 예를 포함하기 위하여 기존의 분류를 확장하는 것인데 음운론적 구조, 제1언어와 비슷한 음에서 실질적으로 약간 다른 제2언어음을 찾아내어 제1언어와 같다고 분류하고 그 비슷한 음으로 발음하여 외국인 말투를 나타내게 된다. 또 다른 방법은 새로운 분류, 즉 음운론적 구조를 만드는데 이것은 음운론적으로 다른 제2언어음을 인식하고 비슷한 제1언어음과 다르다는 것을 구별하여 학습(대개 기능적으로는 동일)한다. 예를 들어, 영어나 스페인어 모두 [t]음이 있지만, 영어의 [t]는 혀가 윗니의 뒷부분(치조돌기)에 닿으며 내는 음이지만 스페인어의 [t]는 보편적으로 혀가 그보다 앞부분, 윗니의 뒷부분을 닿으며 내는 음이다. 영어가 제1언어인 학습자가 이 차이점을 인식하지 못 하고 "같게" 발음한다면 이는 스페인어에 있어 영어식 액센트를 초래할 것이다. 차이점을 인식하고 혀가 스페인어의 [t]음과 같이 발음하도록 통제하는 연습을 한다면 그 언어를 말하는 원어민과 같은 소리를 낼 것이다. (반대의 경우도 마찬가지로 영어에서 스페인어의 액센트가 나올 것이다.)

Bialystok은 성인들은 기존의 분류를 확장시키려는 경향이(작은 차이는 깨닫지 못하는) 있는 반면, 어린이는 차이점을 깨닫고 새로운 분류를 상황에 맞춰 만들어가는 경향이 있다고 주장한다. 그녀는 이 차이점이 결정적 혹은 민감한 시기가 아닌 인지 유형에서 오는 차이점으로 제2언어 학습에서 어린이들이 왜 어른보다 더 우수한지를 설명해 주는 것이라고 말한다. 나이-유형 관계는 절대적인 것이라기보다는 성향인 것으로 보는데 어린이들이 외국인 액센트로 제2언어를 발음(그럴 확률은 낮지만)할 수 있겠고 성인들도 원어민과 같은 발음을 배울 수(그럴 확률은 더욱 낮겠지만) 있을 것이다. 다음 장에서 보겠지만, 어린이들은 사회적 요소 때문에 그들의 제2언어 발음을 원어민과 같지 않게 의도적으로 선택할 수도 있다.

인지 유형의 또 다른 일면이란 이것이 입력 처리과정에 대한 감각적인 선호도로 간주되는데 시각적, 청각적, 운동감각적(동작 지향적), 감각적(촉각 면)인 것을 포함한다. 사실 이중 어느 것도 다른 것들보다 더 낫다고 볼 수 없다. 다만 제2언어 학습자들은 교사의 학습 전략이 그들의 감각적 선호도와 일치하는 경우 더욱 편하게 느낀다. 이러한 일면은 나이와도 관련이 있는데 어린 학습자는 동적이고 감각적인 방법을 더 선호한다(Reid 1987에서 인용).

제2언어 학습에 대한 인지 유형에 관한 연구와 내용에 관한 비판은 주로 FD/FI의 구분 및 이와 관련된 연속선에 관한 것이다. 이에 대한 비판 중 하나는 모양을 찾아내는 테스트는 성향을 측정하는 테스트로 사용되므로 언어 습득에 적용되지 않기 때문에 관련이 없다는 것이다. 또 다른 주장은 단일 인지적 특성과 단일 언어의 유창성과 관련이 있는 분석적 작용과 관련된 것으로 다른 영향력 있는 요소나 수행 능력의 복잡성을 고려하지 않고도 측정이 가능하다는 것이다. 다른 비판자들도 문화적인 배경의 차이를 충분히 고려하지 않은 점과 이전의 교육 경험 및 시간이 지난 후의 변화 가능성이나 언어 학습의 단계 등에 대해서도 충분히 고려되지 않았다는 점을 비판한다. 인지 유형이 흥미롭고 제2언어 학습의 결과가 다양함을 설명하는 중요한 단서가 될 수 있을 것으로 보이기는 하나 현 시점에서 결론짓는 것은 주의해야 하겠다.

성격

성격 요소는 일반적인 **학습 유형**을 특성화하는데 있어 인지 유형에 추가된다. SLA 연구와 결론은 다음과 같은 요소들을 포함하는데 표 4.5에서 보는 것과 같이 연속선상의 끝으로 간주된다.

표 4.5 성격 특성

불안해하는	**자신감 있는**
모험을 회피하는	**모험을 감행하는**
수줍어하는	**모험적인**
내향적인	외향적인
내면 지향적인	타인 지향적인
성찰적인	충동적인
상상력이 풍부한	호기심이 별로 없는
창의적인	창의적이지 않은
감정 이입적인	타인에게 둔감한
애매함을 잘 참는	폐쇄적인

인지 유형에서와 같이, 우리들 대부분은 양쪽 극단적인 면의 중간에 있다. 짙은 글씨체 부분은 제2언어 학습에서의 성공과 긍정적인 관련이 있는 부분이다.

이 분야의 연구는 늘 연관성이 있어 개개인은 성격적 특성을(주로 설문지나 점수 척도를 사용한 것으로) 평가하고 그 점수와 제2언어 유창성을 측정하는 결과와의 관계 정도를 알아본다. 몇몇 경우의 결과는 제한적이거나 상반되어 보인다.

SLA의 연구에서 불안감이 가장 주목을 받아왔다. 불안감이 없다는 것이 자신감에 대한 중요한 요소라고 여겨지기도 했다(Horwitz 2001 참조). 불안감은 제2언어 유창성과 부정적인 관계인데 이는 외국어 수업에서 받는 성적을 포함해서 불안감이 높을수록 제2언어 학습의 성공률이 낮아지는 경향을 보인다. 자신감 외에도 낮은 불안감은 모험을 더 많이 감행하거나 모험적인 행동을 하는 것으로 나타날 수 있다.

불안감에 대한 연구를 접하거나 이해할 때 다음과 같이 좀 더 복잡한 면도 이해할 필요가 있다:

(1) 원인과 결과의 방향은 불확실하다. 낮은 불안감 수준이 언어 학습을 촉진시킬 수 있는데 역으로 말하자면, 더 성공적인 언어학습자는 제2언어 학습과 언어 사용에 있어 불안감을 덜 느끼고 그리하여 더 자신감이 생길 수 있다.
(2) 교육 상황이나 과제는 불안감의 정도와 말하기에 영향을 준다. 예를 들면, 외국어 수업이나 시험에서 말로 하는 것을 요구할 때 글로 쓰는 것보다 불안감이 더 조장된다. 적은 집단에서의 역할 수행이 반 전체 앞에서 하는 것보다 불안감이 덜 하다.
(3) 사적 요소란 개인적 특성으로 정의되지만 학습자들 간에 체계적인 문화 차이를 찾아 볼 수 있다. 예를 들면, 한국 학생들은 영어 교실에서 말로 하는 것에 대해(Truitt 1995) 터키 학생들(Kunt 1997)보다 상대적으로 더 많은 불안감을 느낀다. 이는 "체면"(긍정적인 본인의 이미지 만들기 Liu 2001 참조)이나 교실에서의 관례적 행동이나 경험 등과 같은 문화적 차이 때문일 것이다.
(4) 낮은 불안감과 높은 자신감은 학습자에게 더 배우고 싶은 동기를 주고 제2언어 교실이 아닌 곳에서도 그 언어를 사용하고 싶게 한다. 그러나 더 성공적인 학습이 낮은 불안감과 직접적인 관계가 있는지 혹은 높은 동기 및 더 많은 사회적 교류와 직접적인 관련이 있는지는 확실치 않다.

개인의 성격 면과 일부 관련성을 보면, 내향적인 학습자가 학교에서 더 잘하고 외향적인 학습자는 말을 더 많이 한다. 일부 SLA 연구자들은 외향적인 학습자들이 더 성공적인 언어학습을 할 것이라는 가설을 내놓았으나 어느 성격이 더 장점이 된다는 것을 지지해 주는 것은 없다. 이 연구 분야에서 거의 동의어처럼 사용되는 단어의 짝은 "내면 지향적/타인 지향적"인 것과 "성찰적/충동적"인 것이다. 대부분의 성격 연구는 어른들을 대상으로 하였는데 비해 본 연구에서는 몇몇 나라에서 온 어린이들을 대상으로 하여 영어의 학습 성취도와 이 두 가지의 성격과의 유의한 상관관계를 찾아내지 못했다(Saville-Troike 1984). 그러나 일본어를 제1언어로 하는 소녀들을 대상으로 한 연구에서는 높은 언어 학습 성취도에 있어서 성격이 덜 소극적이고 덜 순종적이면 영어학습의 어려움을 극복하는데 덜 의존적인 것을 알아냈다. 하지만 이러한 특성은 다른 모국어(아랍어, 희랍어, 아이슬란드어, 한국어, 폴란드어)를 제1언어로 하는 집단과 일본어를 제1언어로 하는 소년 학습자들에게서는 찾아볼 수 없었다.

다른 성격 요소와 제2언어 학습 결과와의 관련에 대한 연구는 별로 없지만 창의적이고 감정 이입적이며 애매한 점을 잘 참는 성격은 언어 학습에 도움이 된다는 결과가 있다.

학습 전략

제2언어의 다른 성취 결과는 개개인의 **학습 전략**에 의해서도 영향을 받는데 이것은 제2언어를 배우는데 들이는 노력에서 그들이 채택하는 행동이나 기법과 같은 것이다. 가능한 전략 중에서 선택하는 것은 학습자의 의식적인 선택이나 그들의 동기, 인지 유형, 성격 등과 학습을 위한 특별한 사용 환경이나 기회 등에 의해서도 영향을 받는다. 이 단원 앞부분에서 이미 언급한 바와 같이 나이, 성별, 적성 등과 같은 변인들 역시 전략 선택의 역할을 한다. 많은 학습 전략들은 문화적인 면에 근거하는데, 학습자는 사회화 경험의 일부로 학습하는 방법을 배우게 되고 다른 영역과 관련하여 습득하는 전략은 일반적으로 언어 학습으로 전환되는데 매우 다양한 환경에서 일어나거나 때론 외국의 교육제도 안에서 경험한다.

모든 전략이 다 동일하지는 않다. 어떤 것은 다른 방법보다 본질적으로 더 효과적이고 어떤 것은 특정 학습 환경에서 더 적절하고 어떤 방법은 각각 다른 개개인의 적성과 학습 유형을 고려할 때 더 낫다. SLA 연구에서 한 가지 목표는 어느 전략이 비교적 잘하는 언어 학습자에게 사용 가능한 것인가를 찾아내는 것이고 이와 함께 그런 전략은 배울 수 있고 학습을 증진시키는데 적용될 수 있다는 희망을 갖는 것이다.

SLA 분야에서 널리 사용되는 언어 학습 전략의 유형론은 O'Malley와 Chamot (Chamot 1987)에 의해 다음과 같이 확립되었다.

- **초인지적**: 학습활동을 준비하며 개념이나 원칙을 미리 예습; 언어 입력의 특정한 면을 미리 알아볼 것을 결정; 언어 과제에 필요한 언어학적 요소를 연습; 지식 상태나 과정을 스스로 점검해 보는 등.
- **인지적**: 언어 모형을 따라서 반복; 제1언어에서 번역; 제1언어의 소리와 같은 것들을 연관 짓거나 뚜렷한 영상 이미지를 만들어서 제2언어의 새로운 단어를 기억하기; 추론을 통해 새로운 내용의 의미를 추측하기 등.
- **사교적/정의적**: 원어민 화자와 교류하는 기회 찾기; 정보나 피드백을 얻기 위하여 동료들과 협력하기; 정확한 의미를 찾기 위해 질문하기; 반복이나 설명, 예를 요구하기 등.

초인지적 전략은 계획과 검토 등을 통해서 언어 학습을 규칙화하는 노력이다; **인지적 전략**은 직접적인 분석이나 언어학적 교재를 종합하여 사용하는 것이고; **사교적/정의적 전략**은 다른 이들과 교류하는 것을 말한다.

자기 보고하기(self-reporting) 방법은 학습자가 어떤 전략을 선택하는지에 대한 일반적인 정보 수집 수단이다. 즉, 주로 어떤 것이 행해졌는지 또한 주로 무엇을 하는지(회고적 보고) 혹은 학습 과제 중에는 무엇을 하는지에(동시적 보고) 대한 인터뷰나 설문지와 같은 것이다. 이 방법은 학습자에게 일기나 글을 써서 제출하게 하거나 학습하려고 노력하는 중 무엇을 의식하는지 기록하도록 요구함으로써 자료를 수집한다. 학습자들이 쓰는 전략은 눈에 잘 띄는 방법이 아니기 때문에 그 효과를 관찰하기가 제한적이지만 어린이들에게는 정보 수집을 위한 방법으로 주로 쓰인다. Kleifgen(1986)과 같은 연구자들은 어린이를 대상으로 '다시 활동하기'(play-back)라는 테크닉을 사용하였는데 학습자들이 제2언어 과제를 하는 동안 비디오를 찍어서 그들에게 다시 보여준 후에 제1언어로 어떤 전략을 사용하였는지 물어보는 방법이다. 개별 발표를 비디오로 찍을 때 방해하지 않는 마이크를 사용하는 것은 어린이들이 인지적 수행이 필요한 과제를 하는 모습을 담는 주요 자료가 된다(Saville-Troike 1988). 이 자료를 보면, 세 살 정도 되는 어린이가 다른 학습자를 따라서 부드럽게 새로운 단어를 자기만의 연습 패턴으로 반복하고 따라하며 제2언어를 제1언어로 번역하고 말하기 전에 연습하고 새로운 언어로 게임하는 것을 볼 수 있다(이 연구에서 얻은 예는 다음 단원에 있다).

나이는 언어 학습 전략에 영향을 주는데 예를 들면, 성인들은 통합적인 것을 더 사용하는 반면 어린이는 반복을 많이 한다. 학습자의 성별 또한 중요한데 여성은 남성보다 사교적/정의적 전략과 듣기 과제에서 초인지적 방법을 더 많이 사용하는 편이다. 연구 결과는 "잘하는 학습자들"이 다음과 같은 주요 특성을 가지고 있음을 보여준다(Ellis 1994:546).

- 언어 형태에 관한 관심(의미에도 집중)
- 의사소통에 관심
- 과제에 대한 적극적인 태도
- 학습 성과의 자각
- 과제를 수행하는데 유연성 있는 전략 사용 능력

다른 관련 연구에서와 마찬가지로, 인과관계나 지향성을 확립하기란 어려운 일이다. 예를 들어, "잘하는 학습자들"은 잘하기(활동적이라서 더 잘하는 것이 아니라) 때문에 또는 자신감이 있기 때문에 더 활동적으로 과제 수행에 참여할 수 있다.

"잘하는 학습자"의 특성을 다룬 폭넓은 연구에도 불구하고, 전략적인 행위를 찾아내거나 훈련에 의한 어떤 변화가 있는지는 여전히 알려지지 않았다. 위에서 언급한 바와 같이 이를 결정하는 데에는 어려움이 있는데 전략이 학습 성공에 원인이 되는지 결과가 되는지 명확치 않은 점이다. 또 다른 문제점은 고려되어야 하는 다른 변인들의 복잡성이다. SLA에 있어 추가적인 전략 연습은 일반적으로 대개의 경우 그 전략이 제2언어 학습자에게 도움이 될 것이라는 기대감으로 각자의 학습을 통제하는 힘을 부여할 수 있어 긍정적으로 인식된다(Jones 1998; Oxford 1992). 그러나 여기에서의 위험성은 연구자나 교사가 "어떤 것이 효과적이다"라는 생각에 빠져 그것을 강요하거나 다른 방법을 부추겨서 학생들의 성공적인 전략을 방해할 수 있다는 점이다.

다중언어 구사능력의 효과

다른 인지적 능력이나 성과와 관련하여 다중언어 구사능력이 갖는 가능한 효과/비용에 대한 연구는 다년간 지속되었으며 추측적인 면도 있었다. 시간이 흐름에 따라 장, 단점이 바뀌었는데 이 변화는 과학적인 결과 뿐 아니라 철학적이고 정치적인 요소 때문이기도 하다.

철학적으로 말하면, 다중언어 구사능력이 인지적 발달에 긍정적인 효과가 있다는 생각은 전통적으로 외국어 학습이(특히 그리스어와 라틴어) "두뇌를 연습"시키는데 좋다는 믿음과 관련이 있어 지구 곳곳에 여전히 다중언어 구사능력이 "지식인"과 "세련된" 사회 층에 필수적 특성이라는 가정이 있다.

반대 의견으로는, 다중언어 구사능력이 일반 지능에 부정적인 효과를 준다는 것인데 아마도 1930년대에 미국에 기반을 두고 이민자를 대상으로 한 연구가 그 절정을 이루었을 것이다. 그 당시 외국인을 두려워하는 고립주의자들이 정치적으로 부추기기 위해 영어를 사용하지 않는 이민자들의 지능을 낮게 평가하는 근거가 되었다(이 점은 나중에 밝혀졌는데 이들에 대한 지능검사가 알아들을 수 있는 언어나 이들의 모국어로 평가되지 않았다).

1960년대 이후의 연구는 다중언어 구사능력이 지적 기능에 긍정적인 효과를 준다는 주장을 뒷받침하였는데 이는 지적 기능이란 "개념적인 발달과 창의성, 언어적 전달 의식, 의미적인 발달과 분석적 기술"에 근거한다(Diaz 1985:18). 다음의 목록은 긍정적인 결과를 간추린 것이다(Diaz와 Klingler 1991:184):

- 이중언어를 구사하는 어린이는 구어적인 능력과 비구어적 능력 모두에서 일관성 있는 장점을 보인다.
- 이중언어를 구사하는 어린이는 상급 수준의 초인지적 능력, 특히 언어 처리과정을 통제하는 것으로 나타난다.
- 이중언어 상황에서의 인지적 및 초인지적 장점은 언어의 동시 습득 상황과 이중언어 교육과 같은 두 언어의 체계적인 사용을 포함한다.
- 이중언어의 인지적 효과는 이중언어 사용자가 되는 초기 과정에서 나타나는 것으로 보이고 이중언어의 뛰어난 유창성을 요구하거나 균형 잡힌 이중언어의 성과를 요구하지는 않는다.
- 이중언어를 구사하는 어린이는 언어의 구어적인 사용에서 장점을 보이며, 개별적인 발화의 빈도가 높은 것으로 나타났고 개별적인 언어 기능의 수도 많은 것으로 나타났다.

다중언어 구사능력에 관한 최근의 부정적인 주장은 언어 습득의 한계와 사용 유지 면에서 다루어졌는데 어린 시절에 이중언어를 동시에 습득하는 것은 그 두 언어의 한정적 어휘 사용을 가져온다며 지속적이고 집중적인 제2언어 사용은 제1언어의 접근성을 약하게 만든다는 것이다. 그러나 세계 곳곳의 일반적이고 안정적인 다중언어 사용은 그 한계가 무엇이건 간에 그 문화의 생물학적인 요소는 아니라는 점이다. 제5장에서 다루어질 내용이지만, 다중언어 사용자와 다른 인지적 발달 면이나 학문적인 수행 등의 상호 교류작용에 영향을 미치는 다른 사회적 요소들도 있다.

여기에서 가장 흥미로운 점은 결과가 긍정적인지 부정적인지 하는 점이건(일반적으로 긍정적이지만), 다중언어 사용자들이 인지적인 과제를 수행하는 방법에는 **차이점**이 있다. 언어를 한 가지 이상 하는 사람은 세상을 바라보는 시각과 경험에 있어 하나 이상의 렌즈를 통해서 보게 되는데 "긍정적이고 부정적인 효과 모두 제2언어 사용자들이 한 언어만을 사용하는 사람들보다 다른 각도로 생각한다는 표시이다…. 여러 가지를 잘하는 능력은 마음의 상태가 여러 가지이다"(Cook 1992:565). 이러한 차이점을 알아내는 것이 SLA에 대한 심리적 접근법의 흥미로운 도전이다.

■ 요약

SLA에서 *무엇*이 습득되는지에 관한 심리적인 면은 신경학적 배합으로 추가되거나 변화가 생기는 것에 집중되고 다중언어 사용자의 두뇌가 어떻게 구성되었는지 알아보는데 집중되었다. 제2언어가 실질적으로 나타나는 두뇌의 위치가 제1언어와 다르지 않은 것을 알게 되었다. 그러나 제2언어를 얼마나 유창하게 하는가와 관련이 있는 두뇌의 구조와 언어를 어떻게 배웠는가와 관련이 있는 두뇌의 구조는 차이점이 있다. 인간이 언어를 습득하는 데는 특정한 언어 습득장치(Language Acquisition Device, LAD)가 있다는 촘스키의 제안과 반대로 심리학자들은 이 단원에서 설문조사한 것처럼 제2언어가 *어떻게* 학습되는지는 복잡한 지식과 기술의 다른 영역을 습득하는 과정과 동일한 방법이라는 시각이다. "학습은 학습이다." 더러는 이 처리과정이 주로 원칙이나 규칙을 관념화시키는 것으로 생각하고 몇몇은 관련 네트워크의 발달과 관계 등의 신체적 신경학적 발달과 관련 있는 과정으로 생각한다. 일부 학습자가 *왜* 다른 학습자보다 더 성공적인가의 질문은 학습자들 자신의 차이점을 조사하도록 해준다. 언어 학습 결과는 나이, 적성, 동기 등과 관련이 있음을 알게 되었다. 그 외의 요소들로는 개개인의 학습 유형과 학습 전략이 SLA 성공과 관련이 있지만 서로의 인과관계에 대한 주장에 대해서는 확실하지 않다.

인간은 원래 사회적 동물이다. 그러나 학습자의 전체적인 사회적 상황의 영향에서 벗어난 상태로 언어 학습에서의 개개인의 인지적 요소를 평가하기는 어렵다. 이 점에 대해서는 다음 단원에서 다루도록 한다.

활동

■ 자습을 위한 질문

1. 다음의 SLA 이론과 연구에 대한 설명으로 알맞은 것과 연결하시오:

1. 학습 성과	a. 학습에서의 적성과 학습이 연령과 성별과 어떤 관련이 있는지와 왜 일부 학습자는 다른 이들보다 더 성공적인지를 알아본다.
2. 신경언어학	b. 언어 학습의 단계와 순서를 공부하며 습득은 어떻게 되는지 살펴본다.
3. 학습자 간의 차이	c. 언어의 위치와 구조가 단일언어 사용자와 다중언어 사용자의 두뇌에서 어떻게 다른지 다른 언어를 배울 때 사람들의 두뇌에 무엇이 더해지거나 변화되는지 알아본다.

2. 브로카 영역은 ____________ 하기 위한 능력을 책임지는 반면, 베르니크 영역은 ____________을 하는 과정을 책임진다.

3. 다음 용어들을 올바른 설명과 연결하시오:

1. 대등형 이중언어	a. 마리아는 프랑스어와 영어를 유창하게 말하지만 가끔 다른 이중언어 친구들과 얘기할 때 프랑스어와 영어가 혼합된 "Frenglish"가 나오고 이런 뒤섞인 언어가 쉽게 나오고 이해가 잘 된다.
2. 종속형 이중언어	b. 우술라는 프랑스어와 독일어를 유창하게 하는데 두 언어를 쉽게 전환하지는 못 한다. 두 언어를 다 이해하는 사람과 대화를 해도 전부 독일어를 하거나 전부 프랑스어로 해야만 한다.
3. 혼합형 이중언어	c. 셰인은 영어를 모국어로 독일어를 제2언어로 한다. 독일어를 배울 때 매번 영어로 번역하고 그 의미를 번역해서 외우고 영어의 뜻과 구조와 비교하게 된다.

4. 언어 입력이란 학습자가 어떤 언어건 제2언어로 배우는 언어에 노출되는 상황을 말한다. 그러나 IP의 틀에 따르면, 이 입력이 학습과정으로 가도록 하기 위해 학습자는 무엇을 해야 하는가? 이러한 입력을 무엇이라고 하는가?
5. Swain은 성공적인 제2언어 학습을 위해 ____________이 필수라고 하는데 이는 연습을 통해서 자동화되도록 해주며 그들 지식의 차이점을 깨닫도록 도와주기 때문이다.
6. 학습의 ___________ 방법은 학습의 초점을 자극과 반응 사이의 증폭되는 연관성에 맞추는 방법인데 학습은 이러한 연상 강도의 변화임을 염두에 둔다.
7. ___________ 동기는 제2언어 학습의 정서적이거나 감성적인 면과 관련이 있는데 제2언어를 사용하는 공동체에 속해 지내거나 융합하고자 하는 의도에서 배우고자 하는 것이다. __________ 동기는 순전히 실용적인 면에서의 학습으로 더 나은 직업적인 기회나 학교에서 필수과목을 이수하는 것과 같은 상황에서의 학습이다.

■ 능동적 학습

1. 당신이 제2언어를 배웠다면 몇 살에 학습을 시작했습니까? 예전보다 지금이 언어를 배우는 것을 더 잘합니까? 개인적 경험을 바탕으로 볼 때 결정적 시기 가설에 대해 어떻게 생각합니까? 혹시 이 가설을 지지하거나 반박하는 주변의 경험은 무엇입니까?
2. 당신의 제2언어 학습 성과를 설명하는데 관련된 모형은 어느 것입니까? 어떤 한 가지가 다른 이론보다 더 적절하다고 봅니까? 왜 그런지 설명하시오.
3. 통합적인 동기와 도구적인 동기는 모두 제2언어를 학습하고 싶은 소망을 갖게 하는 역할을 하는데 이러한 두 가지 동기가 당신의 제2언어 학습에 어떤 영향을 주었습니까? 제2언어 학습을 한 가지 이상 하였다면 제2언어마다 차이점이 있습니까? 다른 제2언어 학습자를 안다면 어떤 요소가 그들이 언어를 배우도록 동기를 부여했는지 본인의 경우와 비교하시오.
4. 어떤 연구에서는 제2언어 습득의 "성공"을 학습의 최초 속도에 따라 정의하고 또 어떤 연구는 최종 성과에 따라 하고 또 어떤 연구는 얼마나 원어민과 같은 발음을 하는지 또는 원어민과 같은 문법성에 따라 정의하는데 당신은 제2언어 학습의 "성공"을 어떻게 정의합니까? 또한 본인에 대해서는 어떻게 정의합니까? 제2언어 학습에서 본인의 성공에 대한 정의가 본인이 판단하는 기준과 동일합니까? 제2언어 공동체(교사들, 반 친구들, 동료들, 친구 등)의 구성원들은 당신과 다른 제2언어 학습의 성공에 대한 정의를 가지고 있습니까?

5. 어린 학습자들이 비형식적이고 자연스런 학습 환경에서 더 성공적으로 학습하는 것으로 알려져 있고, 나이가 든 학습자들은 형식적인 교육환경에서 더 성공적이라고 하는데 당신은 이에 동의합니까? 이 단원에서 제시한 이론적인 면을 본인만의 경험을 가지고 답을 제시하시오.

추가 독서

Bialystok, E. & Hakuta, K. (1994). *In Other Words: The Science and Psychology of Second-Language Acquisition*. New York: Basic Books.

Bialystok과 Hakuta는 언어가 두뇌에서 어떻게 처리되는가에 대해 결정적 시기 가설 및 또 다른 모형을 제3장과 제4장에서 다루고 있다.

Birdsong, D. (ed.) (1999). *Second Language Acquisition and the Critical Period Hypothesis*. Mahwah, NJ: Lawrence Erlbaum.

다양한 학자들의 논문을 하나로 편집한 이 책은 결정적 시기 가설에 대해 상반된 견해를 제시하면서 이와 관련된 여러 가지 측면을 제공함으로써 독자 스스로 판단할 수 있도록 하고 있다.

Obler, L. K. & Gjerlow, K. (1999). *Language and the Brain*. Cambridge: Cambridge University Press.

기초 지식으로서 제1장은 신경언어학의 역사와 현재 상황에 대해 유용한 개관을 제시하며, 제2장은 두뇌 및 그것의 언어 관련 특정 영역에 대해 소개하고 있다. 제2언어 습득과 관련하여 제10장은 이중언어 구사능력에 대해 초점을 맞추고 있으며 반면 제11장은 언어 이론과 신경언어학 사이의 관계를 탐구하고 있다.

Pinker, S. (1994). *The Language Instinct*. New York: William Morrow and Company.

언어 습득, 학습 및 처리과정의 다양한 양상에 대한 논의를 분명히 하기 위해서는 제1-3장, 7장, 10장 및 13장을 참고하라.

Skehan, P. (1998). *A Cognitive Approach to Language Learning*. Oxford: Oxford University Press.

이 책에는 심리언어학 및 학습자 차이에 대한 논의가 포함되어 있는데 언어 학습과 관련하여 언어학이나 사회언어학보다는 인지에 강조점을 두고 있다.

제5장

제2언어 습득의 사회적 맥락

개 관

SLA에 있어 **무엇이** 습득되는지에 대해 논할 때, 언어 그 차체에 대해서만 이야기하는 것은 불충분하다. 그 언어를 학습하는데 내포된 사회적, 문화적 지식을 함께 포함시켜야 하는데 그것은 적절한 언어 사용에 필수적인 것이다. 제2언어 학습자들은 효과적인 의사소통을 위해 무엇을 알아야 하고 무엇을 해야 하는가? 이러한 지식이란 사물이나 발생한 일, 또는 경험을 표현하는데 있어 다양한 분류 방법이 있음을 뜻한다. 그러나 중요한 점은 그룹 또는 언어학적인 면뿐만 아니라 사회정치적인 면에서 그룹이나 공동체의 구성원으로서 학습자 자신이나 타인의 역할을 이해하는 것이다. 그 단체의 구성원과 정체성이 *무엇*을 학습하는데 있어 어떤 차이가 있는지, **어떻게** 습득되는지, **또 왜** 일부 학습자가 다른 학습자보다 더 성공적인지? 등의 차이점을 알아본다. 이 단원에서는, 언어 학습에 영향을 주는 두 가지 상황적인 요소에 대해 초점을 맞추는데 **미시 사회적인** 면과 **거시 사회적인** 면이 그것이다. 미시 사회적이라 함은 환경을 둘러싸고 있는 다양한 면의 잠재적인 효과에 초점을 두고 있고 거시 사회적이라 함은 더 넓은 의미의 문화적, 정치적, 교육적 환경과 관련 있는 SLA에 초점을 둔다.

주요용어

- 의사소통 능력
- 단순형 표현
- 간접 교정
- 상징적 조정
- 근접발달 영역(ZPD)
- 개인내 상호작용
- 가산적 이중언어
- 언어 공동체
- 직접 교정
- 상호작용 가설
- 개인간 상호작용
- 비계 설정
- 문화 변용
- 감산적 이중언어

의사소통 능력

사회적인 면에서 볼 때, 제1장에서 소개한 **언어 능력**을 의사소통할 목적으로 사용하기 위해 어떤 언어를 습득하는 것으로만 생각하는 것은 불충분하다. Dell Hymes(1966)는 스스로 **의사소통 서지학**이라 명명한 분야의 토대를 확립하였는데, 이는 한 언어의 문법적인 문장을 생산해낼 수 있는 사람들이("능력"에 대한 촘스키의 1965년도 정의를 만족시키는) 그렇게 되기 위한 노력을 시작함에 있어 차별을 받지 않는다면 제도화가 가능하다는 중요한 관찰을 하였다. **의사소통 능력**이란 개념은 그 당시 대두되던 사회언어학 분야의 기본 개념이 되었고 SLA 분야와 언어교수 분야의 많은 연구자들에 의해 채택되었다. 이 용어의 정의는 "어느 특정 언어 사회에서 화자가 의사소통을 적절히 하기 위해 알아야 하는 것"이다(Saville-Troike 2003). 이것은 어휘, 음운론, 문법 및 다른 언어적인 구조를 이해하는 것뿐만 아니라(물론 이러한 것들이 지식의 결정적인 항목이긴 하지만) 언제 말을 해야 하는지 (또는 하지 말아야 하는지), 누구에게 뭐라고 해야 하는지, 주어진 상황에서 어떻게 적절히 해야 하는지 등도 포함된다. 더욱이, 여기에는 화자들로 하여금 언어적인 사용이 가능하게 하고 언어적 구조를 이해하는데 필요한 사회적, 문화적 지식도 포함된다.

언어 공동체라는 용어는 적어도 어느 면에서는 공통된 언어 지식을 공유하고 있는 일단의 사람들을 말한다. 다중언어 사용자들은 한 가지 이상의 언어 공동체의 일원인데 — 일반적으로 어느 정도는, 주어진 상황에서 어떤 방향을 향하는지 언어적 지식 뿐 아니라 어떠한 상호작용 능력을 동원하는지 또 어떤 문화적 지식을 바탕으로 하는지에 따른 것이다. 이미 앞서 다룬 것과 마찬가지로, 원어민이 아닌 화자의 능력이란 같거나 겹쳐지는 언어공동체에 참여한다 해도 원어민의 능력과 크게 다를 수 있다. 이는 언어 체계에서 구조적인 차이점과 말이나 글에서 사용하는 각각의 다른 규칙과 "같은" 어휘 형태가 아닌 다소 벗어난 의미라도 포함된다. 또한, 다중언어 사용자는 단일언어 사용자와 의사소통 능력 면에서 다른데, 주어진 특정 사회적 맥락과 의사소통 목적 하에서 적절한 언어를 선택하거나 다른 언어로 전환함에 있어 규칙을 동원하는 지식이 다르다는 뜻이다.

의사소통에 있어서 단일언어 사용자와 다중언어 사용자의 차이점은 제1, 제2언어 학습의 사회적 기능이 다른 이유와 학습언어와 학습문화의 차이점 때문이기도 하다. 어린이에게 제1언어 학습은 모국어 공동체로의 통합적인 사회화인데 어린이의 모국어는 모국 문화의 일부분이기 때문에 그의 지식과 태도의 일부분이 된다. 이는 한 세대에서 다른 세대로 이어지는 기술이며 다른 면의 문화가 전해지고 사회적인 관계를 통해 유지하는 기술인 것이다. 제2언어 학습은 제2의 문화학습과 적응의 일부분이 될 수 있지만 SLA와 사회적, 문화적 학습의 관계는 환경에 따라 크게 다르다.

SLA에서 언어적인 면과 심리적인 면을 논할 때, 제1(혹은 모국어) 언어에 또 다른 언어를 포함시키는데 대부분의 경우 "제2언어 학습"이라고 표현하였다. 이 시점에서 제2언어(SL) 학습과 **외국어**(FL) 학습 및 제2장에서 언급했던 **보조 언어**(AL)의 차이점에 대해 알아볼 필요가 있겠다. 살펴보고자 하는 차이점이란, 사회적인 면에서 볼 때 SLA과정에서 **무엇을** 배우는지 뿐만 아니라 **어떻게** 학습하는지와 **왜** 일부 학습자가 다른 학습자보다 더 잘 학습하는지 등이다.

여기서 SL로 구별하는 것은 어느 한 언어를 모국어로 쓰는 언어 공동체에서 그 일원들이 주로 학습하고 사용하는 언어를 말하는데 그 공동체에서 사회적으로, 학문적으로, 정치적으로, 또 경제적으로 참여하는데 필요한 것이다. SL학습자의 예는 미국에서 영어를 학습하는 스페인계 학습자들이나, 독일에서 독일어를 학습하는 터키인들이나, 중국에서 중국어를 학습하는 한국인 학습자들이다. 그러므로 SL의 의사소통 능력은 물론 학습자가 본인의 주체성의 일환으로 어떤 요소를 채택하는지에 달려 있기는 하지만 그 공동체의 문화와 사회적인 구조를 기초로 한 지식이 상당 부분 필요하다. 반대로, FL을 배우는 학습자는 대개 모국어 문화 상황에서(외국에서 배우지 않는 한) 습득하며 FL을 모국어로 쓰는 사람들과의 교류가 거의 없다. 또한 FL사회에 전적으로 참여할 기회(또는 필요)가 거의 없다. 대개의 경우 언어를 배우는 유일한 이유가 졸업하기 위한 것이다. AL은 정치적으로나 기술적인 목적으로 배우는 상황인데 이 경우 언어의 사용이 일반적으로 사회적 반경 내로 국한되어 있다. 그런 이유로 AL은 사람 대 사람의 교류로 되어 있어 사회적 기능의 제한적인 범위에서 일반적인 언어 사용으로는 다각적인 환경이다. 예를 들면, 국제무역에 필요한 영어를 사용하는 태국인이나 국가 차원의 회의 참석을 위해 나이지리아에 온 이그보(Igbo) 화자나 범아시아 경제 학회에 참석한 중국인 화자의 경우를 들 수 있다.

의사소통 능력이라는 정의 범주에서 볼 때, "화자가 무엇을 알아야 하는지"

와 그러한 지식을 얻는데 있어 어느 정도 성공이라는 판단은 그 언어를 학습하고 사용하는 사람이 속해 있는 사회적 상황에 달려있다.

미시 사회적 요인들

미시 사회적인 면에 초점을 둘 때, 첫 번째 논점은 제2언어 **변인**인데 이는 1970년대부터 SLA 연구자들이 사회언어학적인 면에 주로 관심을 갖으며 시작되었다. 상황적인 요소와 언어 학습자의 변인과의 관계를 알아보았고 왜 "같은" 언어를 학습하는 집단 내에서조차 SLA의 목표로 제2언어의 변인들이 다른지 고려해보았다. 두 번째 미시 사회학적 논점은 **언어입력과 상호작용**인데 원어민이 제2언어 학습자들과 의사소통에 있어 언어를 어떻게 조절하는지, 입력의 양과 질에 영향을 주는 것은 어떠한 사회적 문화적 요소인지, 또 입력된 언어를 해석하고 처리하는 과정에는 어떠한 이전 경험과 문화적 지식과 연관성 있는지를 알아본다. 세 번째 주제로는 Vygotsky의 사회문화 이론(Sociocultural Theory)이 언어의 기본적인 어원으로서 어떻게 상호작용을 하는지, 또 언어적 지식이 매우 제한적인 상태의 경우에서도 학습자가 의미를 알아내고 실용적인 목표에 맞춰 사용하는 것을 어떻게 하는지 살펴보려한다.

학습자 언어의 변이

제2언어 학습자 언어의 특성 중 하나는 그것이 매우 **유동적**이라는 점이다. 이 유동성의 일부 원인은 학습자가 알고 있는 것과 점진적으로 유창해지면서 구사할 수 있는 것에서 생기는 변화 때문이다. 또한 학습자가 제2언어를 말하는 데는 매 단계마다 상당한 변이가 있는데 이는 사회적인 상황 때문이라고 볼 수 있다.

사회언어학의 가장 중요한 공헌 중 하나는(Labov 1965를 시작으로) 초기의 언어학자들이 언어 생성에서 체계적이지 않고 불규칙이라 여겼던 것들을 **변수**라고 간주하게 되면 규칙적이고 예측 가능한 형태를 따를 수 있다는 주장이다. 이는 같은 언어를 사용하는 다른 화자들에 의해서나 다른 경우의 동일한 화자들에 의해 같은(혹은 비슷한) 의미와 기능을 가지고 체계적으로 또는 추측하여 사용되는 여러 가지 언어학적 형태인 것이다. 이러한 것은 어휘, 음운론, 형태론, 통사론, 담화론 등 매 언어적 단계에서 나타나고 표준말과("정확한") 그렇지 않은 것을 모두 다 포함하며 자연적인 언어 생성 **모두**의 특징으로 제1언어, 제2언어의 구별이 없다. 예를 들어, 영어원어민은 다음과 같이 말할 수 있다: I ate dinner 또는 I ate supper(어휘 변이); She was coming 또는 She was comin'(음운 변이); She has sewed 또는 She has sewn(형태 변이); That is a big book 또는 That a big book(통사 변이); 그리고 Hi 또는 I am very pleased to meet you(담화 변이) 등의 본인 소개가 가능하다.

(원어민이건 언어학습자이건) 화자가 말을 하는데 있어 어떤 변수가 작용하는지는 그 언어를 학습하고 사용하는 **의사소통 상황**과 크게 상관이 있다. 몇 가지 관련된 상황적인 유형은 다음과 같다:

- **언어적 상황**: 언어 형태에 관한 요소와 기능은 변이 요소와 관련이 있다. 위의 예에서와 같이, 음운론적 변이인 *coming*의 [ŋ]은 후설 자음(back consonant)으로 시작하거나 휴지(pause) 전에서 사용될 때 발음되는 경우가 더 많고 *comin'*의 [n]의 변이는 전설 자음(front consonant) 앞에 있을 때 발음되는 경우가 더 많다. 말의 일부분 또한 적절한 언어적 맥락이 될 수 있는데, [ŋ] 발음은 *ring*이나 *song*과 같이 단일 음절에서 보다 자주 나타나며 *I'm workin'*과 같이 동사의 진행형인 경우는 [n]으로 발음된다.
- **심리적 상황**: 언어 발화시 언어 형태에 집중하는 요소와 자동적인 발화 수준 대 처리과정의 통제 또는 특정 과제의 지적인 요구 등과 관련된 요소들이다. 학습자의 발화에 있어, *That is a big book*은 제2언어 수업에서나 쓰기 연습에서 발화되는 계사이지만(제2언어 발달 단계와 동일한 상태조차도) 비형식적인 대화에서는 생략한다. 비슷한 맥락에서, [ŋ] 발음은 제1언어나 제2언어 사용자 모두에 의해 친숙한 대화가 아닌 형식적인 상황에서 더 사용된다.
- **미시 사회적 상황**: 언어를 발화하고 해석하고 절충하는 의사소통과 관련된 상호작용과 환경 또는 상황 등을 말하는데, 형식적인 수준과 참여자들의 관계나 상호작용이 사적인지 공적인 것인지 등이 포함된다. 이러한 특성은 언어의 형태에 중요한 작용을 하는데 위에서 예를 든 발음 [ŋ]과 [n]의 경우 어떤 상황에서 쓰이는지 또한 *see, saw, have seen* 등이 쓰이는 각각의 경우 차이점이 일관성 있게 관찰된다.

차후에 논의될 거시 사회적 요소들은 언어적 변이에 영향을 준다. 이는 언어 학습과 언어 사용이 일어나는 넓은 의미의 정치적 상황을 말하는데 사회적 위치나 사용자의 역할(이민자인지, 외국인 학생인지, 방문하는 공관원인지 등)과 특정 언어나 다중언어에 대한 일반적인 사회적 태도와 교육 단체(교육 형태, 취업, 정치적 참여 등)와 같은 것을 말한다. 예를 들어, 수준 높은 제2언어 형태나 고상한 표현들은 주로 국제교류 학생이나 외교관들이 본연의 역할을 수행할 때 사용하는 것이 이들이 쇼핑을 하거나 여행지를 다닐 때 사용하는 것보다 더 많다는 것을 알 수 있다.

언어적 능력이 향상됨에 따라 학습자의 언어 변이가 나타나는데 이는 언어학적, 심리학적 면에서 보면 지속적인 발달 단계를 나타내므로 특히 흥미롭다. 어느 한 시점에서 각각 다른 상황으로 나타나는 변이는 사회적인 측면에서 더욱 흥미로운데 이는 **어휘 사용역**(register)과 관련이 있는 형식적-비형식적 특성과 관련이 있기 때문이다.

미시 사회학적 상황의 효과에 대한 많은 연구는 **적응 이론**(Accommodation Theory)의 틀에 근거한다. 화자들은 (주로 무의식적으로) 누구와 말을 하느냐에 따라, 발음이나 복잡한 문장의 문법적인 면까지도 다르게 사용한다. 이는 원어민이 유창하지 않은 제2언어 학습자와 말을 할 때 간단하게 말하려고 노력하는 이유를 설명해주고 제2언어 학습자들이 다양한 친구에 따라 목표어를 다르게 습득하는 이유가 되기도 한다.

거시 사회적 상황의 효과는 "같은" 목표어의 다양한 습득에서도 볼 수 있다. 비슷한 언어학적, 심리학적, 미시 사회학적 상황에서, 같은 언어와 같은 문화적 배경에서 미국으로 이민 온 남녀 이민자의 예를 들어 보면, 여성 이민자가 남성 이민자보다 더 표준어를 듣고 사용하는 것을 볼 수 있는데 이는 여성인 경우 직장은 중상위 수준으로 생각하는 경향이 높은 반면, 남성은 직장을 육체노동직으로 여기는 경우가 더 높기 때문인 것으로 보인다. 직장의 계층화가 입력의 본질과 그룹 주체성에 영향을 준다.

SLA의 사회적 맥락에 대한 연구

어느 한 연구에서, Adamson과 Regan(1991)은 워싱턴 D.C 지역으로 이민 온 캄보디아인과 베트남인의 *-ing* 발음을 조사하였다. 영어를 모국어로 하는 남자들의 경우는 *-ing*을 *-in'*으로 발음하는 경향이 있는데 비해 여자들은 별로 그렇지 않은 것으로 나타났다. 이는 아마도 여자들이 신분 의식이 더 강하고 격이 높은 형태의 언어를 사용하고 싶은 의지가 강한 것으로 보인다. 한편, 캄보디아와 베트남 이민자들은 전반적으로 원어민들에 비해 *-in'*으로 발음하는 경우가 적었지만 여전히 남성이 여성보다 *-in'*으로 발음하는 경우는 더 많았다. Adamson과 Regan은 이 두 나라의 남성 이민자들은 원어민처럼 발음하려는 노력을 무의식적으로 더 하고 있다고 추론했다.

성별로 본 -in' 발음 빈도

대상	성별	전체 발음 %
원어민	여자	20
	남자	65
	전체	58
비원어민	여자	15
	남자	23
	전체	20

Adamson, H. D.와 Regan, V.(1991). 영어를 제2언어로 학습하는 아시아계 이민자들의 공동체 언어 기준의 습득: 예비 연구. 제2언어 습득 연구, 13, 1-22.

제1언어가 광범위하게 인정을 받는 언어의 학습자가 제2언어를 배우는 경우와 모국어와 함께 제2언어를 배우기보다는 기술적인 이유나 정치적인 이유 때문에 보조적으로 L2를 배우는 학습자의 경우는 거시 사회적 상황의 영향이 제2언어를 구사하는 변인 요소와 더 많은 관계가 있다. 인정받는 언어를 제1언어로 말하는 사람들은 그렇지 않은 사람들에 비해 자기네 모국어의 발음과 어휘를 제2언어에 그대로 가져가려는 경향이 더 많았다. 보조 언어의 학습자들에게 목표어의 문법은 모국어와 같은 것이 아니라 자기 나라에서 제2언어를 사용하는 지성인들의 문법과 같은 것이다(Kachru 1986); 제2언어가 정치적으로 우세한 곳의 언어공동체에서는 학습자들이 본인의 정체를 알리거나 전적으로 참여하려 하지 않게 된다. 이러한 요소들은 이 단원의 거시 사회적 면에서 좀 더 자세히 살펴보겠다.

중간언어 발화에서의 변이들은(**자유 변이**라고 하는) 가능한 많은 면으로 언어적, 심리적, 사회적 상황을 고려해도 여전히 남아 있으며 발달 과정에서 특별히 중요한 개념이 된다. 실제로, Ellis는 "자유 변이란 문법구조를 습득하는 데 기초적인 단계를 이룬다"(1997:19)고 제안한다. 그는 변이성의 본질은 제 2언어 발달 과정에서 다음과 같이 변한다고 가정한다.

(1) 다양한 기능을 위해 하나의 형태가 사용된다.
(2) 다른 형태도 습득되나 처음에는 서로 바꿔가며 사용한다("자유 변이"에서와 같이).
(3) 다양한 형태가 체계적으로 사용되기 시작한다(형태와 상황적인 맥락에서 어느 만큼의 관심이 주어지는가에 따라).
(4) 목표되지 않은 형태는 없어진다. 자유 변이가 사라지는 것은 중간언어를 더 효율적으로 만든다.

사회언어학적인 면을 요약해 보면, (1) 제 2언어에서 무엇이 습득되었는지는 그 언어를 사용하게 될 때의 언어적인 구조와 지식의 변이 요소들을 포함한다. (2) 습득 과정은 각각의 변이성이 분명한 전체 단계에 걸친 과정을 포함하고, (3) 왜 일부 학습자가 다른 학습자보다 더 성공적인지는 그들이 인식한 목표어를 그 체계에 맞도록 얼마나 잘 사용할 수 있느냐와 관련이 있다. 중간언어 발달과 사용에서 나타나는 모든 변이 요소들과 발화에 영향을 미치는 상황적인 모든 면을 고려해 볼 때, 앞서 언급된 것처럼, SLA의 **순서**는 모든 조건에서 놀라울 정도로 동일하다는 것을 알 수 있다.

입력과 상호작용

학습자에게 입력은 제 1언어, 제 2언어에 상관없이 절대적으로 필요한 것이지만 이 역할의 본질에 대해서는 의견이 분분하다. 제 3장에서 논의된 언어적 접근법에 있어 예를 들어 보면, 행동주의자들은 입력을 주로 학습자에게 필요한 자극과 학습자가 흉내내고 반응할 수 있는 피드백을 형성하는 것이라고 이해한다. Krashen의 모니터 모형을 추종하는 학자들은 **이해가능한 입력**은 SLA에 있어 필요할 뿐 아니라 그 자체로 충분하다고 주장한다. 보편 문법을 주장하는 사람들은 입력에 노출되는 것은 내재된 체계를 활성화시키는 필요한 방아쇠 역할을 한다고 보나 기초 단계 이후 언어 발달의 여러 면으로 볼 때는 그다지 중요한 것은 아니라고 주장한다. 제 4장에서 논의되었던 심리학적 접근법으로 볼 때, 정보처리 틀에서의 관점은 입력된(**받아들여진**) 입력은 언어 처리과정 모든 단계에 필수적인 데이터로 간주하는 것이다. 연합주의 틀에서 이해하는 사람들은 입력 구조의 양과 빈도는 실제적인 빈도와 일부 상반되기는 하지만 습득 순서를 정하는 것과 주로 연관성이 있다고 주장한다. 이 단원의 설문지 조사를 바탕으로 한 사회적 접근법에서, 일부 연구자들은 입력을 주로 내재된, 언어적이고 인지적인 과정을 위한 "데이터"로 간주하지만 일부는 입력이 어떤 언어의 특성이 어떻게 학습되었나를 결정하는데 더 중요한 역할을 하는 것으로 주장한다. 사회적 접근법은 습득에서 상호작용의 본질과 역할을 고려하고 제2언어 유창성의 고급 단계로 발전하는데 어떤 방법이 도움 되는지 – 그리고 필요하게 되는지 – 등에 역점을 둔다. 사회적 측면에서 볼 때, 상호작용은 일반적으로 학습자에게 내적인 처리과정에 꼭 필요한 외적 언어적 입력의 양과 질을 제공하는 것으로 목표어의 관념이나 목적과 다른 제2언어에 관한 면에 초점을 맞추어 현재 수준의 언어적 능력을 넘어서는 담화 구조나 의미를 표현하기 위해 협력적인 수단을 제공해 주는 과정이다.

입력 수정의 본질

제1언어 화자가 제2언어 학습자에게 하는 언어는 그들이 원어민이나 유창한 화자에게 할 때와는 체계적인 면에서 다르다. 말을 하는데 있어 수정된 변이형은 **단순형 표현**(foreigner talk)이라고 부르는데 표 5.1에서와 같은 특성이 있다(Long 1996에 근거).

표 5.1 단순형 표현의 특성

단순형 표현의 특성
빈도가 높은 단어와 구를 사용한 단순한 어휘
긴 휴지
느린 말 속도
주의 깊은 조음
큰 목소리
중요한 단어에 강세 주기
단순화시킨 문법 구조
화제화(먼저 화제를 말하고 나서 그에 대해 설명하기)
통사적인 면에서 더 높은 규칙성
완전한 형태 유지(예를 들면, 축약형이나 대명사 덜 사용하기)

원어민이 언어 학습자에게 발화할 때 대개는 문법적이지만 단순화시킨 입력은 필수적인 요소를 생략할 수도 있다. 예를 들면, JoAnne Kleifgen(1986)은 영어 원어민 교사가 미술 시간에 제2언어 학생들에게 발화하는 것을 다음과 같이 기록하였다.

____Mommy look at your work? (*does* 생략)
____You have Indians in Korea? (*do* 생략)
Would you give us _____ pencil? (*a* 생략)
See, Siti's made ____ mouth real scary. (*the* 생략)
Baby sitter take__ care of baby. (*-s* 생략)

위의 교사가 제2언어 학습자에게 발화한 수정 입력은 무의식적이었겠지만 개개인의 학습자의 수준에 맞게 기술적으로 변형하였다. 이러한 예에서 보여준 문법적 생략 뿐 아니라 해당 언어를 잘 못하는 어린이에게 짧고 간단한 단어로 발화한 것을 포함한다. 이러한 선택적 수정을 "의사소통 능력"이라고 간주하였는데 이는 어린 영어 학습자를 가르쳐온 오랜 세월의 경험에서 습득된 결과이다.

Kleifgen의 연구에서 보여준 발화의 수정이 어린이의 이해를 증진시켰는지에 대한 직접적인 증거는 없지만 나이가 든 학습자의 경우에서는 그러한 증거가 있다. 미국 대학에서 공부하는 외국 학생들이 어느 교수가 가장 이해하기 쉬운가를 결정하는데 있어, 제2언어 상황에서의 광범위한 교수 경력이 있는 (적절한 수정을 많이 연습해 본) 교수가 더 이해하기 쉽다고 하였다. 대학 수준 학생들과의 수정 역시 일반적으로 무의식적인 것이나 수업에서 기초 수준과 상급 수준의 학생이 다 있는 경우나 언어가 제한적인 외국 학생과 원어민 학생 모두가 있는 경우 교수가 의식하도록 할 확률이 높다. 그런 경우, 중요하다고 생각하는 주제어에 강조를 하고 그것을 다시 쉬운 어휘로 "번역"하는 방법을 사용한다.

말에 있어서 제2언어 학습자들이 적응하는 유형은 많은 언어에서 어린이에게 사용되는 "베이비 토크"와 여러 면으로 유사하다(Ferguson 1971). 언어 수정 몇 가지는 학습의 초기 단계에서 이해를 돕는 것으로 나타났다. 아주 자주 쓰이는 표현은 말을 통째로 외워서 자동적으로 나오게 하고 문법적으로 적절한 곳에서 휴지를 두는 것은 청자로 하여금 문장 구조가 어떻게 구성되어 있는지 이해하는데 도움을 준다. 말을 천천히 하는 것은 정보를 알아내고 통제처리 과정을 하는데 더 많은 시간을 주고 화제화는 특정 문장이 무엇에 대한 것인지 어느 부분이 새로운 정보를 주는 것인지 알아내는데 도움을 준다. 반면, 제2언어 학습자에게 큰 소리로 말하는 일반적인 방법은(마치 듣는 이의 귀에 문제가 있는 것처럼) 전혀 도움을 주지 못하는 것으로 보이고, 문장 구조를 "단순화"시키는 것은 반복을 줄이는 것처럼 사실상 이해를 저하시키는 것으로 보인다.

제2언어 학습자에게 활자화된 글의 입력 수정은 주로 통제된 어휘와 간단하고 짧은 문장 구조로 된 것을 포함한다. 학문적 영역의 글에서 수정이란 제2언어 학생이 읽는 내용이 원어민 학생의 교재로 사용하는 것과 동일하다는 점을 이해하도록 도와주는 것을 의미한다. 표 5.2에 있는 것들이 그 예이다.

표 5.2 학문적인 텍스트에서의 수정

제목이나 연결사 등과 같은 것을 자주 사용
분명한 주제 문장
주제어를 부각시키고 동의어나 부연 설명을 포함시킴
요점을 번호로 나열
특정-문화에 대한 배경지식이 필요한 항목의 정교화
그림이나 그래프 같은 시각적 보조 자료
일정 간격으로 명시적인 요약
이해 여부를 확인하는 질문

구어체의 입력에 있어, 문장 구조만의 "단순화"가 활자화된 글의 내용을 더 잘 이해시키는지는 의문이다(Floyd와 Carrell 1987 참조). 이해 과정에 있어 더 중요한 점은 관련된 전반적인 지식을 제공해주고 독자들이 중요한 용어와 개념에 초점을 맞출 수 있도록 수정하는 것이다.

입력 수정 그 자체를 볼 때 우리는 제1언어와 제2언어 학습자 사이에 유사점과 차이점이 다 있음을 알 수 있다. 몇몇 구어체의 입력 수정은 언어 습득을 쉽게 하지만 모든 제1언어와 몇몇 제2언어 학습자들은 수정 없이도 성공적으로 습득할 수 있다. 글에서의 변형은 제1언어 및 제2언어 학생 모두 이해를 증진시키는 것으로 나타났으나 SLA에서의 효율성에 관한 연구는 제한적이다.

상호작용적 수정의 본질

입력과 함께 사회적 상호작용은 제1언어 습득에 있어 필수적이라 어느 어린이라도 테이프나 라디오 방송, 텔레비전 프로그램을 보거나 듣는 것만으로는 모국어를 배울 수는 없다. 반면, 많은 제2언어 학습자들은 목표어의 화자와 상호작용 없이도 어느 정도 수준의 능력을 얻을 수 있고 재능이 뛰어나거나 동기가 높은 학습자들은 그 수준이 아주 높을 수도 있다. 예를 들어, 과거에 중국의 문화 혁명이 끝날 무렵에 중국에서 온 제2언어 사절단을 만난 적이 있는데 그 당시 중국은 25년 동안 외국인과의 접촉이 거의 금지되어 있었다. 그들은 어학실습 훈련(주로 정치적 슬로건 등을 번역한 내용 등)과 BBC 방송을 통해 영어를 배웠으며 당시 미국으로 여행을 오기 전까지는 영어로 상호작용을 하는 기회가 전혀 없었다고 했다. 그들 중 몇몇의 영어 실력은 매우 유창한 것이어서 성공적인 학습자로 간주되었다. 이 예는 SLA에 있어 사회적 상호작용이 도움이 안 되는 결과라고 주장하는 것이 아니라 절대적으로 필요한 요소가 아니라는 결론이다.

제2언어 학습자와의 담화에 있어, 제1언어 화자가 상호작용적 수정을 해주는 것은 위에서 나열한 구어체의 입력의 수정보다 더 유의미한 도움을 주는 것으로 보인다. 수정에 있어 몇 가지 유용한 타입에는 영어 학습 상황에서(개별적인 관찰에서 얻어진) 나타나는 것과 함께 표 5.3에 나열된 것들도 포함된다.

원어민(NS)이 발화한 내용의 일부나 전체를 반복해주는 것은 비원어민(NNS)에게 처리과정 시간을 더 주게 되어 내용을 이해하거나 정확하게 인지하도록 하는 기회를 준다. NS가 부연 설명을 해주는 것은 NNS로 하여금 그들이 아는 단어를 찾기 위해 더 많은 노력을 하게 하여 어휘 범위를 넓힐 수 있게 해주고 NS에 의한 설명과 정교화는 NNS가 말할 수 있는 즉각적인 능력을 뛰어 넘어 상황에 적합한 발화를 할 수 있는 모형을 제시한다. 대치 연습 구조는 NNS 본인들이 발화할 상황에서 사용할 수 있는 것들을 NS로부터 제공 받는다. 수직 구조는 NNS가 담화를 할 때 현재 독립적인 수단 이상의(아래에서 논의될 **비계 설정**이라는 개념) 담화 순서를 정하도록 해준다.

NS가 의미 점검이나 명료화 요청을 하는 것은 NNS가 문장의 어느 부분에 대해 확실치 않아 집중하느냐에 달려있고 이런 경우 NNS는 NS에게 어떤 부분의 반복이나 부연 설명 또는 필요한 추가적 배경지식을 전달한다. 이러한 것들은 NS와 NNS 간의 **의미 협상**에 있어 중요한 수단인데 의사소통이 끊어지는

표 5.3 상호작용적 수정

NS=원어민; NNS=비원어민
반복 NS: This is your assignment for tomorrow. NNS: What? NS: This is your assignment.
부연 설명 NS: This is your assignment for tomorrow. NNS: What? NS: This is homework.
확장과 정교화 NNS: Hot. NS: Yes, it's very hot today.
문장 완성 NNS: For tell how old tree is, you count ... NS: Rings. Tree rings.
대치 연습 구조 NS: How old are you? NNS: Five old are you.
수직 구조 NNS: Taki. (name of another student) NS: What did Taki do? NNS: Pencil. NS: What did Taki do with the pencil? NNS: Throw. (makes throwing motion) NS: Taki, don't throw pencils.
이해 점검 및 명료화 요청 NS: Subtract, and write the remainder here. NNS: What is "remain"?

것을 예방하거나 고쳐주는데 도움을 준다. 다른 도구로는 상대방이 편하게 느끼는 주제를 고르거나 화제를 바꾸거나 하여 대화가 끊기지 않도록 하는 것이다.

피드백

SLA를 증진시킬 수 있는 상호작용의 유형에는 여러 가지가 있는데 NNS가 적절치 않은 표현을 사용하였을 때 깨달을 수 있도록 NS가 **피드백**을 해 주어 "정확성"의 모형이 되도록 제시해준다. 제1언어의 경우 어린이들이 그러한 부정적인 피드백을 받을 경우가 거의 없고 모국어의 능력을 최대한 키우는데 필요하지도 않지만 제2언어의 경우 모국어와 같은 수준에 도달하기 위해서는 실로 필요한 과정이다.

제2언어 학습자에게 부정적인 피드백을 줄 때는 **"그건 잘못된 단어예요"**와 같이 확실한 어투로 **직접 교정**을 하는 것이 좋겠다. 어떤 것이 "안 되고" 어떤 것은 "꼭 해야 하고" 등에 있어 직설적이어야 하고 언어의 사용과 문법에 관한 설명이어야 하겠다. 부정적인 피드백은 **간접 교정**일 수도 있는데 표 5.3에 나열한 것처럼 똑같은 상호작용적 수정의 여러 가지 형태가 포함되어 있으나 여기서는 다른 기능도 갖고 있다. 예를 들면:

- 이해 여부를 확인하거나 뜻의 명확성을 묻는 단계에서는 NNS가 발화한 것이 부정확하다는 것을 말하려는 의도가 될 수 있다.

NNS: I can't assist class.(의미는 'I can't attend class.')
NS: You can't what? ('단어 사용이 잘못 되었어요. 다시 말하세요.'의 의미)

- NNS가 발화한 내용의 일부나 전체("되묻기")를 NS가 다 반복하여 억양을 올리는 것은 그 발화가 틀렸다는 뜻이다.(반대로, NS가 반복하는 내용에 억양을 내리는 경우는 정확성을 확인시켜 주는 것이다.) NS는 둘 중 하나의 의미로 특정 부분에 강세를 둔다.

a. NNS: John goed to town yesterday.
   NS: John *goed* to town? ("goed 라는 단어는 잘못된 것이다"라는 의미)
b. NNS: This book is hard.
   NS: This book *is* hard. ('당신이 옳아요. 정말 그래요.'의 의미)

- NNS의 발화에 대해 NS가 부연 설명하는 것은 오류가 있음을 직접적으로 드러내지 않으면서 차선책인 방법을 주려는 의도이지만 다시 부연 설명하는 것은 정확치 않은 것에 대해 정확한 것으로 대치하는 **되고쳐주기**이다.

NNS: John goed to town yesterday.
NS(교정해주며): Yes, John went shopping.

제 2언어 학습자에게 문제가 되는 것은 간접적인 피드백이 교정의 의도가 있음을 때로는 깨닫지 못하는 경우이다. 영어의 표현 중 "OK"나 "all right"(잠시 멈춘 후에 말하는)과 같은 반응을 보이는 것은 앞서 발화한 내용이 정말 "좋다"거나 "괜찮다"는 뜻이 아니라 오류가 있어 교정을 하기 위한 담화 표지인 것인데 도움이 되지 않을 경우도 있다. 경험이 풍부한 영어 교사들도 학생들에게 혼돈의 여지가(이는 어휘나 통사론적인 것뿐만 아니라 제 2언어 담화를 이해하는 정도 등에 중요한 부분) 되는 부분에 대해 의식하지 못 하는 경우가 있다.

인지 처리과정으로의 흡입

입력이 "한 귀로 듣고 한 귀로 내보내는" 것이고 뜻을 이해하기 위한 처리과정으로 "받아들여져"야만 습득이 가능하다고 강조해왔는데 다시 말해서 **흡입**이 될 경우를 말한다. **상호작용 가설**의 주장에 따르면, 사회적인 상호작용에서 일어나는 수정과 협동 노력은 입력된 자료를 두뇌가 처리하도록 함으로서 SLA를 촉진시키게 된다는 것이다: "**의미 협상**과 특히 NS나 다른 유능한 화자에 의한 **상호작용의** 조정을 가져오는 협상 노력은 입력과 특히 선택적인 주의 집중과 관련된 학습자 내면의 능력이나 생산적인 방법으로 언어를 사용하는 능력 등과 관련이 있기 때문에 언어 습득을 촉진시킨다(Long 1996:151-52).

상호작용에 대한 면을 요약해보면, 제 2언어에서 습득된 것은 "중간언어 체계에 동화되어 들어 온" 제 2언어 입력 내용만을 말한다(Ellis 1985:159). 제 2언어는 외부 입력과 내부 처리과정의 역동적인 상호작용에 의해 습득되는데 SLA를 촉진시키는(일으키는 것이 아니라) 상호작용이다. 일부 학습자가 다른 학습자보다 더 성공적인 이유는 의미 협상과 교정 피드백에 대한 사회적 경험의 정도 차이이다. 하지만 학습을 위한 자극과 기반으로서의 상호작용이란 "자습자"("autodidacts")를 무시하는데 이들은 책이나 녹음된 자료 등에서 스스로 배우는 사람을 말한다. 또한, 이 부분은 제 2언어 학습에 있어 공통된 순서에 입각한 제한적인 면에만 적용된다.

언어 발생으로서의 상호작용

SLA에서 상호작용의 역할에 대한 차선책인 시각은 사회문화적 이론에 근거한다(Vygotsky 1962, 1978). 이 방법의 중요한 개념은 상호작용이 언어 학습을 촉진시킬 뿐만 아니라 습득의 원동력이기도 하다는 것이다. 더욱이, 모든 학습은 기본적으로 사회문화적인 환경에 근거한 사회적인 절차로 볼 수 있다. 사회문화적 이론은 대부분의 다른 언어학적 방법과는 다른데 습득된 제2언어의 구조적 패턴에 다소 제한적인 관심을 보이는 면과 학습자활동을 강조하는 면이 본질적이고 공통적인 메카니즘에 관한 면에서 차이점을 보인다. 또한 전적으로 학습자의 두뇌에 달렸다기보다는 어느 정도 학습자의 외부적인 요소들에 초점을 맞추는 면에서 대부분의 심리학적인 방법과 다르고 학습자 혼자서 자동처리 과정을 다 하는 것이 아니라고 부정하는 점이 다르다. 위에서 언급했던 것처럼 상호작용이 단순히 학습에 도움을 주는 것이라기보다는 원동력으로 다루어져야 한다는 점에서 다른 사회적 방법과는 차이가 있다.

사회문화적 이론에 따르면, 학습은 단순히 내재된 두뇌의 활동이 더 복잡한 두뇌의 기능, 즉, "더 높은 단계"로 변형되는 과정이다. 이 변화는 **상징적 조정**(symbolic mediation)과 관련이 있는데 한 개인의 현재 두뇌의 상태와 주로 언어에 의해 제공되는 더 높은 수준의 기능과의 연결인 것이다. 이는 보편적인 학습으로 가는 길인데 학습되는 것이 언어 그 자체이건 다른 영역의 지식이건 상관없다. 이러한 조정을 통한 학습의 결과는 학습자가 스스로의 정신적 능력에 대한 고취된 깨달음과 사고 과정에 대한 통제력을 더욱 갖게 된다.

개인간 상호작용

지금까지는 **개인간 상호작용**을 뜻하는 의미에서 "상호작용"이라는 용어를 사용하였는데 사람들 사이에 일어나는 의사소통의 일이나 상황 등이다. 상징적 조정에 관한 중요한 맥락은 학습자와 전문가("전문가"란 교사나 지식이 많은 학습자를 포함) 간의 상호작용과 같은 것이다. Vygotsky는 대부분의 조정이 일어나는 이 단계를 **근접발달 영역**(Zone of Proximal Development ZPD)이라고 불렀는데 이 단계는 학습자가 도움을 받아야만 발전 가능한 단계를 뜻한다. 사회문화적 이론에 따르면, 개인의 현재 단계를 넘어서는 두뇌의 기능은 독립적으로 수행하기 전에 다른 사람들과의 협력이 있어야 이루어질 수 있다는 것이다.

Lev Vygotsky (b. Orsha, 현재 벨라루스 공화국), 1896~1934

사회심리학

Vygotsky는 어린이들이 순전히 개인으로서 보다는 공동체 내에서 학습한다는 생각의 창시자이다. **근접발달 영역**이라는 이론으로 매우 유명한데 어린이들이 주변 어른들의 도움이 있을 때 더 잘 배운다는 것이다. Vygotsky의 연구는 국제 정치 때문에 사후 한동안 러시아 밖으로 나갈 수가 없었다.

〈흥미있는 사실〉 Vygotsky의 저작은 당시 공식적으로 인정받고 있던 심리학 이론, 특히 "마르크스 심리학"을 비판하고 있다는 이유로 1936년부터 1956년까지 금지되었다.

ZDP에서 학습자의 언어 발달을 도와주는 방법은 **비계 설정**(scaffolding)을 통해서이다. 이 방법은 위에서 언급한대로 NNS가 독립적으로 하기 어려운 표현 등의 개념을 얻도록 NS가 적절한 상호작용을 통해 도움을 주는 "수직 구조"라는 것이 포함되어 있다. 이런 방법은 어느 한 개인의 능력이 미달되는 경우 다른 동료들이 그 언어를 잘 표현할 수 있도록 협동할 때 사용되기도 한다. 더 일반적으로는, "비계 설정"이 의미하는 은유는 전문가가 어느 한 사람이 특정한 과제를 수행할 때 말로 도움을 주거나 과제를 수행하기가 너무 어려울 때 동료들이 말로 협동하여 도움을 주는 경우이다(Bruner 1985 참고). 중요한 것은, 비계 설정이 학습자에게 수동적인 도움을 주는 것이 아니라 학습자가 능동적으로 참여하게 만드는 것이다.

비계 설정

다음 대화(Donato 1994에서 발췌)는 Vygotsky의 비계 설정이라는 용어의 예(성인이 어린이에게라기보다는 또래 집단 사이의)이다. 이 집단의 개개인들은 "너 기억하지"라는 문장에서 "너"에 해당하는 프랑스어의 어휘("Tu t'es souvenu")를 문법적으로 정확하게 사용하지 못했다. 하지만 개개인은 적절한 해결책이 나오도록 유용한 지식을 제시하고 있다.

(교실에서 다음 날에 발표를 준비하는 동안…)

화자 1: … 그리고 나서 내가 이렇게 말할께 … *tu as souvenu notre anniversaire de mariage* … 아니 *mon anniversaire*라고 말 해야 하나?

화자 2: *Tu as* …

화자 3: *Tu as* …

화자 1: *Tu as souvenu* … '너 기억하지?'

화자 3: 응, 그렇지만 그게 재귀동사 아닌가? Tu t'as …

화자 1: 아, *tu t'as souvenu.*

화자 2: 오, *tu es*이구나

…

화자 1: *Tu t'es souvenu.*

제2언어 학습자에게는 제1언어나 제2언어 모두 도움이 된다. 또래 집단이 협력할 때 제1언어를 사용하게 되는데 이는 효과적인 (때로는 필수적인) 문제 해결 방법이고 제2언어 학습을 향상시키는 것뿐만 아니라 제2언어로 수업하는 어떠한 과목이라도 도움이 되는 방법이다. 상징적 조정은 서로 마주보며 의사소통을 하지 않더라도 상호작용을 할 수 있다. 우리가 자주 그렇게 생각하는 것은 아니지만 읽기는 실질적으로 개인과 그 책을 쓴 저자 간의 상호작용이 지식이 변화된 상태로 나타나는 것이다. 상징적 조정은 꼭 언어일 필요는 없으며 (주로 언어 형태이긴 하지만) 동작이나 도표, 그림, 수학적 부호 등의 비언어적인 기호로 나타날 수 있다.

개인내 상호작용

사회문화적 이론은 개인간 상호작용 외에도 **개인내 상호작용** 역시 고려할 필요가 있다고 주장한다. 예를 들면, 개개인의 마음속에서 벌어지고 있는 의사소통과 같은 것인데 이것 역시 Vygotsky에 의해 사회문화적인 현상으로 설명되었다.

예를 들어 책을 읽을 때, 우리는 사람들과의 활동 뿐 아니라 우리 자신 안의 교류도 함께 한다. "우리가 읽고 있는 언어의 저장된 지식과 이 세상의 지식이 체계화된 것을 통해서 내용 스키마를 가지고 활자화된 내용과 상호작용하는 식으로 풀어가는 능력을 발휘한다"(Ellis 1999:1).

개인내 상호작용의 두 번째 유형은 주로 제2언어 학습의 초기 단계에서 발생하는 것이고 – 제2언어 입력의 내용이나 구조가 확장되는 나중의 단계나 기존의 능력 이상의 단계에서 – 또한 제1언어 능력을 활용한다. 이것은 문제해결 과정을 이해하는 단계로 스스로가 모국어로 번역할 때 나타난다.

또 다른 유형은 (특히 Vygotsky의 관심을 끌었던) **사적 언어**(private speech)이다. 이는 어린이들이 특히 혼잣말하는 것인데 **내적 언어**로 발전하게 되고 많은 성인의 경우 생각과 행동을 통제하는데 사용한다. 이 내적 언어가 어떤 특정 언어의 표면 형태와 연관되지는 않지만, 사적 언어는 거의 항상 제1언어와/또는 제2언어로 발화된다. 타인이 들을 수 있는 사적 언어의 연구는 연구자들에게 개개인 내면의 상호작용과 SLA에서의 기능을 관찰할 수 있는 것을 통하여 일종의 "마음을 들여다보는 창문"을 제공해준다.

이 가능성 때문에 많은 흥미를 느꼈으며 어린이들이 영어를 배우는 초기 단계부터 여러 주 동안 그들의 발화를 녹음하였다(Saville-Troike 1988). 특히 어린이들이 스스로에게 영어를 사용하고 있는지에 관심을 갖게 되었고 만약 그렇다면 무엇 때문에 언어를 사용하였는지, 새로운 언어로 말하는 것을 매우 꺼려하는 시기는 언제인지 등을 관찰하고자 하였다. 이는 사적 언어가 상호작용 언어보다 양이 적었고 말하는 사람 근처 가까이에 있지 않는 한 들리지 않았기 때문에 이 어린이들에게 무선 마이크를 통해 녹음할 수 있도록 시설을 갖추었다.

녹음을 하게 된 어린이 중 가장 어린 아이들에게는 영어가 주로 노는데 사용되었다. 예를 들어, 서너 살 정도인 중국인 형제(디디와 제제라고 불렀는데 '어린 동생'과 '형'의 의미인 중국어)는 제2언어음에 많은 관심을 보였고 특히 몇몇 단어의 발음을 즐거워하는 것을 볼 수 있었다. 이들이 특히 여러 번 사용하게 된 단어는 butter, pecan, parking lot, skyscraper, cookie monster 등이었다. 두 아이 다 영어의 음운 구조로 새로운 단어를 만들어 내는 것에 큰 관심을 보여 otraberver, goch, treer, trumble 등과 같이 그들의 모국어로는 거의 불가능한 단어를 만들었다. 이러한 소리를 만들어내는 관심은 혼자 게임을 하는 데는 별로 갖지 않았지만 이 형제가 혼자 노래를 부르거나 중얼거릴 때는 리듬감 있게 하였다. 예를 들어,

디디: *Jelly bean, jelly bean. Jelly, jelly, jelly, jelly*
제제: *Yucky. Yucky scoop. Scoop scoop yucky scoop. Yucky yucky yuck-yucky.*

나이가 몇 살 더 위인 어린이의 경우, 무엇인가 계속되는 일을 말할 때 영어를 더 많이 사용하였다. 그들은 문법이나 발화되는 소리에 신경을 쓰면서 제2언어 학습에 관련된 두뇌의 활동이 수준 높은 것으로 보였다. 이는 특히 일본어가 모국어인 5세 남자 아이가 유치원에서 내는 소리와 같이 사적 패턴 연습에서 두드러지게 나타났다. (a) 스스로 영어 조동사를 연습할 때, have나 am과 같은 동사를 같은 통사적 위치에 정확하게 놓고 I'm은 I am과 뜻이 같은 축약임을 인식하는 것이었다. (b) 예문에서 보면, "구축(build-up)" 연습인데 같은 어린이가 목적어를 추가시켜 문장을 길게 늘려가는 것을 보여준다.

a. *I finished. I have finished. I am finished. I'm finished.*
b. *I want. I paper. Paper. Paper. I want paper.*

녹음을 한 어린이 중 가장 나이가 많은 어린이들 역시 제2언어의 형태에 신경을 썼으나 어린 학생들보다 더 자주 자기지향적 언어를 더 많이 사용하였다. 다음 예는 중국어가 모국어인 8세 여아가 언어 공책에 쓰는 동안 자주 나타나는 패턴을 보여준다. 그녀는 우선 스스로에게 패턴을 만든 다음 단어의 철자를 쓰고 그 다음에 결과를 반복하는 형태를 보였다.

I see a, elephant. E, L, E, P, H, A, N, T.
I see a elephant. I see a elephant nose?
Is in the, water. W, A, T, E, R. Water.

노는 경우가 아닌 때에도, 아주 어린 아이들조차 아래의 예에서 보여주듯 사적 언어로서는 마지막 예인, 내면의 상징적 조정 같은 사적 언어를 사용하였다. 여기서 이들은 새로운 언어 형태를 받아들여 이해하기 위해 모국어를 사용하고 있다.(중국어와 섞여 있는 발화는 영어로 꾸며졌다.)

Look? Let's stop" Stop? Stop? Stop? Stop?
Ting a.

('Stop')
Stop?
Bu yao ku.
('Stop crying.')

제제(자전거를 타고 다니며):
Dao skyscraper Chicago.
('Go to skyscraper Chicago.')
Wayao dao Chicago le.
('I want to go to Chicago.')

이 어린이들의 사적 언어는 다른 사람들과 상호작용이 없을 때도 제2언어 입력을 단순히 수동적으로 동화시키려는 것이 아니라 능동적인 처리과정을 통해 자신이 들은 내용과 개인내 상호작용을 하고 있었으며 이를 통해 자신의 능력을 넓혀가는 연습을 하고 있었다. 나이가 몇 살 더 위인 학습자들에게서는 비슷한 결과를 얻기가 힘들었는데(공공장소에서 혼자 중얼거리는데 대한 사회적 제약에서 오는 이유가 일부 원인) 이들도 다른 사람들이 들을 수 없는 데서는 사적 언어를 통해 또는 (중얼거리는 식의) 내적 언어를 계속 반복하고 실험하는 전략을 실천한다는 보고가 다수 있다.

언어적 입력에 대해 다른 통제적 반응이나 제약이 사회적으로 "정상"적인 행동인 특별한 상황에서도 성인들 간의 들을 수 있는 사적 언어는 계속될 수 있다. 어학실습실에서 헤드폰을 끼고 연습하는 학습자가 낮은 소리로 중얼거리는 것을 자주 들을 수 있는 예를 들어보거나 Ohta(2001)의 연구에서 학습자들이 오류 교정이나 질문을 했을 때 본인에게 직접 한 경우가 아닌데도 조용히 연습하며 반응하는 것으로 알 수 있다. 어떤 상황에서 어떠한 상징적 조정이 적당한 것인지 결정하는 사회적 제약이 정신적인 현상 뿐 아니라 사회문화적인 면의 본질을 정하게 되는 것이다.

사적 언어와 밀접한 관계가 있는 일반적인 개인내 활동은 "사적 글"인데 이는 개인이 언어 형태나 다른 의미 있는 기호를 종이에 써놓은 것이다. 이 행위는 다른 사람들과 의사소통하려는 의도 없이도 기억을 하거나 생각을 정리하거나 문제를 해결하려는 목적으로 필요한 것을 저장하는 것이다. 언어를 학습하는 학생의 예를 들면, 그들은 학습 경험을 개인 일기나 메모로 적어 놓는데 교과서의 귀퉁이에 암기하는데 도움이 되도록 새로운 단어를 적어놓고, 내용에 적절한 제1언어 번역을 쓰거나 중요한 요점에 밑줄을 긋거나 색연필로 표시를 한다. 많은 언어 교사들은 중요한 주제나 활동을 적어놓아 사적 글의 형태로 수업 교재를 계획하고 학생들 이름의 발음을 출석부에 표시하여 잘 기억할 수 있도록 하기도 한다.

정리해보면, 사회문화적 이론은 언어가 사회적으로 중재하는 활동을 통하여 배운다고 주장한다. 사회문화적 이론에서는 일부 학습자가 다른 학습자보다 더 성공적인 이유로 학습 공동체에서의 그들의 참여나 활용 수준이 높기 때문이라고 주장하며 또한 전문가나 동료로부터 받는 조정의 양이 많고 도움을 어떻게 잘 사용할 줄 알기 때문이라고 주장한다.

상호작용 없는 습득; 습득 없는 상호작용

제2언어 습득에 있어 사회문화적인 관점에 어려움도 있다. 다음의 두 가지 사실은 우리가 만약 사회적인 상호작용이 제2언어학습에 필수적으로 **원인이 되는** 힘이라고 믿는 입장이라면 다소 설명이 어려울 수 있겠다:

(1) 일부 학습자들은 개인간 의사소통이나 다른 이들과 언어적 의미를 교섭하는 기회가 없더라도 제2언어 고급 단계의 유창성을 비교적 잘 할 수 있다.
(2) 일부 학습자들은 또 다른 언어를 상당한 정도로 학습하지 않더라도 광범위한 상호작용을 할 수 있다.

첫 번째 현상은 학습자가 교재나 전자 매체를 이용하여 일종의 "사회적 상호작용" 뿐만 아니라 글이나 사적 언어의 형태로 본인과 의사소통을 하는 것이다. 이러한 학습자들은 다른 사람으로부터 직접적인 비계 설정의 도움을 받기보다는 SLA에 있어 다른 수단으로 교정이 되는 피드백이나 잠재적 향상이 되는 것을 통해서 한다. 서로 얼굴을 맞대고 하는 상호작용이 제2언어 학습을 촉진시킨다고 여전히 주장할 수 있으나 — 적어도 대부분의 사람들에게는 — 절대적으로 필요하다는 뜻은 아니다.

어떤 학습자들은 일반적인 언어적 부호에서 거의 능력을 개발하지 못하는 반면 일부 학습자들은 꽤 성공적으로 상호작용을 하는 이유를 설명하기 위해 의사소통에 어떤 전략이 필요한지를 알아 볼 필요가 있는데 다음과 같은 것들이 있다:

- 개개인이 새로운 정보를 가지고 무엇이 진행되고 있는지 다음에 어떤 일이 일어날지 추측하는데 도움이 될 배경 지식과 경험
- 전반적인 상황이나 사건의 이해, 즉 목표, 다른 참가자와의 관계, 다른 사람들이 말하거나 행동하기를 기대하는 것은 무엇인가 등에 대한 이해
- 물리적인 상황이나 사건 등을 포함한 언어 영역 밖의 내용
- 특정 장르의 담화 구조 지식: 대화할 때, 학교에서 수업을 받을 때, 또는 상호작용 시에는 어떤 규칙이 기대되는지 또는 어떤 행동이 순서에 적합한지 등
- 몸짓, 얼굴 표정, 그 외의 비언어적 표시
- 어조의 음운에 맞는 특성 및 감정 상태를 나타내는 억양

이러한 요소의 문화적 차이점에도 불구하고, 같은 언어를 말하지 않더라도 협조적으로 함께 추측하고자 노력하는 사람들 사이에서는 적어도 의미 있는 의사소통을 위해서는 일반적인 공통점이 있다.

타이완에서의 나의 경험은 비언어적인 요소들이 얼마나 효과적인지 보여준다. 영어를 가르치는 기회를 막판에 수락하고 중국어에 대한 사전 지식 없이 그곳에 도착하였다. 처음에 하려했던 일은 미국에 계신 가족에게 내가 무사히 잘 도착했다는 것을 편지로 알리는 것이었다. 영어를 조금 할 줄 아는 학생이 내게 우체국을 알려주었고 나는 그 길로 향하였다. 빌딩의 내부에는 별 다른 가구 없이 한 쪽에 긴 카운터 같은 것이 있었다. 우표를 사야 한다는 것과 카운터 뒤에서 나를 바라보고 있는 남자가 내게 우표를 팔 것이라는 것과 내 앞에 줄을 서 있는 사람들이 고객일 것임을 예전 경험으로 알 듯 익숙했다. 줄을 서야 하는 규칙과 내 차례를 기다려야 한다는 것도 알았다. 카운터에 도착했을 때, 직원은 중국어로 무엇인가 말을 했는데 ("뭘 도와드릴까요?"와 동일한 것이라고 생각) 나는 편지를 가리키며 우표가 붙어야 할 오른쪽 상단을 손으로 가리키며 영어로 우표를 달라고 했다. 그는 편지를 내게서 가져가 무엇인가 다른 말을 (아마도 얼마라는 가격 이야기를 했을 것인데 이는 이미 내가 이 상황에서 들을 내용임을 기대하고 있었기 때문) 했다. 내가 얼마를 내야 하는지 우표값이 얼마인지 몰랐지만 중국 동전을 한 움큼 내밀었고 직원은 그 중 몇 개를 가져가고 나머지는 돌려주었다. 그는 다시 뭐라고 말했지만 얼굴 표정과 목소리가 만족스러운 것으로 보여 나는 "고맙습니다" 하고 나왔다. 그러니까 그 상황의 거래는 상호간 언어적 지식의 도움 없이도 성공적이었으나 위에서 언급했던 의사소통의 그 나머지 전략을 모두 사용한 경우였다.

의사소통으로 발생하는 일이란 예기치 못한 정보를 전달해야 하거나 친밀한 상황이나 의지할 사람이 없는 경우 일반적으로 언어 없이는 완전하게 수행할 수 없다. 예를 들어, 학생들이 외국에서 공부할 때, 학교 수업을 하는 경우 제 2언어의 지식이 없거나 제 1언어로 번역하지 않고는 추상적인 개념을 이해할 수가 없다. 그러나 다른 많은 사회적 상황에서는 제한적인 언어의 배경 지식만 있다 해도 적절히 본인의 기능을 수행할 수 있을 것이다. 만약 제 2언어의 능력을 계속 개발할 기회나 필요성이 있다면 그렇게 할 것이다. 만약 제 2언어를 수업하고자 하는 동기가 없다면 아무리 많은 사회적 기회가 주어져도 하지 않을 것이다.

습득 없이도 꽤 지속적으로 상호작용을 하는 예는 앞서 사적 언어의 예로 들었던 중국인 형제, 제제와 디디의 경험에서 보여준다. 그들은 다니던 유아원에서 혼잣말을 했을 뿐 아니라 영어 외에는 다른 언어를 모르는 선생님이나 다른 어린이들에게 중국어로 대화를 했는데 때로는 놀랍게도 성공적인 결과를 가져왔다.

세 살짜리 디디는 선생님에게 다가가서 터진 풍선을 보여주었다.

디디: *Kan. Kan. Wo zhe mei le. Kan. Kan.*
('보세요. 여기 좀 보세요. 내 것이 없어졌어요. 보세요. 여기 좀 보세요.')
교사: *오, 이건 터졌구나, 그렇지? 다 없어졌네.*

교사는 디디의 의미를 알아들었는데 그 이유는 디디가 터진 풍선을 보여주며 그 물건의 상태에 대해 언급하였음이 분명했기 때문이다.

네 살짜리 제제는 운동장에 놓여있는 호스를 보았다.

제제: *Zhege shi shenme guanzi a?*
('저건 어떤 [종류의] 호스예요?')
교사: *저건 소방용 호스야.*

또 다른 선생님에게 하는 제제의 질문 역시 확실했는데 무슨 말을 하고 있는지 추측할 수 있는 물건이 놓여 있었기 때문이다.

반대로, 다음과 같은 대화는 성공적이질 못했다.

디디: *Laoshi, qu na shui.*

('선생님, 가서 물 먹고 싶어요.')
교사: *무얼 원하니?*
디디: *He shui.*
('물 먹는 거요.')
교사: *He shui. Um.*
디디: *Laoshi, qu na shui.*
('선생님, 가서 물 먹고 싶어요.')

이 경우, 디디는 선생님에게 물을 마시고 싶다는 것을 이해시키려 했다. 디디의 노력은 반복과 부연 설명을 하는 방법이었고 교사는 중국어인 He shui라고 발음하면서 이해 또는 확인하려는 시도를 하였다. 교사는 어린이의 목소리 높낮이에서 무언가를 원한다는 것을 이해했으나 어린이가 원하는 상황적 단서가 없어 의사소통의 시도는 성공하지 못하였다.

이 단원에서 마지막 예로는 어린이들이 그들끼리 일관된 상호작용을 통하여 비언어적 단서로 언어적 협상을 할 수 있다는 것을 들 수 있다. 이 경우, 영어를 하는 마이클(4세)이 유아원 놀이방에 와서 제제에게 안으로 들어오라는 중국어를 (안 들어갔지만) 정확하게 이해했다. 제제가 이번에는 마이클이 장난감 집으로 들어오라는 초대를 "부드럽게" 부연 설명하였고 마이클은 그렇게 했다. 물론 이 경우 두 어린이 다 서로의 말을 이해하지 못하였으나 서로 성공적으로 절충하여 함께 노는데 몇 분간 협조적으로 놀이를 지속하게 되었다.

제제: *Yao jinlai cai yao kai.*
('[네가 만일] 들어오고 싶으면, [문을] 열고 들어와.')
Yao jinlai cai yao kai.
('[네가 만일] 들어오고 싶으면, [문을] 열고 들어와.')
마이클: *그럴 필요 없어.*
Ni yao bu yao jinlai?
('너 들어오고 싶지?')
마이클: *오케이.*
[장난감 집으로 들어간다.]

네 살짜리 어린이들이 중국어와 영어로 대화를 나누는 전략은 아마도 "부드러운" 부연 설명을 사용/이해하는 것으로 보였다. 제제의 계속되는 언어적 상호작용이 마이클에게는 "친절한" 제안으로 이해되었고 이는 제제가 무어라고 말하였는지 어떤 뜻이었는지 상관이 없었다.

시간이 흐르며, 디디와 제제는 다른 아이들이 자기들을 이해 못한다는 사실을 깨닫게 되었다. 실제로 중국어로 인터뷰했을 때 제제는 이 점을 분명히 말했고 영어를 배우고 싶었다고 말했다. 그 후 몇 년간, 이 둘은 영어를 유창하게 말하게 되었는데 중국어보다도 영어를 더 유창하게 말하였다 — 물론 이것은 다른 이야기이지만. 여기서의 **비습득**이란 이러한 상황에서의 다른 참여자들의 경우를 보여준다. 유아원의 다른 교사들과 어린이들도 디디와 제제의 영어가 공통어가 될 때까지 수개월을 성공적으로 상호작용하였지만 아무도 그러한 상호작용에서 중국어를 한 마디도 배우지는 못했다. 교사나 어린이들은 전적으로 뜻을 이해하기 위해 상황과 비언어적 신호, 내적 정보 등에 의존했다. 학습할 기회는 있었으나 아무도 그럴 필요나 동기는 없었다.

거시 사회적 요인들

사회적 상황이 SLA에 어떤 영향을 주는지 알아보기 위해 거시 사회적인 요소들, 즉 **의사소통 서지학적** 맥락과 **사회심리학적 맥락**에서 살펴보기로 한다. 연구나 이론에서 이러한 넓은 의미의 사회적 방법은 정체성, 신분, 가치 등이 어떻게, 왜 제 2언어 결과에 영향을 주는지 알게 해준다. 우리가 고려할 거시 사회적 요소들은 SLA의 생태학적 맥락의 다음 몇 가지 단계를 고려한다:

- 제 1언어와 제 2언어의 세계적, 국가적 위치
- 영역과 주체성
- 제도적인 힘과 제약
- 사회적 범주
- 학습의 환경

세계적, 지역적 위치에서, SLA에 영향을 주는 것은 공공 정책에 명시적으로 언급되어 있든지 아니면 문화적 가치나 관습에 따라 암묵적으로 실시되는 것이든지 모두 학습자의 모국어와 목표어의 위력이나 위치와 관련이 있다. SLA에 관계된 사회적 영역이란 그 나라 내에만 국한될 수도 있으나 그 지역 내에서나 그 외의 지역까지도 가능하고 그 언어로 언어 공동체에 포함시켜 통합하는 기능으로 그 언어를 사용하지 않는 사람들은 구성원에서 제외시키게 된다. 이 단계에서의 영향력은 모국어와 목표어 집단 사이의 관계를 포함하고 공동체 영역에서 개방과 동화 모두를 포함한다. 국가 내에서, 제도적 힘과 제약은 사회적 통제, 정치적 · 종교적 관습, 경제적 · 교육적 기회 등과 같은 관계에서 제2언어의 지식과 사용에 영향을 준다. 나이, 성별, 인종 등은 사회단체 구성원의 요소인데 SLA에 잠재적으로 관계가 있을 것이다. 마지막으로, 학습자가 가진 예전의 교육경험과 같은 학습 환경은 SLA에 영향을 줄 수 있는데 제2언어 학습과정이 형식적이든 비형식적이든 상관없고 또 그러한 교육적 모델 유형 학습자들이 교사나 다른 행정 관리자들의 교육적 영향을 받았는지 여부와도 관계가 없다.

제1언어와 제2언어의 세계적, 국가적 지위

언어는 상징적인 면과 실용적인 면 때문에 세계적, 국가적 위치에서 권력과 지위를 가지고 있다. 언어의 중요한 상징적인 기능은 정치적 일체화와 응집력이다. 이 점은 미국의 예를 들 수 있는데, 영어가 이 나라의 단일한 국가 언어로 받아들여지고 대부분의 사람들은 이 언어를 모든 시민들이 사용하는 국가적 통합으로 보고 중요하게 여긴다. 다른 언어를 쓰는 지역에서 온 이민자들은 미국에서 시민권을 취득하기 위해, 민주주의 사회에 참여하기 위해, 또한 경제적 안정이나 교육 등 기타 사회 서비스를 받기 위해 영어를 배우도록 되어 있다. 영어가 아닌 그들의 고유 언어나 이민자의 언어를 유지하는 것이 널리 보편화되지 않았고 때로는 이러한 언어를 쓰지 못하도록 적극적으로 억제한다. 사실, 특정 민족의 자부심이나 그 언어 사용은 다수 그룹에게는 매우 위협적이 될 수 있고 분열과 이탈의 상징이 된다. 영어 외에 다른 언어를 말하는 것은 일종의 비애국적이며 "비미국적인" 것으로 간주될지 모른다. 결론적으로 말하면, 영어를 습득하기를 기대하며 이민자들에게 제2언어로서 영어를 가르치도록 권장하며 주정부나 연방정부 기관에서 법으로 규정하기도 한다. 반대로, 다른 언어를 학습하도록 하는 주정부나 연방정부의 지원은 거의 없는 실정이다.

정치적 일체화와 응집력을 위한 언어의 상징적인 기능은 국가를 만들어가는 과정에 있는 나라들에게는 더 중요하다. 예를 들자면, 히브리어는 초기에는 몇 안 되는 사람들만이 원어민처럼 말하였지만 이스라엘을 만드는데 히브리어의 공식적 사용을 확립하는 것은 상징적으로 중요하였다. 그리하여 모든 이민자들에게 제2언어로서 히브리어를 가르치는 대대적인 노력이 투여되었고 히브리어와 경쟁이 될 만한 이디시어(Yiddish)나 다른 언어들은 민족 일체화나 종교적인 기능으로서 사용할 수 없도록 사회적인 규제를 가했다. 아이리시와 웨일스어를 제2언어로서 민족 주체를 나타내는 목적으로 가르치려는 노력을 기울였으나 성공하지 못 하였다.

제2언어는 나라의 정복이나 제국 건립 등의 시대에는 정치적인 기능을 하였는데 노르만 정복은 영국에게 프랑스어를 제2언어로, 식민지 확장은 아프리카와 아시아에 영어를 제2언어로, 아프리카에 프랑스어를 제2언어로, 그리고 제2차 세계대전 이후 러시아연방의 지배가 동유럽에 러시아어를 제2언어로 학습하도록 하였다. 이 세 가지 예는 극도로 다각적인 결과가 언어적인 전파의 시기 이후에 올 수 있다는 것을 보여준다. 노르만 정복자들의 언어적 동화는 영어에 프랑스어의 어휘를 남겨놓는 – 더 이상 제2언어의 요소가 아닌 – 결과를 가져와 영어에서 원래의 언어처럼 통합되었다. 아프리카와 아시아에서 영국에 의한 식민 통치 이후 영어는 공식적인 언어로, 또한 도움을 주는 언어로 새롭게 독립한 국가들에 여전히 남아있게 되었다. 나이지리아와 인도의 경우, 영어는 국가의 공식 언어가 되었는데 (인도에서는 힌두어와 함께) 이는 영어가 이 두 나라의 국민에게 모국어는 아니지만 (그래서 민족적으로 중립적인) 광범위하게 사용되고 사용 가능했기 때문이다. 반면, 제2언어로서 러시아어의 역할로 인해 우크라이나, 키르기스스탄, 카자흐어로서의 중요성은 급격히 쇠퇴하고 예전의 러시아 공화국이었던 다른 나라들의 언어가 민족주의의 상징이 되었다. 실로, 상황이 뒤바뀌어, 많은 러시아어의 원어민들은 새로이 독립한 국가에서 살면서 그들의 제2언어로서 다른 언어를 학습해야 할 필요성을 느끼고 있다.

역사적으로나 또 현 시점에서 볼 때, 국가적 차원에서 제2언어 학습의 필요성은 공식적인 언어 내지 주 언어의 배경지식이 없이 그 나라에 이주해오는 이민자들에게 가장 절실한 것임을 알게 되었다. 이는 공식적인 언어나 주 언어는 정복이나 혁명 또는 다른 정치적 변화에 의해 바뀔 수 있다. 지구상에서 제2언어 학습의 필요성은 그 지역의 상업, 공업, 정보/기술 등의 자료나 통제 등에 따라 동기가 부여된다. 어느 특정 제2언어의 학습에 대한 기회나 동기는 상징적이든 실용적이든 간에 그 언어의 상대적인 힘이나 위상에 달려있다. 이는 그 국가가 가지고 있는 상대적인 경제력, 군사력, 국가의 위상 등과 별개가 될 수 없다. 이러한 이유에서, 중국의 경제적 위상이 커지면서 중국어 학습에 대한 관심이 커질 것으로 예측된다. 특정 언어의 지식이 가져다 줄 경제적, 사회적 이득이 별로 나타나지 않는 경우 제2언어로서의 언어학습 동기란 거의 없게 된다.

영역과 정체성

언어의 정체성 기능 중 하나는 국가적 영역을 구분 짓거나 재확인함으로서 가능하지만 언어학적 영역 역시 그 국가의 영역 내에서 또는 영역을 넘어서 존재한다. 한 나라의 언어 공동체의 일원으로서 한 민족으로 묶어주는 역할과 이방인들은 의사소통의 내부자에서 제외시키는 역할을 한다. 통일성의 기능은 이스라엘에서 히브리어를 공식적으로 사용하는 예와 나이지리아에서 나라와 주를 건립하는 과정으로서 영어를 사용하는 예에서 볼 수 있다. 반면, 제외하는 기능은 멕시코의 스페인 정복자들이 인디안 원주민들에게 카스틸리아어(Castilian)를 가르치지 못하도록 하는 예와 중국을 정복한 몽골인들이 중국인들에게 자신들의 언어를 사용하지 못하도록 하는 예에서 볼 수 있다. 언어 공동체는 다른 언어가 너무 어렵다거나 사용하기에 부적절하다는 이유로 제2언어로서 학습을 방해하여 그들의 영역을 재확인하는 수도 있다. 인위적으로 국가적 영역을 나누어 만들 때 (대부분의 식민지 영토에서의 경우와 미국의 남서부 지역에서와 같이) 사회적, 정치적 압박감은 소수민족의 언어를 차별하고 우위 언어를 가르치기 위해 힘을 가하기도 한다.

다른 언어 공동체에 참여하기 위해 언어적 영역을 건너가는 것과 그 언어를 가지고 일체감을 갖게 되는 것은 그 언어의 학습을 필요로 한다. 이는 참여하기 위해 필요한 도구이자 출입을 허용하는 휘장과 같은 것이다. 적극적인 참여는 그 공동체의 문화도 학습할 것을 요구하며 가치와 행동 패턴에 적응하도록 요구하는데 이를 **문화 변용**이라 부른다. 이 현상이 나타나는 여부는 주로 집단의 동기에 달려있다.

동기에 대해 제3장에서 왜 일부 학습자들이 제2언어 학습에 있어 다른 이들보다 더 성공적인가에 대한 차이점으로 개념을 정리하였지만 이는 사회의 외부적 요인에 의해서도 영향을 받는다. SLA를 연구하는 사회심리학자들은 이민자의 그룹이나 소수민족이 주류가 되는 사회에 문화적으로나 언어적으로 적응하려는 데에 있어 동기의 효과를 강조한다. 같은 맥락의 일반적인 동기 요소가 주류인 부류가 왜 소수언어를 전혀 배우려 하지 않는지 또는 소수 공동체와 일체화되고 싶지 않은 경우 왜 잘 못 배우는지를 보여준다. 이러한 점을 통해 Wallace Lambert(1991:220)는 왜 영어가 제1언어인 많은 학생들이 캐나다의 프랑스어 제2언어 집중강좌 프로그램에서 어린 시절부터 시작하여 여러 해 동안 학습하여도 한계(더러는 고등학생이 되면 프랑스어의 발음이 더 나빠지기까지 하는 이유)가 있는지에 대해 설명한다.

John Schumann(1978)은 자신의 **문화 변용 모형**에서 SLA의 결과에 부정적인 영향을 주는 다른 집단의 요소들도 제시한다. 예를 들어, 학습자와 목표어 집단간의 사회적 거리가 생기게 함으로써 문화 변용을 제한하고 따라서 제2언어 학습을 억제하는 요소들로 다른 그룹보다 우월하다는 생각, 그룹간의 차별과 자기의 생활방식을 고수하고 싶은 마음 등을 들고 있다. 미국 남서부의 영어 화자들은 스페인어 화자들과 나란히 살며 일하고 지내는데 스페인어 몇 마디를 아는 정도 외에는 전혀 언어 습득이 없고 파라구아이의 스페인어 화자가 구아라니 언어 화자를 하인으로 고용한 경우 구아라니 언어 몇 마디 정도 이상하는 경우가 거의 없다는 것이다.

제도적 힘과 제약

국가와 공동체 영역에서, 사회 제도란 공적인 범위, 즉 정치, 종교, 교육 등에 있어 사람들의 삶을 이루며 규제하거나 행해지는 관습이나 법에 의해 제정된 체계이다. 이는 SLA와 관련된 힘이나 권위나 영향력인데 여기서 우리가 가장 관심을 두고 있는 힘이나 제약은 언어와 관련된 사회적 통제, 지식 증대를 위한 결정이나 다른 언어적 특혜나 차별 등이다.

언어적 사회 통제의 형태로 가장 분명한 것은 공식적이거나 비공식적 정책의 형태를 취하는데 이는 어느 언어가 어떤 특정한 상황에서 쓰이게 되는지 규제하는 것이다. 예를 들면, 한 국가의 언어를 사용하는 것은 정치적인 모임에서는 필수이고 다양한 종류의 사회적 서비스를 받기 위한 협상이나 허가를 받기 위해 신청하는 등 기초적인 수준의 행정적인 기능에 필요하다. 언어 유창성의 상급 수준은 선거나 공무원 임명과 같은 상황에서도 필요한데 이는 그들이 사용하는 언어 때문에 한 그룹이 다른 그룹보다 권력을 더 강화하는 것이다. 한편, 정부 공무원 등은 어느 정도 다른 언어를 말하는 사람들을 대표할(적어도 그들의 투표를 받거나) 필요가 있는데 이러한 언어를 말하는 능력이 가치있게 평가되거나 꼭 필수적일 수 있다. 예를 들어, 미국의 최근 대통령 선거

유세에서, 영어만 전용하려는 국가적 위상에도 불구하고 유권자 중 스페인어를 제1언어로 말하는 사람들이 많은 지역에서는 후보자들이 영어 뿐 아니라 스페인어로 (대개 잘 못 하지만) 연설한다. 스페인어의 몇 마디 단어나 표현을 사용하는 것은 후보자가 그 민족에 대해 관심을 가지고 있다는 의도를 상징적으로 전달하는 것이다. 반면, 볼리비아와 과테말라에서 스페인어는 일부 소수민족들 사이에서만 최근까지 모국어로 사용되었으나, 경제적 위상과 스페인어의 공식어로서의 제도화가 케추아족/아이마라족(Quechua/Aymara)과 마야족의 제1언어 대다수까지도 통제 유지할 수 있게 되었다.

법조계와 사회 서비스 계통의 언어 관련 사회적 통제를 보면, 언어 정책은 무자비한 차별에서 비롯될 수 있음을 보여준다. 특히 피고자가 법정 언어를 이해하지 못하는 경우나 "서비스"의 언어가 "서비스를 받는 자"에게 공식 언어가 아니라 유창하지 못한 경우 그러하다. 이는 이민자의 경우인데 자신들의 언어로 의사소통할 수 있는 조항이 없어 특히 부정적인 영향을 주게 된다. 부작용의 예로, 이민자들의 가족 간에 다중언어적 능력 차이로 인해 전통적인 가족구조의 붕괴를 가져오게 되는데, 이는 자식들이 학교에서 주 언어를 배워 부모가 사회 민원봉사를 받을 때 자식들이 통역사나 브로커의 역할을 해주면서 권력 구조의 위치를 뒤바꿔놓아 부모들의 권위를 위협하기 때문이다.

소수민족은 교육을 받는 면에 제약을 받는데 이는 이러한 교육기관에 응시하려면 "적절한" 언어 사용이 필수적이기 때문이다. 일부 다중언어 사회에서는 언어적 능력이란 공식적으로나 수준 높은 언어로 표현되는 우위 그룹의 능력만을 말한다. 언어 지식의 기회조차 재정적인 벽으로 인해 일찍부터 제한되어 있기 때문에 차별의 가능성은 다양하다. 예를 들어, 일부 국가들의 대학이나 전문학교에 입학하는 것은 외국어(주로 영어)의 사전 언어 학습이 필수조건인데 이는 언어 학습의 양적, 질적인 면에서 이를 준비하는 교육기관에서 받을 수밖에 없기 때문이다. 이러한 교육은 공립교육에서는 받을 수가 없는 것으로 부유층 자식들이나 사립학교에서 받을 수 있는 교육이다. 그러므로 부유하고 사회적 지위가 있는 신분만이 제2언어 습득의 기회가 결정된다.

언어 교육의 기회는(혹은 제약) 다른 정치적 이유로 동기를 부여받는다. 1970년대에 남아프리카 Soweto라는 곳의 폭동을 예로 들면, 초등학교의 기본교육을 영어로 하지 않겠다는 언어 정책에 대한 시위로 시작되었는데 이는 그 지역의 흑인에게는 영어가 제공할 수 있는 통합적이고 국제적인 교육을 받지 못하도록 하는 정책으로 받아들였기 때문이다. 좀 더 최근의 예는, 이스라엘에 살고 있는 팔레스타인 사람들의 경우인데 이들에게는 고등학교 때 제약적인 기회, 즉 상급과정의 영어를 습득할 기회가 없었기에 제2언어를 통한 지식이나 힘의 차이 때문에 영어 지식을 필수로 하는 좋은 대학에 진학할 수 없다는 보고이다.

한편, 영어교육의 상급과정을 제공한 의도치 않은 국제적 결과는 일부 학계에서 기회 제공을 억제하기도 했다. 학계나 출판계에서 영어의 힘에 대한 우려도 있는데 이는 이러한 위상이 영어가 수단인 대학에서의 고등교육을 받은 사람들의 특권으로 나타나기 때문이기도 하다.

제2언어의 습득은 언어적인 면과 심리적인 면에서 볼 때 추가적으로 얻는 것이 있다는 점에 대해 중립적이고 긍정적으로 취급되었지만 사회적인 면에서 볼 때는 몇 가지 문제도 있어 보인다. 우세한 제2언어의 습득은 열세한 제1언어를 약화시키거나 아예 잃게 할 수도 있다. 이는 그 개인이 속한 제1언어 집단에서 멀어지게 만들게 되며 궁극적으로 열세한 언어 그 자체가 사라지게 만드는 것이다. 또한, 제2언어를 통한 기술적 지식 습득은 학습자로 하여금 본인의 제1언어가 그 지식을 표현할 수 없게 할 수도 있다. 예를 들면, 아랍어나 중국어 또는 다른 언어의 학습자가 영어권 국가에서 언어학을 공부하고 각자의 모국으로 돌아갔을 때 모국어로 자기 전공을 잘 전달하거나 기존의 학자들과 적절히 소통하지 못함을 깨닫게 될 것이다.

사회적 범주

사람들은 사회적으로 관련된 여러 가지 나이, 성별, 교육 수준, 직업, 경제력 등에 의해 범주화된다. 이러한 범주화는 사람들이 어떤 경험을 하게 될지, 타인들에게 어떻게 보일지, 이들에게서 무엇을 기대할 수 있는지 등에 영향을 준다. 이들이 제2언어 학습자가 되면 다른 사회적 범주에 속한 사람들은 모국어나 목표언어 양쪽 공동체 모두에서 좀 다른 학습 환경이나 다른 태도나 생각들을 경험하게 된다. 그러므로 이 점이 우리가 SLA의 거시 사회적인 맥락에서 고려해야 할 또 하나의 단계이다.

나이가 또 하나의 예가 된다. 제4장에서 언급했듯이, 연령은 제2언어 학습에 영향을 주는 생물학적 요소이지만 사회적 요소이기도 하다. 어린 제2언어 학습자가 나이가 든 학습자에 비해 학교 교실 상황이 아닌 자연스런 상황에서 더 잘 습득할 확률이 높다. 그들은 학문적인 배경보다는 개인 대 개인의 상황에서 제2언어를 훨씬 더 많이 사용하고 읽거나 쓰는 것도 더 많이 한다. 이러한 사회적 요소들이 어른보다 어린 학습자들에게 SLA를 습득하는데 더 이점인지 확실치는 않지만 다른 조건이나 다른 학습 과제가 필요하게 만든다.

SLA가 진행되고 있는 몇 가지 사회적 상황은 나이 어린 집단에게 단점이 된다. 우세한 제2언어 환경으로 이주해 언어를 배우는 경우는 제2언어를 학습하는 면과 다른 학습을 제2언어로 하는 면에서 모국어로 이미 기본적인 제2언어 교육을 받고 이주해 나이가 좀 들어 제2언어를 배우는 어린이들보다 궁극적으로는 더 못하는 것으로 나타났다. 한 예로, Gonzalez(1986)는 일리노이와 캘리포니아 두 곳에 보고하였는데, 멕시코에서 미국에 이민 오기 2년 전부터 학교에 다니던 학생이 6학년이 되었을 때 미국에서 학교를 시작한 스페인계 제1언어 학습자들보다 더 높은 읽기 성적을 받은 경우를 발표하였다. 다시 말해서, 영어로 수업을 2년 덜 받은 학생이 미국에서 영어로 수업을 2년 더 받은 학생들보다 더 잘했다. 비슷한 결과가 더 발표되었는데 Cummins(1981)에 의해 캐나다에 이민 온 일본 학생들을 대상으로 한 연구였다.

이러한 결과에 대한 적절한 설명은 복잡하여, 일차원적이고 단순한 해석은 조심해야 하겠다. 멕시코와 일본에서 각각 학업을 한 학생들의 제1언어로의 인지적, 학습적 능력 발달은 미국이나 캐나다에서 영어로만 학습을 할 때 모국어에서 영어로 옮기는 언어 전이를 상당히 효과 있게 하여 성공적으로 학습하는 것으로 보인다. 또한 이 학생들은 학교 안팎의 상황에서 동화하도록 하는 기대와 압박을 어린 나이부터 부정적으로 받거나 모두가 다 영어를 하는 환경에서 교육적 경험이 오히려 부정적으로 나타나는 것을 겪지 않았기 때문인 것으로 보인다. 다른 유명한 사례는, 스웨덴에서 학교를 다니는 핀란드 어린이의 경우이다. 이들은 사회에서 소수민족이라는 부정적인 시선을 받는데 호주 학교에 다니는 핀란드 어린이들보다 학습을 잘 못하는 것으로 나타났다. 호주에서의 핀란드인은 스칸디나비아 사람이라는 긍정적인 시각으로 평가되기 때문인 것으로 해석할 수 있다.

SLA에 있어 어린이들에게 일반적으로 도움이 되는 생물학적 요소는 성인 학습자들에 비해 사회적 동기만 충분히 부여되면 원어민과 동일한 화자로 "통과" 할(발음조차도) 수 있는 수준까지 성공적인 습득이 가능하다는 점이다. 예를 들면, 제1언어가 영어와 독일어인 사람들이 "혼합" 결혼을 한 경우를 연구하였는데, 새로운 언어를 몇 살에 처음 시작했는지는 제2언어를 정말로 언제부터 중요하게 여겼고 언제부터 적극적인 학습을 책임감 있게 했는지보다 궁극적인 언어 능력을 예측하는데 덜 중요한 것으로 나타났다(Piller 2002).

또 다른 예는 성별인데 이 또한 학습에 있어 생물학적 요소인 것으로 제4장에서 다루었듯이 하나의 사회적 범주이다. SLA에 있어 남녀간의 다른 태도나 학습 환경에 따라 다른 사회나 다른 방법으로 누구에게 더 유리한지 알 수 있지만 어느 성별도 선천적으로 유리한 점은 없다. 예를 들어, 농장에서 일하는 이민자의 어린 남자 아이들이 또래 여자 아이들보다 더 유창하게 스페인어(제1언어)와 영어(제2언어)를 한다. 연구를 위해 남자 아이들이 학교에 가기 전에 다른 아이들과 농장 밖에서 놀도록 했는데 그 때 여자 아이들은 동생들을 돌보아야 하는 책임감과 본인들의 안전을 위해 집안에 있었다. 여자 아이들에게 이러한 상호작용의 기회가 차후에 경험할 수 있게 주어지기는 하였지만, 언어 학습에 있어서는 일단 불리한 상황이었다. 반면, 여자 아이들은 Willett(1995)의 연구에서와 같이, 교실에서의 학습에서는 남자 아이들보다 더 유리했다. 여자 아이들이 함께 앉도록 허락되었는데 표현 기능을 통해 협력하고 서로를 지지했으나 남자 아이들은 성별 때문인지 따로 앉아 이중언어 사용자인 동급생의 도움이 허락되지 않았다.

여성, 남성간 학습 환경의 차이점은 어린이에게만 국한된 것이 아니다. 대학에서 외국 유학 프로그램에 등록한 몇몇 여학생들은 남학생들보다 외국어와 문화 경험에 몰입하는 기회가 적은 것으로 보고되었는데 이 점은 제2언어 실력을 발전시키는데 방해가 될 수 있다. 이는 여성에게는 감독 없이 하는 행동에 대한 제약이 더 많거나 여학생들 스스로가 성적 추행이 가능한 상황을 피하는 성향 때문이다(Polanyi 1995 참조).

민족적 범주는 SLA에 영향을 주는데 주로 역사적으로나 현재 타 인종 간의 관계나 사회영역이나 정체성 등의 결과로 본국이나 목표어 공동체 안에서 사회적으로 형성되는 태도 때문이다. 이러한 태도는 제2언어 학습자들에게 어떠한 언어 입력이 주어질지, 어떤 언어가 사용될지 등에 어느 정도 중요한 결정을 하며, 원어민과 다른 목표어의 학습자들과 상호작용의 본질에도 영향을 준다.

서로 다른 민족 간의 관계는 다민족이 공존하는 사회에서 다른 범주 기준도 있다면 두 가지 중 하나로 특성지어질 것으로 그룹 간의 수평적인 차이와 또 하나는 다른 그룹보다 상대적으로 더 많은 권력과 명성과 공통점이 너무 많다고 스스로 생각하는 민족 집단의 일원들은 상호작용을 더 잘하며 다른 언어의 습득을 더 잘할 것이다. Miller(2000)는 호주로 이주하여 공부하는 고등학생들 간의 차이점과 관련이 있는 요소 하나를 논문에 보고한 바 있는데 호주 학생들과 외모가 비슷한 머리색을 가진 유럽인들은 그들과 다르게 보이는 아시아계 학생들보다 더 빨리 동화되며 쉽게 친구가 되는 것으로 나타났다. 사회적 거리에 관한 견해에 일조하는 또 다른 요소는 종교와 문화적 배경인데 이방인이나 새로 알게 된 사람을 대하는 상호작용으로 적절한 행동 패턴을 말한다. 어린 학생들을 대상으로 한 연구에서(Saville-Troike 1984) 남아메리카와 중동 지역과 유럽에서 온 어린이를 관찰하였는데 이들은 중국, 일본, 한국에서 온 어린이들보다 미국 어린이를 더 빨리 사귀는 것으로 나타났다. 이는 외모적인 차이라기보다 상호작용 패턴의 상대적 문화적 일치감 때문인 듯하다.

어떤 민족의 구성원이 다른 민족의 구성원보다 다소 특권을 누리는 점은 대체로 그 민족이 다민족 사회에서 정치적, 경제적 힘이 있기 때문인데 대개의 경우 우월한 위치에 있게 된다. 이 면과 관련된 SLA의 접촉에서 오는 두 가지 결과란 이중언어의 유형(Lambert 1974; Gardner 2002)인데 **가산적 이중언어,**

Wallace Lambert (b. Nova Scotia), 1922～현재

사회심리학

Wallace Lambert는 다양한 교육과 경험을 통해 복잡하고 미묘한 이중언어와 다문화주의 영역의 연구자로서 성공할 수 있었다. Lambert(1974)는 *가산적, 감산적 이중언어(additive, subtractive bilingualism)*의 차이점을 피력하였다. Lambert는 또한 Gardner와 함께 동기에 대한 연구로도 알려져 있다. 더욱이, Lambert는 Matched Guise 연구에도 잘 알려져 있다(Lambert, Hodgson, Gardner와 Fillenbaum 1960). 이러한 연구는 두 가지 언어로 문단을 읽은 이중언어 화자들에 대한 청자들의 반응을 조사한 것이다. 청자들에게는 같은 사람이 읽는다는 말을 하지 않고 각각의 문단을 읽은 사람에 대한 판단을 하도록 했다. 그리하여 청자들이 화자들에게 상상하고 있는 사적 편견이나 태도가 어떤 판단을 내리게 했는지 알아보는 것이다.

〈흥미있는 사실〉 학생 시절, Lambert는 군대에서 정신의학의 사회봉사에 가담하였고 세 나라에서 심리학, 사회학, 인류학을 수학하였다(캐나다, 미국, 프랑스).

즉 주류인 그룹의 구성원이 제1언어 능력이나 민족 구체성에 위협 없이 비주류 그룹의 제2언어를 배우는 것과 열세한 그룹의 구성원들이 우세한 언어를 제2언어로 배우며 민족적 정체성이나 제1언어의 약화를 초래하는 – 특히 어린이의 경우가 특히 더 – **감산적 이중언어**의 두 가지이다. 이민자 그룹을 포함해서 "가산적" 또는 "감산적" 결과를 가져오는 사회적 변수는 많다. 본국과 지속적으로 연락할 기회가 어느 정도인지, 가족 구성원에 조부모나 다른 친척이 포함되는지, 종교적인 이유로 제1언어의 제도적 사용이 계속되고 있는지 등이 변인이다.

학습 환경

SLA의 생태학적 맥락에서 다룰 마지막 거시 사회적 요소는 **학습 환경**이다. 먼저 학습자의 예전 교육 경험으로 시작해본다. 학습이란 아이가 태어난 가정에서 가족과 처음 경험을 하며 시작되므로 SLA가 진행되는 사회적 상황에서 조금 큰 사회적 상황을 말하게 된다. 학습자들이 속한 공동체와 이들이 사는 문화적 환경에서의 경험이다. 이들이 5, 6세가 되어 학교 교육을 받기 시작하면 이미 기초적인 가치와 본국의 문화에 대한 신념 등을 받아들이게 되고 이들 공동체에서 적절한 역할이라고 생각하는 행동의 규칙들을 배우게 되며 계속되는 사회화 과정을 확립하게 된다.

제3장에서 이미 언급하였듯이, 학습자의 인지 유형의 차이점은 적어도 이러한 경험과 약간은 관련이 있다. 예를 들어 **장 의존적**과 **장 독립적** 인지 유형 사이의 차이는 어린이들이 어떻게 성장되었는가와 관련이 있다. 이 부분에 대한 연구는 다소 추측에 기반을 둔 것으로 보이지만 장 의존적 유형은 좀 더 협력적인 시골 환경과 상관있어 보이고 장 독립적 유형은 좀 더 경쟁적인 도시 환경과 상관있어 보인다. 장 의존적 유형은 경제 수준이 좀 낮은 것과 관련 있어 보이고 장 독립적 유형은 더 풍요로워 보인다. 어떤 인지 유형이 다른 인지 유형에 대해 갖고 있는 문화적 가치 또한 중요한 역할을 한다.

문화를 바탕으로 한 학습 전략의 예는 암기와 관련이 많은 학습 방법에 경험이 많은 동양인 학생들 사이에서 암기 능력이 뛰어난 것을 볼 수 있다. 숫자를 외워야 하는 시험에서 중국 학생들이 유럽이나 미국 학생들보다 점수가 상당히 높은 것은 그들이 어려서부터 암기 교육 환경에서 학습하였기 때문이다. 이 장점은 중국 학생들이 유럽이나 미국에서 학교에 다녔다면 사라졌을 것이다. 결과적으로 그들의 높은 점수는 유전자 배합 때문이라기보다 예전의 학습 경험에 바탕을 두었음을 말한다. 중국 학생들에게는 암기를 통한 제2언어 영어 학습이 효과적이고 효율적인 반면, 이러한 학습 전략에 익숙하지 않은 학습자들에게는 그다지 효과적이지 않을 것이다.

상황적 환경에 또 하나 중요한 차이점은 제2언어 학습이 **비형식적**인지 **형식적**인지, 다시 말해서 **자연적**인지 **교육적**인지에 달려있다. 비형식적/자연적인 학습은 주로 사람들이 만나서 — 서로 상호작용할 필요가 있을 때 — 다른 언어의 화자와 학습하는 것이다. 이는 사람들이 다중언어 사회에 거주하는 경우 가능한데 이들의 가족이나 친구들의 주변인들이 다중언어 사용자이고/이거나 이들의 생활 방식이 외국 여행이 필요하거나 사업상 혹은 취향 때문에 타국에 살거나 하는 이유에서이다. 형식적/교육적 학습은 일반적으로 학교에서 배우는 것인데 그들 문화적 환경의 필요성, 믿음, 가치, 풍습 등에 따라 형성된 사회 제도적 교육이다.

제2언어 학습자가 다수민족 제1언어 화자라면 외국어로서의 제2언어 학습 과목으로만 제공 받게 되므로 학생들이 진정한 의사소통 능력을 개발하기 위한 기회는 매우 약하다. 다중언어가 많이 강조되고 기대되는 사회적 상황에서는 제2언어 집중 프로그램으로 역사나 과학을 그 언어로 가르치는 과정도 개설하여 타 언어를 모국어로 하는 다양한 학생들도 함께 수강할 수 있도록 하고 두 언어 모두로 특정 과목을 학습할 수 있도록 해준다. 경제적 여건이 허락하는 한 외국 유학이나 교환 학생과 같은 프로그램도 포함할 수 있다.

제2언어 공동체 내에서 제2언어 교육을 형식적으로 받은 소수민족 제1언어 화자들은 특히 꽤 다른 경험을 하게 된다. 일단, 소수민족을 위한 제2언어 교육은 주로 우위의 언어사회 집단에 의해 통제되고 행해지므로 교육 방법이나 교재는 소수민족 학생들이 이미 배운 내용과 대립될 수 있다. 이러한 민족 영역이나 정체성에 대한 사회적 태도는 제2언어 또래 학생들과 분리되거나 통합적 학습 경험을 하는데 영향을 준다. 학생들의 제1언어의 가치나 정당성에 대한 사회적 태도는 교육목표가 다중언어 능력을 향상시키는 것이 포함되어 있는지, 제1언어가 유지되고 더 향상되는 가운데 제2언어가 추가되는 것인지 제2언어로 완전히 전환이 되는 것인지를 결정한다. 미국에서 대부분 소위 말하는 "이중언어" 프로그램은 제1언어로만 교육되는데 이는 잠시 편의상으로만 그렇고 학생들이 제2언어로 전환하면 제1언어는 버려진다.

SLA의 거시 사회적 상황에서 어느 한 가지 요소가 다른 것들과 분리될 수는 없다. 학습을 하는 환경은 학습자가 살고 있는 나라와 역사, 문화, 지리적 위치 등과 관련이 있으며 그 사회에서의 사회적, 경제적 범주와도 관련이 있고 또 그 언어가 속해있는 위상을 결정하거나 반영되는 모든 역사적, 교육적, 정치적 힘과도 관련이 있다. 이 모든 요소들이 학습의 거시 사회적 환경에 많은 영향을 주는 것들로서 제2언어 입력에 있어 누가 기회를 얻는지, 못 얻는지, 또한 어떤 상호작용을 갖게 되는지 여부와 제2언어 학습 결과가 어떻게 되는지를 결정한다. 제2언어 학습자 개인은 제2언어가 교육기관에서 학습이 주어질지, 어느 언어가 될지, 어떻게 무슨 단계로 가르쳐질지, 학습 기대되는 수준, 혹은 필요한 유창성의 수준이 무엇인지, 또는 학습을 하고 안하고의 결과나 장점 등에 관한 면에 선택권이 별로 없다. 개개인이 태어나게 된 우연의 일치에 따라 어느 제2언어를 비형식적으로 배우게 될지 또는 그것이 그 개인의 인생에 어떠한 가치와 중요성을 주는지가 결정된다. 이러한 다양한 요소들은 개인의 통제 영역 밖이지만, 선택이 주어지는지 아닌지 여부가 개개인의 제1언어나 학습하게 될지 모를 제2언어가 그 개인의 삶에 깊은 영향을 주게 될 것이다.

■ 요약

의사소통 목적으로 제2언어를 학습하는 것은 그 언어의 형태와 구성 등을 알아야 할 뿐만 아니라 적절하게 사용하는 지식과 기술 등도 알아야 할 필요가 있다. 사회적인 면으로 이 단원에서 우리는 제2언어의 해석과 성과는 환경적인 요소와 사회적 상호작용의 본질이 어떻게 촉진되는지 또는 제2언어 습득을 방해하는지 등에 영향을 받는다는 것과 학습의 결과가 SLA에 있어 넓은 의미의 생태학적 환경에 의해 어떻게 결정되는지를 살펴보았다. 우리가 태어나 배우게 되는 제1언어와 특정 제2언어의 습득에 있어 공적이건 사적 수단이건 간에 성공이나 실패 등은 우리 삶의 경로에 커다란 영향을 미친다.

우리는 학습자가 경험하는 의사소통 상황에서 주로 볼 수 있는 미시 사회적인 맥락의 효과에 대해 알아보았고 그들이 누구와 무엇을 상호작용하는지, 다양한 환경에서 의미파악을 위한 협상은 어떻게 이루어지는지 등을 살펴보았다. 또한 언어의 위력과 명성, 집단의 영역과 주체성, 교육제도의 힘과 제약, 그 외에 학습에 영향을 주는 다른 환경 등을 고려한 거시 사회적 환경의 효과에 대한 것도 알아보았다.

SLA를 세 가지 분야에 초점을 맞추는데 언어적, 심리적, 사회적인 면이다. 이러한 면들이 다른 각도와 다른 견해를 제공함에 따라 다각적인 초점이 제2언어 학습을 전체적으로 이해하는 목표에 더 가까이 도달할 수 있게 해 줄 것이다.

활동

■ 자습을 위한 질문

1. 다음 용어를 그에 상응하는 예와 알맞게 연결하시오.

1. 보조 언어	a. 프랑스인이 학교의 요구 때문에 6년 동안 독일어를 학습한다.
2. 외국어	b. 중국인가족이 캐나다로 이민을 가서 학교에 가기 위해 또 일을 하기 위해 영어를 학습한다.
3. 제2언어	c. 인도에서, 타밀어를 모국어로 하는 원어민들이 인도정부의 공식적인 절차에 참여하기 위해 영어를 학습한다.

2. 제2언어의 다양성은 언어적, 심리적, 사회적인 이유로 나타날 수 있다. 다음의 의사소통 환경들을 제2언어의 다양성을 묘사한 설명과 연결하시오. 다음 중 둘은 한 가지 이상의 답이 가능하니 다양한 답을 고려하고 왜 그것들을 선택했는지 설명하시오.

1. 언어적	a. "너 뭐하니?"에 대한 질문에 어린이가 "I'm dancing"이라고 답변하는데 끝 음절의 발음을 "ing"로 한다. 그리고는 "I'm dancing with my doll."이라고 말하며 끝음절을 "in"으로 발음한다.
2. 심리적	b. 같은 아이가 운동장에서 친구에게 "Yesterday I was dancing with my doll,"이라고 말하는데 dancing의 끝 음절을 "in"으로 발음한다. 나중에 선생님에게 같은 문장의 dancing의 끝음절을 "ing"으로 발음한다.
3. 미시 사회적	c. 한 학생이 영어의 3인칭단수 현재시제 동사에 "s"를 붙여야 함을 항상 기억하고 쓸 때는 "John walks to school,"이라고 쓰는데 말할 때는 가끔씩 "John walk to school,"과 같이 "s"를 빠뜨린다.

3. __________ 이론에 따르면, 상호작용은 언어 습득을 위해 (또한 원인이 되기도 하는) 필요한 것이고 모든 학습은 사회적 과정이다.
4. __________는 학습자가 교사나 더 상급 단계 학습자와의 상호작용을 통해 잠재능력을 더 발전시키는 부분을 나타낸다.

5. ________ 모델은 학습자와 목표어 집단 간의 사회적 거리를 만드는 집단 요소를 정해주고 궁극적으로 제2언어 학습을 방해한다(다른 그룹보다 어느 한 그룹이 우월하다거나 생활방식을 유지하려는 학습 집단의 바람 등).
6. _________ 두 나라 말을 잘 하는 것은 우위 집단의 언어 학습자가 제1언어 능력이나 민족적 정체성에 위협이 없는 상황에서 다른 소수 언어를 배우는 것이다. __________ 두 나라 말을 잘하는 것은 소수민족의 학습자가 제2언어로서 우위의 언어를 배우는 것인데 제1언어의 능력이나 민족의 정체성을 잃게 되는 경험을 하게 된다.
7. _______ 학습은 교육적인 학습인데 주로 학교에서 받는다. _________ 학습은 다른 언어의 화자들과 만나서 상호작용할 필요가 있는 상황에서 일어난다.

■ 능동적 학습

1. 저자는 제2언어 습득에서 사람 대 사람의 상호작용은 절대적인 필수조건이 아니라고 주장합니다. 당신의 의견은 어떠합니까? 본인의 경험을 바탕으로 이 점에 대해 지지 또는 비판 하시오.
2. 의사소통 능력이란 "언어공동체에서 화자가 의사소통을 적절히 하기 위해 알아야 할 능력"으로 정의됩니다. 이것은 순수한 언어적 능력과 어떻게 다를까요? 당신은 언어적 능력이 효과적인 의사소통을 위해 충분하다고 생각합니까? 본인의 관점을 지지할 수 있는 실질적인 예를 이 단원에서 배운 이론적인 설명과 함께 제시하시오.
3. 감산적 이중언어란 소수민족의 구성원들이 우위의 언어를 제2언어로 배우는 것인데 이들은 대개의 경우 제1언어 능력을 잃게 되거나 민족적 정체성도 잃게 되는 경험을 합니다. 제2언어 상황에서 제2언어를 학습하는 경우 제1언어 능력이나 민족적 정체성을 유지하는데 어려움은 무엇입니까? 제2언어가 우위의 상황에 있는 소수민족 집단에게 가산적 이중언어는 가능합니까? 본인이 알고 있거나 다른 사람들이 알고 있는 경험을 바탕으로 답변을 지지하시오.
4. 본인의 학습이나 혹은 잘 아는 다른 사람의 학습을 고려할 때, 비계 설정이나 근접발달 영역이 효과적이라고 생각합니까? 비계 설정이 필요한 본인의 예나 다른 학습자가 더 발전하기 위해 기회를 주는 교사로서 혹은 상급단계의 학습자로서의 예를 가지고 설명하시오.

추가 독서

Saville-Troike, M. (2003). *The Ethnography of Communication: An Introduction* (Third Edition). Oxford: Blackwell.

이 책은 의사소통 능력을 갖추기 위해 한 가지 중요한 분야인 의사소통 서지학에 대한 기본 개념을 소개하고 있다. 제2장 "기본 용어, 개념 및 쟁점"은 의사소통 기능과 분석 단위와 같은 다른 중심 생각들과 함께 의사소통 능력을 구체적으로 정의하여 설명하고 있다(pp. 18-22).

Bialystok, E. & Hakuta, K. (1994). *In Other Words: The Science and Psychology of Second-Language Acquisition*. New York: Basic Books.

제5장 "자아"와 제6장 "문화"는 제2언어 습득의 사회적 요인들에 대한 논의를 제시하고 있다.

Ellis, R. (1999). *Learning a Second Language through Interaction*. Amsterdam: John Benjamins.

전에 학생이었던 여러 사람들과 함께 Ellis는 제2언어 학습에 있어 상호작용의 역할에 대해 보고하고 있다. 어떤 언어 학습은 상호작용 없이도 일어날 수 있지만 Ellis는 대부분의 학습자가 상호작용을 통해 언어 입력을 받으며 이렇게 상호작용을 통한 언어 입력이야말로 습득 과정에서 학습자가 쉽게 이용할 수 있는 것이라는 개념을 공개적으로 지지하고 있다.

Lantolf, J. P. (ed.) (2000). *Sociocultural Theory and Second Language Learning*. Oxford: Oxford University Press.

이 책에는 제2언어 학습의 다양한 영역에서 Vygotsky의 이론(사적 언어, 활동 이론, 비계 설정 및 근접발달 영역)을 바탕으로 한 여러 관점이 포함되어 있다.

Pinker, S. (1994). *The Language Instinct*. New York: William Morrow and Company.

제12장과 제13장은 언어 습득과 언어 학습의 사회적인 양상에 대한 논의를 제시하고 있다.

McKay, S. L. & Hornberger, N. H. (eds.) (1996). *Sociolinguistics and Language Teaching*. Cambridge: Cambridge University Press.

제1부 "언어와 사회"는 사회의 제반 양상이 언어와 언어의 다양성에 대한 인지, 어떤 언어에 대해 학습하거나 학습하지 않으려는 동기에 어떻게 영향을 미치는지 논의한다. 제1장은 보다 큰 사회적 환경이 언어 공부와 관련하여 개인의 동기에 어떻게 영향을 미치는지에 대해 다룬다. 제2장은 사회에서의 다중언어 구사능력을 제시하면서 서로 다른 언어에 따라 목적이 어떻게 서로 다르게 할당되는지 나타내준다. 제3장은 전 세계적인 맥락에서 영어의 사용에 대해 논의한다. 제4장은 사회 구성원들간에 인지된 의사소통의 문제를 해결하기 위해 기획된 언어 계획에 대해 검토한다.

제6장

제2언어 사용을 위한 지식 습득하기

개 관

이 장에서, 우리는 제2언어 사용에 필요한 지식을 고찰함으로써 **의사소통 능력** 습득의 중요성을 계속 논할 것이다. 의사소통 능력의 일반적인 특성을 시작으로 우리는 (1) 학문적 기능을 성취하기 위해 배워야만 하는 지식과 (2) 개인간 의사소통 기능에 필요한 지식 간의 특징을 살펴볼 것이다. 이어서 요구되는 지식의 영역을 언어의 전통적 단계(어휘, 형태론, 음운론, 구문론, 담화)와 활동 유형(읽기, 쓰기, 듣기, 말하기)에 따라 분류하고 우선 순위를 결정할 것이다. 그러므로 이 장에서는 우리가 전 장에서 언어적, 심리적 및 사회적인 별개의 틀 안에서 탐구했던 제2언어 습득 연구의 요소들을 통합해 볼 것이다.

주요용어

- 화용적 능력
- 개인간 의사소통 능력
- 장르(Genre)
- 상향식 처리과정
- 스키마
- 맥락 단서
- 학문적 능력
- 응집성
- 하향식 처리과정
- 맥락
- 화행
- 의사소통 전략

언어 능력과 사용

제5장에서 소개된 **의사소통 능력**의 정의는 그 범위가 매우 넓다: "화자가 특정한 사회에서 적절하게 의사소통하기 위해 알아야 할 모든 것." 이 개념은 언어적 능력, 언어의 구체적인 구성 요소와 언어적 수준이나 단계 및 적절한 의사소통에 필요한 지식이 결부된 것이다. 또한 더 넓은 의미에서 **언어능력**을 설명하기 위해서는 쓰고 말하는 내용에 관하여 "백과사전식의" 문화적 지식을 고려해야 하고 언어 사용이 일어나고 있는 상황의 사회적 의미를 아는 것이 필수적이다. 문화에 관한 지식은 언어 해석과 용법의 기준과 규칙에 영향을 미치는 사회의 구조와 관습을 이해하는 것뿐만 아니라 내용, 문맥 및 언어적 요소까지도 포함한다. 이 영역들 간의 관계는 표 6.1에 나타나 있다.

표 6.1 의사소통 능력의 영역들 간의 관계

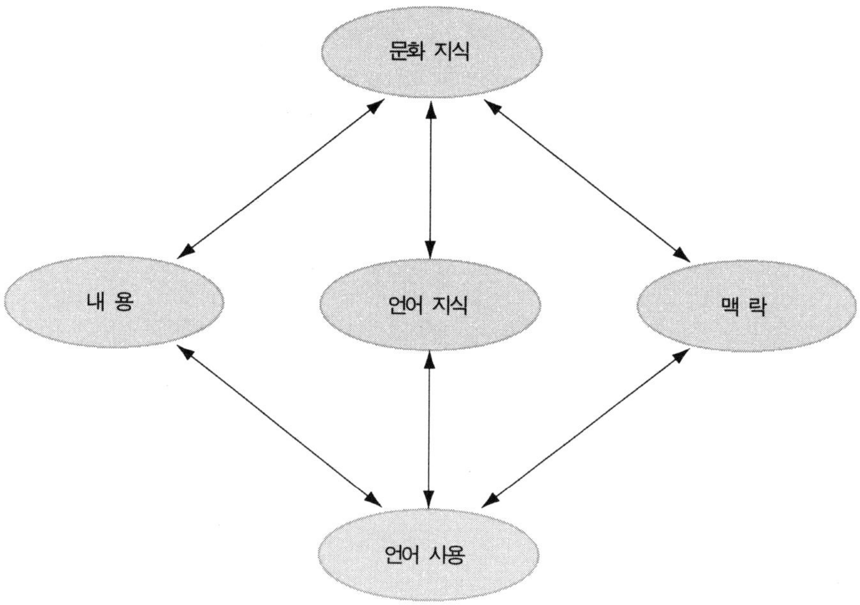

언어 사용에 대한 능력은 **화용적 능력**과 밀접한 관계가 있다. 이것은 사람들이 의사소통 상황에서 의미를 해석과 전달하기 위해서 알아야 하는 것으로 정의될 수 있다: "그들이 정하는 선택, 사회적 상호작용에서 언어를 사용할 때 접하게 되는 제약 및 언어의 사용이 의사소통 활동에서 참여자들에게 미치는 영

향"을 설명하는 지식이다(Crystal 1997a:301).

내용, 맥락, 문화, 언어 형식과 구조 그리고 언어 사용의 범위 내에서 지식의 관계는 역동적이고, 상호작용적이며 구조적이다. 언어 사용은 본래 생성, 보존 및 변화의 과정을 필수적으로 거치게 됨으로 언어 사용을 단순히 개별 영역들 간의 산물이라고 여기는 것은 잘못이다.

제2언어 학습자가 배우는 지식에는 제1언어의 습득뿐만 아니라 일반적인 인지적 발달과 사회적 경험의 일부로서 이전에 습득된 모든 것이 포함된다. 이전 지식은 일반적으로 대학생과 같은 제2언어 학습자들이 제2언어 쓰기와 회화의 정보 내용을 이해하거나 표현하고, 필자/화자의 의도를 인지하고, 의사소통의 상호작용과 실제적 목표를 성취하는데 아동 학습자들보다 앞서게 하는 요인이 된다. 또한 그것은 내용, 상황 및 문화의 선행지식이 제2언어 사용의 상황에 부적절하게 적용될 때 생기는 간섭을 부분적으로 설명해 준다.

이 장은 세 가지 기본적인 질문의 관점에서 의사소통 능력의 양상에 초점을 맞춘다. 우리는 여기서 특히 **어떤** 언어 지식이 언어 사용의 유형에 필요한지, 제2언어 읽기, 쓰기, 듣기, 말하기의 활동을 **어떻게** 성취하는지, 그리고 **왜** 학습자는 언어 사용에 있어 다양한 숙달 수준에 도달하는지에 초점을 맞출 것이다.

학문적 능력 대 개인간 의사소통 능력

이론적으로 말하자면 제1언어 능력에는 사람들이 그들의 모국어 사회에서 여러 가지 목적으로 적절하게 의사소통하기 위해 필요한 광범위한 지식의 목록이 포함된다. 제2언어 능력은 일반적으로, 아마도, 불가피하게, 훨씬 더 제한된, 특히 SLA가 외국어 환경에서 일어날 때이다. 대부분 사람들에게, 그들의 제2언어는 종종 그들이 처한 상황에 의존하는 모국어보다 훨씬 더 제한된 범위에 있다. 예를 들면, 미국에서 영어가 모국어인 화자들은 그들의 직업이 2개국 이상의 판매와 서비스에 종사하는데 필요하거나 스페인 화자와 매일 의사소통을 하는 사회 서비스 역할을 하거나 새로운 세계 역사에 학문적 흥미와 필요가 있고 스페인어가 통용되는 고문서의 기록과 학술 출판물을 이용하기 때문에 제2언어로 스페인어를 배울지도 모른다. 반면에, 중국에서 중국어가 모국어인 화자는 올림픽 게임을 위해 중국에 영어 화자의 유입을 준비하거나 진행을 위한 공용어로서 영어를 사용하는 국제위원회를 맞이하거나 영국 지배 나라에서 석사 학위를 따기 위해서 제2언어로 영어를 배울 필요가 있을지도 모른다. 터키어가 모국어인 화자는 과학기술화제에 관하여 정보 교환을 하고 터키에 독일 여행자를 위해 안내 서비스를 제공하거나 혹은 독일 회사에 근무하기 위해 제 2언어로 독일어를 배울지도 모른다. 제2언어를 배우기 위한 이러한 동기들은 그들의 언어적, 문학적 지식이 다양한 언어 숙달 수준이나 유형과 결합되어 나타난다.

제2언어 사용에 관한 우선 순위

사람들이 외국어를 배우는 목적을 고려해 볼 때, 우리는 최소한 의사소통 능력의 2가지 주요한 유형: **학문적 능력**과 **개인간 의사소통 능력**을 구별해야 한다. **학문적 능력**은 학술 연구의 도구로서, 특정 전문직이거나 직업 분야의 수단으로 다른 과목을 배우기 위해 제2언어 사용을 원하는 학습자에게 필요한 지식과 관계된다. 이러한 목표를 가진 학습자들은 특히 그들의 분야나 주제 영역의 특정 어휘를 습득하고 그러한 주제 영역과 관련된 본문을 유창하게 읽는 것을 가능하게 해줄 수 있는 지식을 발달시키는데 집중해야만 한다. 외국어 학습자가 제2언어를 가르치는 대학에서 학문을 공부할 계획이면, 특정한 어휘 지식과 읽기 능력 이상으로, 그들은 강의와 학기 토론 동안 제2언어 입력을 구두로 처리하는 것을 우선 순위로 놓아야한다: 즉 자신의 전공과 관련된 듣기에서 성공적으로 해내는 능력을 발달시키는 것이다. 게다가, 그들은 대학 입학과 학사 학위를 취득하기위한 시험에서 학문적 제2언어 쓰기의 숙달이 필요하다. 많은 학생들은 학기 논문과 졸업 논문을 제출할 학문적 목적을 위해 그리고 연구원들은 국제적 정보 교환을 위한 출판된 기사를 위해 쓰기 능력을 발달시킬 필요가 있다. 그러나 외국어 환경에서 제2언어를 공부하는 학습자들에게 학문적 제2언어 읽기, 듣기, 쓰기 능력을 발달시키는 것은 필수적이지만 유창한 말하기 능력이 반드시 요구되는 것은 아니다.

개인간 의사소통 능력은 주로 다른 화자와 대면 접촉에서 제2언어를 사용할 계획인 학습자에게 요구되는 지식과 관계된다. 학문적 능력과 함께, 어휘는 그 범위가 다양하지만 학습자들이 습득해야 할 언어 지식의 가장 중요한 단계이다. 듣기와 말하기 활동에 참여할 수 있는 지식은 대인관계 상황에서 우선 순위가 될 만하다; 그들은 일대일로 상호작용을 하는 동안에 의미 파악과 정확성

표 6.2 제2언어 활동의 우선 순위

학문적 의사소통 능력	개인간 의사소통 능력
1. 읽기	1. 듣기
2. 듣기	2. 말하기
3. 쓰기	3. 읽기
4. 말하기	4. 쓰기

을 획득하기 위한 전략을 가지고 있을 뿐만 아니라 "온라인"(읽기와 쓰기가 가능한 텍스트에서 복습하거나 수정할 기회 없이) 상에서 신속히 언어를 처리할 수 있어야만 한다. 상황에 따라 사용되는 언어의 수준은 형식적일수도 있고 비형식적일 수도 있다. 읽기와 쓰기 능력도 개인 상호간의 관계에서 요구되지만 말하기와 듣기는 대인관계 결과와 해석에 더 중요한 역할을 하는 것 같다.

개인간 의사소통 능력과 비교하여 학문적 능력에 좌우되는 제2언어 의사소통 활동을 위한 우선 순위는 표 6.2에 나타나 있다. 중요한 차이는 읽기는 일반적으로 개인 상호간의 필요에서 보다 학문적 의사소통 능력에서 훨씬 더 중요하고 말하기는 주로 학문적 목적보다 개인 상호간의 목적에서 훨씬 더 중요하다는데 있다.

표 6.3이 보여주듯이 표 6.2에 열거한 4개 영역의 언어 사용 활동은 2개 차원으로 분류된다: **수용적**(receptive) 대 **표현적**(productive) 그리고 **문어** 유형 대 **구두** 유형. 학문적 능력에서 최우선적인 활동은 **수용적** 활동(읽기, 듣기)인데 이것은 주로 입력을 처리하는 기능을 한다; 대인관계 능력에서 최우선의 활동은 **구두** 활동(듣기, 말하기)인데 이것은 입력과 표현 모두를 처리하는 기능을 한다. 의사소통 활동의 4가지 모든 영역이 여러 언어 수준에서 제2언어 지식과 중복되지만 어느 정도까지는 독립적이다. 수용적 능력의 발달은 대개 어느 언어에서든 표현적 능력보다 우선해야만 하지만 제2언어 발달의 순서는 사회적 상황에 따라 바뀔 수도 있다. 학습자들은 표현 능력은 좀 부족하지만 수

표 6.3 언어 사용과 관련된 활동 유형 분류

	문어 유형	구두 유형
수용적 활동	읽기	듣기
표현적 활동	쓰기	말하기

용 능력에 높은 숙련도를 보이기도 하고, 특별한 교육을 받지 않아도 그 둘 중 어느 하나에 높은 수준의 능력을 보여주는 경우도 있다. 전 세계적으로 이중 언어를 유창하게 구사하는 사람들은 둘이나 그 중 어느 하나의 언어에 대해 문맹자이다. 학습자들의 학문적 능력이나 개인간 의사소통 능력은 다양한 수준이나 단계에 따라 다르게 발달되지만 둘 중 어느 한 능력이 다른 능력보다 앞서야할 필요는 없는 것이다. 일반적으로 제1언어의 읽고 쓸 수 있는 능력이나 학교 교육이 공식적인 교수 · 학습상황에서는 제2언어의 습득 능력에 긍정적 영향을 준다고 알려져 있다.

언어 지식의 구성 요소

언어학자들은 전통적으로 언어를 기술하거나 분석하기 위한 목적으로 언어를 다음 5가지 구성 요소로 나누었다(제3장에도 목록화되어 있다) :

- 어휘(어휘 목록)
- 형태론(단어 구조)
- 음운론(소리 체계)
- 통사론(문법)
- 담화(문장을 연결하고 정보를 구성하는 방법)

최고의 교육을 받은 성인 모국어 화자라도 그 사회 언어의 **모든** 잠재적 능력을 기대하기는 어렵다. 더군다나 제2언어 학습자에게 그런 기대는 완전히 비현실적이다. 특히 제2언어 환경에서는 오직 제한된 범위의 기능만이 요구되고 **무엇**을 배울 것인가에 대해 우선 사항을 결정하는 것이 교사나 학습자가 받아들여야 하는 중요한 단계이다. 학습자의 구체적인 제2언어 필요를 결정하는 것은 언어적 요소가 특정 상황에서 사용되는 언어의 다양성(혹은 어휘 사용역)과 관련이 있다. 최근에, 이와 관련된 연구는 "언어 자료(corpora)" 혹은 쓰기와 말하기 교재를 컴퓨터로 분석함으로서 많은 발전을 하였다(예를 들면, Biber, Conrad와 Reppen 1998). 이러한 **코퍼스의 언어 분석**은 특히 특정 목적을 위해 무엇을 가르칠 것인가를 결정하는 근거로서 다양한 어휘 목록과 문법적 패턴의 상관적인 빈도를 결정하는데 유용할 수 있다.

어휘

우리가 이미 언급했듯이 **어휘**(혹은 **어휘 목록**)는 주로 학문적 의사소통 능력을 목표로 하던 개인간 의사소통 능력을 목표로 하든 혹은 두 가지 모두든, 모든 학습자들이 발달시켜야 하는 제 2언어 지식의 가장 중요한 단계이다. 누구나 배울 필요가 있는 높은 빈도의 단어도 있지만 학습자들에게 가장 필요한 구

표 6.4 영어에서 구어와 문어의 최다빈도 50개 단어

순위	문어	구어	순위	문어	구어
1	the	the	26	by	we
2	to	I	27	me	he
3	of	you	28	her	do
4	a	and	29	they	got
5	and	to	30	not	that's
6	in	it	31	are	for
7	I	a	32	an	this
8	was	yeah	33	this	just
9	for	that	34	has	all
10	that	of	35	been	there
11	it	in	36	up	like
12	on	was	37	were	one
13	he	is	38	out	be
14	is	it's	39	when	right
15	with	know	40	one	not
16	you	no	41	their	don't
17	but	oh	42	she	she
18	at	so	43	who	think
19	his	nut	44	if	if
20	as	on	45	him	with
21	be	they	46	we	then
22	my	well	47	about	at
23	have	what	48	will	about
24	from	yes	49	all	are
25	had	have	50	would	as

문어 데이터(Cambridge International Corpus(CIC)); 구어 데이터(CANCODE)-(McCarthy와 Carter 1997:23-24)

체적인 어휘 요소들은 제2언어가 주로 학문적 기능에 이용되는지 개인 상호간 기능에 사용될 것인지에 따라 다양할 수 있다.

어느 언어든지 중심 어휘는 주로 문법적 정보를 전하는 **기능어**(function words)이다. 예를 들면, 영어에서 가장 자주 사용되는 단어들은: 한정사 the, that, this; 전치사 to, of, for; 접속사 and, but; 대명사 I, it he, she, you 그리고 조동사 is/was/be, have/ has/ had이다. 구어에서(문어가 아닌) 가장 자주 사용되는 어휘에는 또한 감탄사 yeah, oh; 단축어(형) it's, that's, don't; 그리고 개인적 의견이나 감정을 나타내는 동사 know, like, think이 포함된다. 문어 대 구어에서 가장 빈도수가 높은 어휘 50개는 표 6.4에 있다.

학문적(개인 상호간이 아닌) 환경의 넓은 범위에서 가장 자주 나타나는 영어 어휘는 자료(data), 가설(hypotheses), 상관관계(correlation)와 같은 과학적 개념에 대한 명칭뿐만 아니라 분석적, 설명적, 함축적과 같은 수식 어구가 있다. 기타 학문관련 어휘 목록은 University Word List에 들어 있다(Xue와 Natim 1984). 이러한 단어들은 표 6.5에 있다.

표 6.5 높은 빈도의 학문분야 관련 어휘 목록(Nation과 Waring 1997:16)

accompany	formulate	index	major	objective
biology	genuine	indicate	maintain	offer
comply	hemisphere	individual	maximum	passive
deficient	homogeneous	job	modify	persist
edit	identify	labour	negative	quote
feasible	ignore	locate	notion	random

언어의 어휘, 형태론, 음운론, 담화와 같은 전문적인 분야로 나아가려면 많은 전문 용어들을 배워야 한다. (모국어 화자든 제2언어 화자든) 전공의 초보자들은 일반적으로 그것들이 의미하는 개념은 물론 초기 학습 동안 이러한 전문 용어를 접하게 된다. 빈도가 높은 과학기술에 관련된 용어는 한 언어에서 다른 언어로 차용되는 경향이 있기 때문에 이것들의 일부는 학습 없이 습득되기도 하지만 꼭 그런 것만은 아니다. 예를 들면 영어 linguistics는 불어에서 la linguistique이고 스페인어는 la linguistica이지만 독일어로는 sprachwissenschaft이고 중국어로는 yuyanxue이다. 분명히 영어, 불어, 스페인어에서 (진행) 속도는 이러한 언어와 독일어 혹은 중국어에서 보다 언어의 분야에서 더 쉽다.

반면 "일상적인" 어휘와 표현은 좀처럼 차용되지 않기 때문에 관계없는 언어에서 다르기 쉽다. 그러므로 영어 good은 독일어에서 gut, 불어에서는 bon, 스페인어에서는 bueno, 중국어에서는 hao이다. 그러나 차용되거나 일반적으로 승계된 단어에서 유사점은 독일어 gross는 단순히 'large(큰)'를, 스페인어 largo는 'long(긴)'을 의미하고 반면 스페인어 embarazada는 'pregnant(임신한)'를 의미하기 때문에 학습자에게 예기치 않는 함정을 줄 수도 있다. 그러므로 보통 비형식적, 사교적 상호작용은 때때로 학문적 혹은 과학적 분야에서 전문 어휘를 배우는 것보다 훨씬 더 어려움을 겪는다.

개인 상호간(사교적) 경우는 주로 정의적(**상호 작용적**) 목적과 과업지향적(**업무 목적**)으로 나눌 수 있다. 각각 구체적인 맥락은 가장 중요한 핵심을 넘어 **어휘** 학습에 우선권을 결정한다. 보통 인사하기, 헤어지기, 초대하기, 거절하기, 경고하기 이상으로, 필요한 어휘와 어법은 해변에서 수영 파티하기와 자동차 엔진을 수리하는 방법 등 다양하다. 그리고 사회적 문맥은 How are you today? 대 How're ya doin? 혹은 I'm fine, thank you 대 Just great처럼 중요한 **어휘 사용역** 차이를 결정할지 모른다. 지역적 차이는 비형식적 상호작용 단계와 덜 형식적인 학문적 단계에서 현저하다. 광범위한 언어의 국가적 다양성 사이의 차이는 자동차 부품의 이름이 영국과 미국 영어 사이에 다르기 때문에 상대적으로 전문적 처리에서조차 영향을 미칠지도 모르고 음식 용어의 의미는 스페인과 라틴아메리카 국가 사이에서 다를지도 모른다.

게다가 개개 어휘 항목(단일어와 복합어), 폭넓은 다른 어휘적 요소는 **숙어**, **은유**, 일반적으로 같이 일어나는(**연어**) 다양한, 복합적인 단어 결합을 포함한다. 이러한 단어의 "덩어리(chunks)"는 종종 개별 단어의 인지나 그것이 어떻게 결합되는지의 분석 없이 전체 단위로써 기억된다. 영어 학문적 말하기(예. 교실 강의나 토론에서 발생하는)에서 보고되는 일부는 bottom line, the big picture, take at face value와 ballpark guess이다. 다른 것들은 교실 담화의 부분과 초점의 변화 사이에 구조적 기능, 의미를 가진 논리적 관계에 알맞다. 이러한 표현은 거의 언어 수업에서 가르치지 않지만 그것의 적절한 해석은 제2언어-중간 단계 학과 영역 교수에서 일관성을 확립함에 있어 중요할지도 모른다. 영어 사교적 말하기에서 가장 빈번한 복합적인 단어 결합은 인사하기, 다른 공식적인 절차, 담화 군말, 경계, as you know, kind of, never mind같은 유창한 장치를 포함한다.

어휘 지식은 학습자가 처음 보거나 들은 단어를 인지하고 그 다음 제한된 문맥에서 그것을 표현하고 궁극적으로 정확하고 적절한 사용을 완전히 통제함으로써 다른 단계를 습득한다. 제2언어 화자는 결코 어떤 단어의 지식을 완벽하게 습득하지 못하지만 그럼에도 불구하고 그들의 표현 목록의 일부가 된다. 습득되는 단어 지식의 마지막 유형 중에는 배열적 작용, 은유적 사용, 동의어와 관된 함축, 문체상의 어휘 사용역 제약이다(Nation 1990을 참고하라).

제2언어 학습자가 배우는 단어의 수뿐만 아니라 어휘 지식의 단계도 단어가 사용되는 문맥에서(구두와 쓰기 모두) 뿐만 아니라 명백한 교수에서도 이 정보를 "pick up(익히다. 발견하다)"하는 그들의 능력에 좌우된다. 다음의 지식 유형은 어휘 학습을 위한 문맥의 효과적인 사용에 도움이 된다(Nagy 1997):

- **언어 지식**: 구문론적 정도; 적절한 단어 의미의 제약; 단어 구조에서 패턴; 주위 단어의 의미
- **세상 지식**: 단어가 나타내는 개념의 이해; 관련된 개념적 구조에 대한 친밀도; 사회적 관련의 인식
- **책략 지식**: 인지적 수단의 통제

단어의 지식, 언어의 유창한 사용은 실생활에서 그것의 구조와 의미를 처리하는 자동성의 단계가 요구된다. 이것은 결국 모든 언어 활동에 효과적인 참여를 통해 성취된다.

형태론

형태론(혹은 단어구조)의 단계에서 제2언어 학습은 문법적 정확성을 달성하는 것뿐만 아니라 어휘 발달을 위해서도 매우 중요할 수 있다. 이 단계는 영어 학습에서 매우 중요하다. 예를 들면 수천 개의 단어들이 유사한 단어를 조합하거나(예, wind + shield = windshield [영국식 windscreen]) 새로운 의미를 만들거나 (예, un + kind = unkind) 품사를 변화시키는(예, friend[명사] + -ly = friendly[형용사]) 접두사와 접미사(**파생 형태소**라 불리는)를 붙임으로서 만들어진다. 영어의 경우에는 학문적 의사소통(특히 쓰기에서)에 사용되는 어휘가 개인상호간 의사소통(특히 연설에서)에 사용되는 어휘보다 더 길고 그것들을 사용하기 위해서는 단어 형성 과정에 대한 지식이 필요하다.

일반적으로 과학 용어에서 접사는 접미사 -ology '학문의'(사회학 sociology, 심리학 psychology, 생물학 biology)와 접두사 bio-'생명'(생물학 biology, 생물의 다양성 biodiversity, 생화학의 biochemical)거나 geo-'지구'(지리학 geography, 지질학 geology, 지형학 geomorphism)를 접하게 된다. 접미사는 divers-ification-al-ly거나 operat-ion-al-abil-ity에서처럼 부사를 형용사로, 동사나 명사를 형용사로, 명사를 동사로, 형용사나 동사를 명사로 바꿀 수 있다. (실제로, 자동적으로 이러한 복잡한 형태의 의미를 추정하기 위한 학습은 원어민화자들에게도 대학 교육에서 제2언어를 배우는 경험과 유사하다.)

많은 언어에서 문법적 정확성은 kick*ed*, com*ing*, book*s* 에서처럼(**굴절 형태소** 혹은 **굴절**이라 불리는) 시제, 상, 수와 같은 의미를 전달하는 어휘 부분의 지식을 요구한다. 언어적, 인지적 관점에서 학자들은 (3장과 4장에서 논의한) 어떻게 이것들이 습득되는지에 상당한 주의를 집중해 왔다. 그 과정은 형태론의 단계에서 오류는 종종 개개인이 많은 어휘를 배우고 제2언어의 구문론의 대부분의 요소를 학습하고 난 후에도 지속되기 때문에 제2언어 습득에서 흥미 있는 연구 목표이다.

굴절 형태소와 성과 수의 일치와 관련된 현상은 (로망스어, 독일어, 러시아어에서) 이것을 전달하는 정보가 실제 언어가 사용되는 문맥에서 잉여적이고 의미 해석에 필수적이진 않기 때문에 제2언어 학습자들에게 오랫동안 문제로 남아있을지도 모른다(특히 직접적 상호작용에서). 대부분 굴절 형태론이 논리적으로 불필요하다는 증거는 중국어나 타이어에서 찾아 볼 수 있다. 그러나 굴절형태가 있는 언어에서 – 이것은 모든 유럽어에 포함된다 – 굴절형을 정확히 사용하는 것은 높은 수준의 학문적 언어소통 능력이 기대되거나, 교양 있는 이미지를 보여주고 싶거나, 어떤 집단 내에서 확고한 자리를 차지하고 있길 원하는 사람들에게 요구되는 것이다.

음운론

제2언어 소리 체계의 습득은 20세기 중반 동안 교수 · 학습에서 우선사항으로 간주되어 왔다(1945년 Fries의 저서에서 알 수 있듯이; 제3장에 인용되어 있다). 이 언어 단계는 20세기 후반에 언어 이론의 초점이 음운론에서 구문론으로 옮겨졌고, 사춘기가 지난 학습자들은 학습 과제에 아무리 많은 노력을 기울일지라도 아마 원어민과 같은 발음을 성취할 수 없다는 **결정적 시기 가설** 때문에 관심을 끌지 못했다. 그러나 최근에 언어적, 인지적, 사회적 관점에서 음운론적 인식과 표현에 새로운 관심이 생겼고 (적어도 어떤 사용의 문맥에서) 제2언어를 가르치는데 발음의 중요성이 대두되고 있다.

학문적 의사소통 능력의 구성요소로서, 음운론에 관한 지식은 학습자가 제2언어를 통해서 다른 과목을 공부하고 있는 경우에는 듣기를 위해 필요하고, 적어도 올바른 발음은 대부분 교육적 환경에서 말하기를 위해서 필요하다. 또한, 높은 수준의 표현력은 연구가나 학생들이 다른 사람들을 가르치기 위해 외국어를 사용하고 있거나 전문적 회의에 구두로 참여하는 경우에 요구된다. 그러나 아직도 발음의 중요성은 어휘와 구문론에 비해 낮은 편이다. 개인 상호간 능력의 구성요소로서 음운론적 지각과 올바른 발음은 성공적인 담화 의사소통을 위해 아주 중요하다. 그러나 "외국인 말투"는 그것이 이해될 수 있는 범위 내에 있는 한 대부분의 상황에서 받아들여진다. 원어민 혹은 거의 원어민 수준의 발음은 주로 학습자가 정서적인 목적을 위해 제2언어 사회에서 동일시되기를 원하거나 그 사회의 청자들이 동일시를 요구할 때 필요하다. 자국이 아닌 나라에 통신 서비스 센터를 개설하고 있는 많은 미국과 영국계 회사의 고용인들은 전화를 받고 있는 고객에게 국내에서 걸려온 전화처럼 환영을 일으키기 위한 그들의 직업 훈련의 일부로서 미국이나 영국 영어의 특정 지역의 언어 특징까지도 습득할 필요가 있을지도 모른다.

다음에 제시되는 소리 체계의 양상은 제1언어와 제2언어에서 상이하다(제3장을 참고하라):

- 어떤 언어음이 음운론적 체계에서 유의미한 구성요소인가(**음소**)
- 자음과 모음의 가능한 연속(**음소 배열론**)
- 어떤 언어음이 다른 음과, 어떤 음절에서, 그리고 단어의 어떤 위치에서 결합될 수 있는가 또는 결합될 수 없는가
- 억양 패턴(**강세, 음조, 음량**)
- 리듬 패턴(**휴지와 멈춤**)

제1언어에서 제2언어로의 음운론적 전이는 지각과 발화 둘 다에서 일어나며 동시에 듣기와 말하기의 기본 요인이다. Trubetzkoy([1939]1958)은 제2언어 소리 지각을 제1언어의 음운론적 체계에서 "여과되는" 것으로 간주하는데 이는 "체(sieve)"처럼 작용한다고 특징짓는다. 특히 습득의 초기 단계는, 제

2언어 학습자들은 이미 확립된 제1언어 음소의 범주에 의하여 제2언어 발음을 지각할 가능성이 높다.

제1언어와 제2언어 체계 사이에 불일치 유형은 표 6.6에 제시된 것처럼 음소 대조로 간주되었다(Haugen 1956).

표 6.6 음소 대응 유형

유형	예	
	제1언어(L1)	제2언어(L2)
발산형	영어의 /r/	스페인어의 /ř/와 /r̃/
수렴형	영어의 /i/와 /ɪ/	이탈리아어의 /i/
생성형	영어에는 없음	독일어의 /x/; 나바호어의 /ɣ/
유사형	영어의 /t/	스페인어의 /t/

이 대조적인 모형은 제1언어 영어 화자가 pero('but', 혀를 펄럭여 발음하는 /ř/)와 perro ('dog', 혀를 진동시켜 발음하는 /r̃/) 사이의 구별을 제2언어인 스페인어에서 지각하고 표현하는데 어려움을 겪게 될 것이다. 왜냐하면 영어는 /r/의 설탄음과 연탄음의 변형을 구별하지 못하기 때문이다. 스페인어를 배우는 것은 영어 화자에게 **발산형**의 차이를 습득하는 것이 필요하다. 제1언어 이탈리아 화자는 이탈리아어가 이러한 두 모음 사이를 구별하는 의미를 가지고 있지 않기 때문에 제2언어 영어에서 meet /mit/와 mitt /mɪt/를 구별하는데 어려움을 가질 것이다. 반면에, 제2언어로 영어를 배우고 있는 제1언어 스페인 화자와 제2언어로 이탈리아어를 배우고 있는 제1언어 영어 화자는 처음에 음소 /r/ 과 /i/를 과잉구별하기를 목표로 삼을지도 모른다. 그러나 **수렴형**은 — 본래 차이를 무시하는 — 제2언어 습득 과정의 일부로서 요구된다. 분명히 수렴이 제2언어 학습에서 발산보다 훨씬 더 용이하다.

생성형 음소는 가장 가까운 대응인 제1언어 말소리의 특징을 가짐으로서 지각되기 쉽다: 독일어 ich /ix/ 'I'는 영어 학습자에 의해 /ik/처럼 들리고 나바호어 hogan /hoɹan/ 'house'는 /hogan/처럼 들린다. 왜냐하면 영어 음소체계에는 /x/와 /ɹ/와 같은 기호에 의해 표현되는 소리가 없고 있다면 /k/와 /g/가 가장 유사하다. 영어 /t/와 스페인어 /t/처럼, **유사형**(similar) 대응 유형은 듣기보다는 말하기에서 "외국인 말투"에 문제가 있을 것 같다; 영어 /t/는 혀를 치경 안쪽에 대고 소리를 내는 스페인어 /t/보다 잇몸뒤쪽에 접촉하여 조음된다.

전이는 또한 음절 구조를 비롯한 음운론적 체계의 다른 양상에서 발견된다. 영어 school에서 /sk/와 같은 어두에 있는 자음 결합은 스페인어 음절 구조에서는 허용되지 않는다. 언급했듯이, 제1언어가 스페인 화자는 스페인어 패턴에 알맞게 2음절 /es-kul/로 단어를 발음할지도 모른다. 반대로, 영어 화자는 /ts/를 cats에서처럼 단어의 끝에 있을 때와 독일어 zehn '10'에서처럼 단어의 처음에 발생할 때 발음하기 어려울 수 있다. 억양을 종종 발화도중 잊어버리거나 오해소지가 있는 화자의 의도와 같은 중요한 요소를 전달한다. 발화를 문법적 단위로 분해하는 단어와 구내의 강세의 패턴은 정확히 지각되거나 표현되지 않을지도 모른다. 강세가 없는 음절에서 모음을 축약하는데 익숙한 영어 화자는 hermano 'brother'과 herrmana 'sister'의 마지막 강세가 없는 모음을 구별하지 못해 스페인어와 혼동할지도 모른다. 문장, 구 및 억양에 대해 주로 목소리 고저에서 차이를 인지하는 유럽 언어의 제1언어 화자들은 중국어에서 구별되는 개개의 단어에서 나타나는 변별적 억양을 지각해 발화하기 어려울 것이다.

우리가 제3장에서 살펴보았듯이, 제1언어와 제2언어의 **대조 분석**은 모든 학습자 오류를 설명하지 못하고 예상했던 많은 문제들이 실제로는 나타나지 않는 경우가 있다. 그 접근은 음운론의 제2언어 습득에 대한 제1언어 영향을 예상하는데 있어 가장 확실하고 비원어민의 지각적 패턴을 설명하는데 유용하다(예, Suam과 Smith 2001에 영어 교사를 위한 안내서로서 20개 이상의 언어에 대해 대조적인 연구가 있다).

음소란 변별적 자질의 "덩어리"라는 음소의 개념은 (예, Chomsky와 Halle 1968) 여전히 왜 제2언어 말소리가 제1언어 범주에 의하여 지각되는지를 설명해준다. 이 때문에, 한 언어에서 각각의 음소는 그 언어의 화자가 여러 음소를 다르게 지각할 수 있게 하는 독특한 변별적 자질의 "덩어리"로 이루어져 있는 것이다. 변별적 자질은 어느 언어에나 보편적이다; 제1언어나 제2언어에서 음소를 구별하게 하는 자질들은 보다 구체적인 하위 자질들이다. 어떤 분석가들은 지각에 영향을 미치는 것은 음소 자체라기보다는 음소를 구별하게 하는 변별적 자질이라고 주장한다(Brown 2000 참조).

상당한 주목을 받은 말소리 분절에 대한 지각과 표현의 또 다른 양상은 성대진동 개시 시간(Voice Onset Time/VOT)인데 이는 음소 경계의 위치와 어두 폐쇄 자음과 관련이 있다. 여러 언어를 말하는 화자의 발음 경계점은 제1언어와 제2언어 사이의 VOT의 음가로 기준을 삼는다. 이 과정은 제1언어에서 제2언어로의 단순한 전이라기보다는 두 언어에 나타나는 청각-음성 공간을 재조정하는 것으로 설명될 수 있다(Leather와 James 1996).

위와 대조적인 현상이 있는데 그것은 과장이다. 학습자들은 때때로 제1언어와 제2언어의 차이를 최대화한다. 예를 들면, Fleage(1980)은 아라비아어가 제1언어인 화자는 영어가 제1언어인 화자가(아랍어가 유사한 /P/-/b/ 구별을 가지고 있지 않지만)보다 제2언어 영어에서 /p/와 /b/ 사이에 음의 길이 대조를 더 잘하고, Gass(1984)는 제1언어가 이탈리어인 화자가 제2언어 영어를 표현할 때 이탈리아어 /b/와 영어 /p/ 사이 음소 대조를 극대화한다고 보고했다: 학습자들은 처음 배울 것을 확인하고 나서 그에 따른 세부 항목을 만드는데, 그런 과정에서 새로운 요소와 대조의 특징이 최소화된다(Gass 1996:328).

개개인의, 사회 언어적, 사회 문화적 요소는 제2언어 음운론에 중요한 영향을 줄 수 있다; 그런 것들은 이미 제4장과 제5장에서 논의되었다.

통사론

이론적으로 언어학적 관점에서 볼 때(제3장), 한 언어의 통사론을 습득하는 것은 새로운 구문 패턴, 생성 규칙, 기존의 원리에 대한 여러 한계 혹은 연어가 되는 확률과 제약으로서 습득된 문제로 인식될 수 있다. 분석 대상이 무엇이든지, 그 과정은 문장이 단어의 결합 이상이고 모든 언어는 요소의 적절한 순서와 배열에 특정한 한계와 요구를 가지고 있다는 것을 지각하면서 시작한다. 대조 분석은 또 다른 언어를 습득하는데 직면할지도 모르는 몇몇 문제와 어려움을 예견하는데 도움을 준다.

첫 번째 단계는 언어의 양상이 보편적이지만 그것이 표현되는 방식은 다양하다. 모든 언어에는 진술하기, 질문하기, 부정하기 구조가 있다. 모든 언어에 있는 문장들은 주부와 술부로 이루어져 있고 술부는 동사, 동사와 하나 이상의 목적어와 더불어 시제, 장소, 빈도, 방법, 목표, 원인, 목적, 등을 표현하는 여러 가지 적절한 구로 이루어져있다. 그러나 구성 요소의 순서와 유연성의 정도는 근본적으로 다를지도 모른다. 주어를 S, 동사를 V, 목적어를 O로 나타내어 언어학자들은 이러한 구성 요소들이 일어나는 전형적인 어순에 따라서 언어를 분류한다. 예를 들면,

S V O *English, Chinese, French, Russian*
S O V *Japanese, Turkish, Persian, Finnish*
V S O *Irish, Welsh, Samoan, Zapotec*

(독일어의 어순은 주절에 SVO이고 종속절에 SOV인 혼합된 체계이다. 이러한 어순이 통계적으로 가장 보편적이지만, 대부분 언어는 초점, 정보 구조와 스타일을 포함하여 여러 가지의 이유로 어느 정도는 기본적인 순서를 바꾸기도 한다. 영어나 일본어 같은 언어는 어순의 변화를 허용하는데 있어 융통성이 없지만 러시아어나 라틴어와 같은 언어들은 매우 융통성이 있다. 예를 들면, 영어에서 SVO 어순은 종종 주어와 목적어를 구별하는데 중요하다: William hit Peter에서 William이 행동을 일으키고 Peter가 상처 입었다는 것을 어순으로부터 알 수 있다; 만약 어순이 Petter hit William라면, 우리는 반대의 추론을 만든다. 그러나 러시아어나 독일어 같은 언어에서 명사나 관사에서 격 표시는 주어와 목적어 기능을 나타낸다. 그래서 어떤 어순도 정보가 분명하게 나타나기 때문에 가능하다(형태론과 구문론이 상호작용하는 방법으로).

천년 전의 영어(고대 영어)는 오히려 러시아어나 라틴어에 가깝다. 다음 문장에서 보는 것처럼:

Se cyning seah ðone bisceop
('The king saw the bishop.')

정관사(se vs ðone)의 형태는 명사가 주어(주격)이든 목적어(대격)이든 확인되므로, 어순이 기본적 의미 변화 없이 바뀔 수 있다:

ðone bisceop seah se cyning
Se cyning ðone bisceop seah.
ðone bisceop se cyning seah.

현대 영어는 the의 불변형이 문장에서 명사의 기능을 더 이상 하지 않기 때문에 융통성을 잃어버렸다.

그러나 고대 영어의 어순은 관사의 위치가 명사와 바뀔 수 없기 때문에 완전히 자유롭지 않다는 것에 주의해라. 다음과 같이 말할 수 없다.

**King the saw bishop the.*

이러한 단어의 어순은 또한 바꿀 수 없다. 아무리 융통성 있는 언어라도, 구 내의 구성 요소의 어순은 고정될 가능성이 많다:

영어	일본어
in Tokyo	Tokyo *de*
*Tokyo *in*	**de* Tokyo

영어 화자는 문법적 성과 수의 개념을 잘 알고 있어 쉽게 명사의 수와 대명사 선택을 할 수 있다:

단수		복수	
the boy	he/him	the boys	
the girl	she/her	the girls	they/them
the tree	it/it	the trees	

영어와 마찬가지로, 독일어에서도 관사의 형태는 명사에 따라 성과 수 모두에 일치해야만 하고 게다가 명사구가 주어, 목적어, 수식어(소유격) 중 어느 것으로 쓰였는지를 알려 줄지도 모른다:

단수	복수
der Arm 'the arm'	die Arme 'the arms'
die Reise 'the trip'	die Reisen 'the trips'
das Kind 'the child'	die Kinder 'the children'

영어 화자는 예상대로 이것(이전의 학자들은 당연히 여겼던)에 어려움을 가질 것이다. 그러나 영어를 배우는 독일 화자는 관사일치를 무시할 수 있기 때문에 훨씬 더 쉽게 문제를 해결할 수 있다. 반면에 러시아어, 중국어, 일본어 화자는 이러한 언어들이 그에 상응하는 정확한 동의어가 부족하기 때문에 간소화된 the를 숙달하기에 매우 어려울 것이다.

로망스어(프랑스어, 스페인어, 이탈리아어)를 습득하고 있는 영어 화자는 오히려 "남성의"와 "여성의"로 분류하는 것보다 모든 명사를 두개의 성으로 범주화하고 명사에 형용사를 일치시키는 것뿐만 아니라 명사에 따라 성과 수에 일치하는 관사를 선택하는 방법을 배워야 한다.

남성	여성
el edificio blanco	*la* casa blanca
los edificios blancos	*las* casas blancas

이러한 언어의 화자들이 영어의 양상을 습득함에 있어 더 쉽게 과제에 직면할지라도:

the white building	the white house
the white buildings	the white houses

그들은 반대로 정관사가 사용되지 **않을 때**도 배워야 한다.

**I always enjoy* <u>*the*</u> *rap music.*

중국어 화자와 대부분 아시아 언어의 화자는 영어에서는 명사에 복수 표기를 하는 것이 어려울 것인데, 이는 그들 언어에는 명사에 복수 표시가 없고 성의 구별이나(인위적으로 쓰기 외에는) 대명사에 주어나 목적어 기능에 대한 구별이 없기 때문이다.

영어	중국어
he/him	ta
she/her	ta
it/it	ta

반면에, 습득해야 할 간단한 중국어 대명사를 찾고 있는 영어 화자는(반대로 그들은 많은 시간을 그것을 사용하지 않는 것을 배워야 하지만) 주로 사물의 **모양**(shape)에 근거해서 완전히 다른 체계의 성 표시 방법을 습득해야 할 것이다. 예를 들면:

영어	중국어	
a book	yiben shu	(collection of objects)
a table	yizhang zuo	(flat object)
a pen	yizhi bi	(long, thin object)

영어와 다른 언어와의 또 다른 차이는 단어의 이동이 예/아니오와 wh-의문문, 수동태가 어떻게 만들어지고, 부정이 어디서 어떻게 나타나고(로망스어에서처럼 이중 부정이 필요한지), 시간과 시제가 어떻게 동사 체계에서 나타나는가에 있다.

간단한 문장 내에서도 제2언어를 습득하고 있는 다양한 제1언어의 화자들이 직면하는 몇까지 문법 규칙들이 있다. 그러나 학문적 언어 능력은 개인 상호간 능력보다 훨씬 더 길고 더 복잡한 문장을 처리하는 것이 보통이다. 학문적 문장은 종종 여러 가지의 종속관계 유형을 포함하여 문법적으로 복잡하다. 게다가, 수동태의 구조는 목적과 결과를 앞에 놓고 행동의 행위자를 뒤에 놓기 위해 사용되는 경우가 많다(현재시제 수동태 문장에서는 아주 생략되기도 한다). 학술적 대화에 특정한 내용이나 정보를 제공하기 위해서는 언어 형태를 확대하거나 정교하게 다루어야 하는데, 대개 명사를 수식하는 관계사절과 전치사구가 사용된다. 학술적 쓰기와 말하기에서 비인칭이 많이 사용되는 경향이 있으며, 특히 유럽 언어에서, 행동을 표현하기보다는 상태를 강조하고, 많은 추상적 표현이 사용된다.

영어에서 이것을 나타내는 한 가지 방법은 전체 문장을 명사구 위치에 적절한 채움말로 바꾸는 **명사화**를 이용하는 것이다.

Edison invented the phonograph.	→ Edison's invention of the phonograph
Caesar conquered Gaul.	→ Caesar's conquest of Gaul
I analyzed the report.	→ My analysis of the report
Someone constructed the sphinx.	→ The construction of the Sphinx
Bacteria exist in the mouth.	→ The existence of bacteria in the mouth
The war was widely opposed.	→ Wide opposition to the war

이 과정은 몇 개의 간단히 문장이 한 문장에 결합되고 전달하는 정보의 비중을 증가시킨다.

Scientists were working in a laboratory.
The laboratory was in Chicago.
Scientists discovered something
Bacteria exist in the mouth.
This is what they discovered.
Someone reported this event last month.
→ The discovery of the existence of bacteria in the mouth by scientists in a laboratory in chicago was reported last month.

여기 6개의 문장이 30단어에서 21단어 수로 축약되어 한 문장으로 줄어들었지만 만들어진 문장이 구문적으로 복잡하고 추상명사 discovery와 existence가 삽입되어 이것들에 대한 여러 단어의 관계를 처리하는 방법을 알지 못하거나 복잡한 구문이 원래의 더 간단한 문장으로 해체될 수 있다는 것을 깨닫지 못하는 어떤 독자들에게는 덜 익숙할지도 모른다.

대조적으로, 개인 상호간 의사소통 기능에 사용된 문법적 구조는 짧고 간단한 문장이 되기 쉽다. 종종 그것은 전혀 완전한 문장이 아니어서 Ok , Right, Me too와 같은 간편한 문장이 될 수 있다. I'm , it's, don't와 같은 축약형은 흔하고 의문문과 지시사는 더 빈번한 문장 유형이다. 정서적 목적에 사용되는 언어는 관련 있는 정보를 전달하기보다는 화자의 견해를 표현하는데 알맞다. 이 기능적 차이는 is going to, is supposed to, need to, want to (Scheibman 2002)와 know, think, say같은 동사 구문의 아주 사용되는 이유이기도 하다(표 6.4 참조).

개인 상호간의 의사소통에 대한 공통의 많은 문법적 구조는 글로 쓰인 학술적 교재에서 발견된 것과는 다르기 때문에, 일상적 상호작용 목적을 위한 유창성의 발달은 학습자가 최고의 학문적 능력이 요구되는 고급 단계 능력에 필요한 통사론적 지식을 습득할 것을 요구하지는 않는다. 학술적 글의 형식적이고 복잡한 구조를 처리하는 능숙도는 문장 조각, 축약, 신속한 의견 교환, "일상적인" 어휘에 의해 특성을 나타내는 비형식적 대화에 적절히 참여하는 학습자의 능력을 필요로 한다. 매우 기본적이고 공통된 구조를 제외하고는, 통사론적 지식은 의도된 문맥의 사용에 광범위한 입력이 요구되는 영역에 적용될 수 있다.

담화

담화의 단계에서는 언어적 요소가 단문의 범위를 넘어 작용한다. 미세 구조 담화 단계에서 이것은 연속적 지표, 논리적 연결, **응집성**을 만들기 위한 다른 장치들을 포함한다. 미세 구조 담화 단계에서 우리는 특정한 **장르**와 상호작용적 책략의 특성을 나타내고 있는 조직적 특징의 지식에 대한 언어적 요소의 범위를 넘는다. 미세 구조와 미세 구조적 단계 모두는 내용, 문화, 문맥에 따른 언어적 지식의 중요한 의사소통을 필요로 하면서 그것이 사용되는 범위 내에서 언어 형태와 의사소통 상황 사이의 관계에 민감하다. 연속적 지표는 사건이 일어난 순서를 표시하는 구, 절, 더 긴 단위의 글로 쓰인 교재, 구어체의 교재를 연결하는 언어적 요소이다. 영어에서 그것은 다음 예에서처럼 코마나 휴지에 따라 드러날지도 모른다.

__첫째__, 우리는 의사소통 능력의 전체적 특성을 고려할 것이다. __그리고 나서__, 우리는 학문적 대 사교적 기능에 요구되는 지식 사이를 구별할 것이다. __그 다음__, 우리는 언어의 전통적 단계에 따라 지식의 범위를 분류하고 우선 순위를 정할 것이다. __마지막으로__, 우리는 활동 유형에 관한 의사소통 능력의 양상을 조사할 것이다.

영어에서 시제의 일치의 다른 공통의 지표는 before-after, yesterday-today-tomorrow를 포함한다. 요소의 중복되는 부분은 장소 일치를 나타내고 또한 목록에 항목을 서술하는 사용할지도 모른다(중요성의 우선사항이나 관계사 순서에서).

논리적 연결은 원인-결과(예. because; as a result; consequently), 대조(예. however, on the other hand), 정보의 추가(예. furthermore; moreover)처럼 그들 사이를 관련을 나타내기 위해 절이나 다른 문법적 구성요소 사이에서 발생한다.

일반적으로 학술적 글로 쓰인 영어는 관련을 외적인 언어적 표현으로 선호하지만 많은 다른 언어는(예. 중국어와 한국어) 종종 언어적 요소를 추가하기보다 절의 병치에 의해 이러한 관계를 표현하는 것을 선호한다. 논리적 연결의 사용은 많은 학습자들에게 문제가 되는 제 2언어인 영어의 양상이다.

응집 장치는 통합되지 않은 교재에 그것을 통합하여 다른 것에 담화의 요소로 연결한다. 그것은 위에 열거한 많은 연속적 지표와 논리적 연결을 포함하지만 이것은 또한 대명사와 어휘 인용문, 대치, 생략으로 연결한다. 영어 장치의 유형학은 Halliday와 Hasan(1976)에 의해 인용된다.

표 6.7 영어의 응집성 유형

지시(Reference)	
· 대명사(Pronominals)	*he, they*
· 지시사(Demonstratives); 관사(articles)	*this, the*
· 비교(Comparatives)	*same, other*
대치(Substitution)	
· 명사 대치(Nominal substitutes)	*one, all*
· 동사 대치(Verbal substitutes)	*do, likewise*
· 절 대치(Clausal substitutes)	*so*
생략(Ellipsis)	
· 명사 생략(Nominal ellipsis)	*(omissions at subsequent mention)*
· 동사 생략(Verbal ellipsis)	
· 절 생략(Clausal ellipsis)	
접속사(Conjunction)	
· 부가(Additive)	*and, as well as*
· 역접(adversative)	*yet, but, however*
· 인과(Causal)	*so, it follows*
· 시간(Temporal)	*then, in the end*
· 계속(Continuative)	*of course, anyway*
· 억양(Intonation)	
어휘(Lexical)	
· 동일 어휘(Same item)	*mushroom-mushroom*
· 동의어나 유사동의어(Synonym or near synonym)	*the ascent-the climb*
· 상위어(superordinate)	*a new jaguar-the car*
· "일반적" 어휘("General" item)	*the rafters-those things*
· 연어(Collocation)	*boy-girl, north-south*

이 장치의 일부는 다음 절에서 설명된다.

Students who acquire second language **do so**[1] in many social contexts. For example, **they**[2] may **learn L2s**[3] in formal classrooms, or [ ][4] in informal interaction with native speakers. **Language learners**[5] may profit from either **setting**[6], **but**[7] **of course**[8] not **all**[9] will have equal success. **In the end**[10], motivation **as well as**[11] aptitude **and**[12] opportunity is a **critical variable**[13].

제2언어를 습득하는 학생은 많은 사회적 상황에서 **그렇게 한다.**[1] 예를 들어, **그들은**[2] 원어민 화자와 형식적 수업, 혹은 [ ][4] 비형식적 상호작용에서 **제2언어**[3]를 배울지도 모른다. **언어 학습자들**[5]은 **환경**[6]으로부터 도움이 될지 **모르지만**[7] **물론**[8] **모든 것**[9]이 공평한 성공을 가지오지는 않을 것이다. **결국**[10] 적성**과**[12] 기회**뿐만 아니라**[11] 동기가 **결정적인 변인**[13]이다.

1 제2언어 습득을 위한 대치
2 제2언어를 습득하고 있는 학생을 위한 대명사 지시
3 제2언어 습득하기 위한 동의어
4 제2언어를 배우기 위한 생략
5 제2언어를 습득하고 있는 학생들을 위한 동의어
6 형식적 수업과 비형식적 상호작용을 위한 대치
7 접속사
8 계속사
9 무시된 언어 학습자를 위한 수량사의 대용
10 시간
11 부가적
12 부가적
13 동기, 적성, 기회를 위한 상위어

학문적, 개인 상호간의 영역에 장르라 불리는 전통적인 담화의 범주와 유형이 있다. 일반적으로 장르마다 여러 부류의 참가자(화자/작가, 청중)가 있고 다양한 화제를 다루며 복잡한 언어와 그에 따른 기능을 필요로 하며 언어가 쓰이는 공동체마다 그 언어 기능이 특징적으로 나타난다. 학문적 장르에는 연구논문, 강의, 서평이 있다; 개인 상호간 장르는 대화, 서비스 상황(예. 식당에서 음식 주문하기), 편지 등이 있다. 장르는 의사소통 능력의 문화적 요소의 일부로서 언어 사회의 구성원이 공유하는 특성과 지식이라는 점에서 담화의 "관례에 따른" 범주이다.

제2언어 학습자는 종종 그들이 그것을 사용하는 사회에 결합하기를 원할 때 새로운 언어적 요소뿐만 아니라 관련된 장르에 대해 새로운 체계적 특징을 배워야만 한다. 예를 들어, 영어로 쓰인 학술적 연구 보고서는 다음에 제시하는 순서를 따른다(Swales 1990 참조):

(1) 조사와 그것의 잠재적 중요성에 관해 문제의 진술
(2) 특정한 연구 과제나 가설
(3) 관련 연구의 검토
(4) 자료 수집과 분석 절차의 기술
(5) 연구 결과의 발표
(6) 결과에 대한 토론
(7) 결말(종종 향후 연구를 위한 한계와 제안을 포함하게 된다)

훈련에 의한 패턴에는 변이성이 있다(예를 들면, 학술적 보고서는 그것이 물리과학, 사회과학, 인문과학 따라 다르다). 그러나 어떤 전공 분야에서 영어를 말하는 연구자가 보고서를 자료 수집 절차를 기술하기 전에 연구 결과를 발표한다면 "상식 밖이라고" 생각될 것이다. 그리고 어떤 단체의 학문의 규약으로부터 상당히 벗어난 보고서는 아마도 학술적 학위논문 요구의 달성에서 받아들여지지 않거나 전문 잡지에 출판되지 않을 것이다. 이 학술적 장르의 조직적 패턴에서 문화적 차이의 예를 들어보면 중국학자는 중국어로 쓰던 영어로 쓰던 관련된 연구의 비평을 생략하기 쉽다(Taylor와 Chen 1991). **대조 수사학**은 제2언어 학술적, 전문적 글에서 문제를 예상하고 설명하는데 집중하면서 여러 언어와 문화에서 특정한 규약의 장르를 비교하는 연구의 분야이다(연구의 주제와 조사결과의 알아보려면 Connor 1996 참조).

제2언어 학습자가 상호작용 장르를 습득해야만 하는 전통적인 특징을 알아보려면 대화에서 공손함과 순서 지키기 책략을 주목하면 된다. 공손함에 대한 일반적 규칙은(아마 보편적인) "강요하지 말아라(Do not impose)"와 "체면치레 말고 사람을 도와라(Help the other person save face)"으로 제안되어왔지만(Traugott와 Pratt, 1980) 비슷한 의사소통적 행동은 문화마다 다르게 해석될 수 있다. 본질적으로 같은 행동은 어떤 환경에서는 "우호적"이지만 다른 환경에서는 "무례한" 것으로 지각될지도 모른다(예. 그들의 종교적, 정치적 관점, 그것을 아이들이 가지고 있든 뜻밖의 지식을 요청하기). 어떤 문화에서는

적절한 대화 순서 지키기에 중단(interruptions), 중복(overlaps), 동시 말하기(simultaneous speaking)가 관련이 있을 수 있고; 어떤 문화에서는 너무 급하게 말하면 "무례하거나", 지나치게 공격적으로 생각될 수 있기 때문에 상대방이 대화를 시작하기 전에 잠시의 침묵이 필요한 경우도 있다.

이러한 대조가 있는 경우에 제1언어이든 제2언어이든 공손함과 순서 지키기 규약의 전이는 메시지의 표현과 해석에 도움이 될지 모르지만 화자의 의도와 메시지 방식의 심각한 오해를 야기할 수 있다. 이러한 요인에 집중하는 상호작용 장르에 대한 비교 연구는 **문화간 의사소통**의 영역에서 찾아볼 수 있다(예 Scollon와 Scollon 2001 참조).

제2언어 담화 요소를 적절히 사용하는 능력은 **중간언어**의 다른 요소의 발달과 유사하다. 그것은 점차적이고 조직적으로 나타나고 표현상의 많은 오류는 제2언어를 사용함에 있어 제1언어 지식의 전이나 제2언어의 발달적 패턴 때문이다(예를 들면, Ellis, 1997). 다른 요소와 더불어 학습자의 본성과 적절한 입력은 그들이 획득할 능숙도 정도에 영향을 준다. 학술적 대화 능력을 발달시키려면 의미 있는 상황에서 많은 학술적 교재를 읽거나 듣는 것이 필요하다. 그리고 그것은 글로 쓰인 표현의 적절함에 대한 피드백으로부터 이익을 얻는다. 개인 상호간 대화 능력을 발달시키기 위해서는 그것이 만들어지는 사회적 상호작용, 입력과 피드백을 위한 기회를 가질 필요가 있다.

수용적 활동

"수용적"(표현적에 대립하는 것으로) 활동으로서 읽기와 듣기가 제2언어 학습자가 노력 없이 수동적으로 성취한다는 것을 의미하지 않는다. 학습자는 제2언어 입력으로부터 의미를 창조함에 있어 적극적으로 참여해야만 한다. 그렇지 않으면 쓰기는 단지 서류상 표시로 남아 있고 말하기는 사람들이 입을 통해 내는 소음일 뿐이다. 우리는 그들이 요구나 동기가 없을 때 그런 기회를 더 준 후에도 다른 언어의 단일어(single word)를 배우는데 실패한 아이들이나 성인들의 예를 제5장에서 살펴보았다. 성공적인 제2언어 습득은 적극적인 참여가 필요하다.

문어나 구어를 이해하기위해서는 **하향식**과 **상향식 처리과정** 둘 다 관계된다. **상향식 처리과정**은 언어 체계의 사전 지식(예를 들면, 어휘, 형태론, 음운론, 구문론, 담화 구조)과 물리적 단서(도표, 청각)의 해석이 필요하다. 어휘 지식은 단어를 인지하고 그것이 의미하는 것을 이해할 필요가 있다; 형태론 지식은 굴절에 의해 전달되는 문법적 정보를 지각할 뿐만 아니라 복잡한 어휘 요소를 해석할 필요가 있다; 음운론 지식은 담화 단어를 인지하고, 문법적 단위에서 언어를 분절하고 구어 형태에 대한 글로 쓰인 상징과 관련시킬 필요가 있다; 구문론 지식은 어떻게 단어가 서로 관련되고 그것이 구와 절로서 어떻게 구성되는지 이해시킬 필요가 있다. 담화 구조 지식은 단일 문장보다 더 긴 문장으로 언어의 확장을 해석할 필요가 있다.

우리는 일반적으로 아마 어휘를 제외한 충분한 사전 언어 지식이 의미의 해석에서 제1언어와 매우 숙련된 제2언어까지 자동적으로(무의식적으로) 이용할 수 있지만 제2언어 학습자의 언어 지식은 종종 문어나 구어 입력을 이해하기에는 부족하다. 학습의 초기단계에서, 상향식 처리과정은 지금까지 습득해 온 제한된 단어와 단어 결합 그리고 간단한 문법적 순서의 시각적, 청각적 인지에 한정한다. 제2언어 입력이 이러한 한계를 초과할 때 이해는 단편적으로 되기 쉽다.

하향식 처리과정은 학습자들이 이전에 접하지 못했던 단어의 의미를 추측하고 글로 쓰이거나 구두 교재의 큰 청크를 벗어나 이해할 수 있도록 허용함으로 어느 정도까지는 언어적 한계를 보완할 수 있다. 제1언어와 제2언어 화자 모두에게, **하향식 처리과정**은 **내용**, **문맥**, **문화**의 사전 지식을 이용하기위한 의사소통적 능력의 중요한 구성 요소로 표 6.1에서 제시되어 있다.

내용 지식은 듣거나 읽은 화제에 관한 배경 정보이다; 새로운 정보는 이것을 근거로 하여 해석하고 지각한다. 예를 들면, 학술적인 텍스트에서 초기 읽기는 제2언어 학습자가 그들의 제1언어에서 이미 공부했던 주된 문제와 관련되어 있을 때 이전 내용 지식은 일관된 개념적 구조에서 새로운 용어를 이해하고 새로운 정보를 통합하기 위한 "비계 설정(scaffold)"을 제공한다.

실제로 제2언어 학습자는 때때로 제1언어 화자가 하는 것 보다 본문의 화제에 관해 더 많이 알지도 모른다. 그러므로 특정한 단어와 문법적 구조를 이해하는데 나타나는 격차에도 불구하고 읽거나 들은 것을 이해할 수 있다.

문맥 지식은 작가나 화자의 의도와 사용되고 있는 담화 패턴의 전반적인 구조를 이해하는 것뿐만 아니라 특정 교재나 상황에서 이미 읽거나 들었던 것으로부터 배운 정보를 담고 있다; 그것은 무엇이 다음에 오는지를 예측하고 정보가 어떻게 구성되는지를 허용한다.

문화 지식은 여러 면에서 내용과 문맥을 포함하지만 또한 읽기와 듣기가 일어나는 활동에서 더 넓은 사회적 환경의 이해가 요구된다. 정확히 이 지식이 글쓴이에게는(그리고 종종 교육 상황에서도 교사에 의해) 당연한 일로 생각되어지기 때문에 그것은 좀처럼 명쾌하게 표현되지 않는다. 그래서 이해의 과정에서 그것의 역할은 (혹은 반대로, 이해에 대한 부족) 좀처럼 인식되지 않는다. 우리는 일반적으로 다양한 영역의 문화 지식이 종종 외국어 학습자의 배경 경험 내에서가 아니라 원어민 사회의 구성원으로서 자란 제1언어 화자에게 쓸모 있다고 추측할 수 있다.

독자나 청자가 텍스트를 해석하는데 도움이 되는 사전 지식은 결국 일어나는 사건의 패턴을 구조화하는 정신 구조인 스키마이다. 사전 지식의 유형은 표 6.8에 나타나있다.

표 6.8 수용적 처리과정

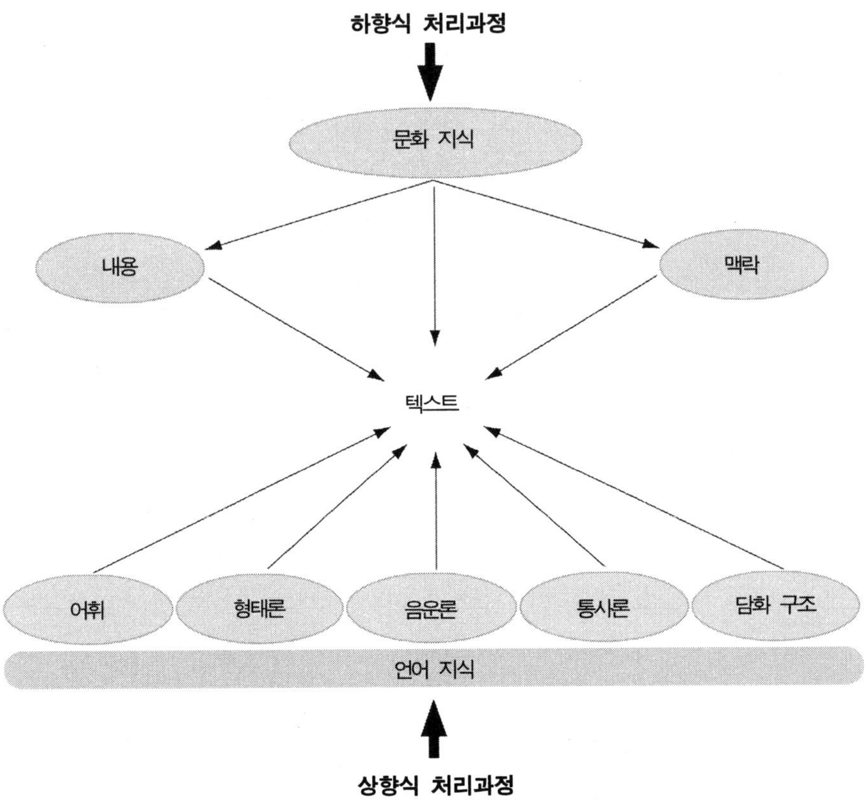

읽기

읽기는 제2언어 학문적 능력의 발달에 관여하는 개개인에게 가장 중요한 활동 영역이고 개인 상호간의 기능뿐만 아니라 교육수준이 높은 사회에서 "함께 어울리기(getting along)"에서도 중요하다. 많은 학습자에게, 읽기는 제2언어의 습득과 제2언어로 쓰인 관련 문학에 접할 수 있는 주요한 통로가 될 수 있다. 또한 더 광범위한 의사소통을 위해 사용되는 언어의 경우에 (영어와 같은), 읽기는 과학 기술의 발달, 세계적인 뉴스와 과학적 발견과 관련된 중요한 입력자료를 제공한다. 일반적으로 읽기 능력은 책이나 잡지와 같이 발행된 자료를 이용할 뿐만 아니라 컴퓨터나 인터넷에 접근하기 위해서도 필요할지 모른다. 읽기가 요구되는 비학문적 상황은 교통신호를 이해하는 것에서 친구로부터 편지나 e-mail을 받는 것에 이르기까지 다양하다.

Grabe(1991)는 읽기 활동에 관계되는 6가지 구성 요소 능력과 지식 유형으로 유창한 학술적 읽기에 대해 연구하였다.

(1) **자동화된 인지 능력**: 자동적(의식과는 반대되는) 단어 지각과 확인은 유창성을 위해 필요하다. 구문론적 구조의 자동화된 인지뿐만 아니라 낮은 단계의 자동성도 중요하다는 몇몇 증거가 있다(예. 주요 작품과 편지 단계에서).

(2) **어휘와 구조적 지식**: 유창한 읽기는 어휘인지(어떤 것은 100,000단어까지 범위를 추정한다)와 문법적 구조에 대한 지식을 필요로 한다.

(3) **형식적 담화 구조 지식**: 우수한 독자는 원인-결과, 문제-해결 관계처럼 대조를 위한 논리적 조직 패턴에 관계되는 본문이 어떻게 구성되는지를 안다.

(4) **내용/세계 배경 지식**: 우수한 독자는 화제에 대한 더 많은 이전 문화 지식과 능숙하지 못한 사람들보다 더 많은 텍스트와 관련된 정보 모두를 가지고 있다.

(5) **복합어 만들기와 평가 과정/전략**: 유창한 독자는 텍스트 정보를 평가하고 다양한 지식 출처와 비교한다; 그들이 읽은 것을 이해하려고 노력하는 것 이상의 역할을 한다.

(6) **초인지 지식과 이해 감독**: 유창한 독자는 언어 지식과 텍스트를 이해하고 정보를 처리하기 위해 적절한 전략을 사용하는 것에 대한 지식을 가지고

있다. 모니터링은 텍스트에 있는 정보를 해석하는 과정에서 발생하는 인지적 문제와 이해 부족에 대한 인식 등에 관계된다.

읽기에서 유창성은 제1언어나 제2언어에서 발전하는데 시간이 걸리지만 그것은 학문적 능력의 측면에서 가장 중요하다. 대부분 제2언어 학습자들은 이미 그들의 제1언어에서 읽는 것을 배워왔고, 새롭게 이 능력의 습득을 시작할 필요가 없다: 한 언어에서 또 다른 언어에서 읽기로부터 지식과 능력의 중요한 전이가 있다.

추상적 글로 쓴/인쇄된 상징으로부터 의미를 추론하는 기본적인 개념은 대부분 언어에서 같고 추론하기, 사전 지식 활용하기, 추리하기는 동일한 하향식 전략에 적합하다. 실제로, 제1언어 읽기 능력 단계는 학생이 어떻게 성공적으로 제2언어 읽기를 배울 것인가에 관해 유력한 예언자가 된다. 이것은 제1언어가 다른 상징적 쓰기 체계에서(혹은 **정서법**) 표현되어질 때와 일본어나 헤브라이어의 제1언어 독자가 제2언어 영어에 대한 읽기 기술을 전달할 때도 정확하다(예를 들면, Saville-Troike, 1984). 텍스트의 하향식 처리과정에 적용되는 내용 지식은 대개 특정한 언어가 아니다. 한 언어를 매개로 배운 개념은 여전히 그것에 대한 접근이 다른 매개를 통해 유발할 때 효과적이다 (물론 그런 차이는 제1언어에서 배웠고 그것이 제2언어에서 나타나거나 추측될 때 개념의 구조나 내용에 존재하기도 한다; 부주의한 논쟁은 오해와 혼동을 일으킬 수 있다. 이 논쟁은 제1언어의 다양성뿐만 아니라 어휘 수준에서도 나타날 수 있다).

읽기에서 유창성을 발달시키는 것은 무의식적이거나 자동적으로 인지하거나 이해되기 위해 새로운 언어적 요소(특히, 어휘뿐만 아니라 문법과 담화 구조)의 충분한 지식을 습득하는 것이 필요하다. 자동적 인지를 달성하는 것은 읽음으로써 읽기를 배운다는 활동을 통한 광범위한 연습이 필요하다.

특정한 목적을 가진 학문적 읽기는 제2언어 학습의 초급과 중급 단계에서만 가능하다. 그 외의 목적을 가진 읽기부터는 언어적 지식도 자동성 같은 예비지식의 단계에서 꼭 필요하지는 않다. Grabe(2002)는 학문적 배경에서 읽기에 관련되는 기능을 다음과 같이 열거한다. 이는 제2언어 학습자에게 곤란할 것 같은 순서로 여기에 열거했다(가장 쉬운 것부터 가장 어려운 것까지).

- **정보를 찾기 위한 읽기**: 특정 화제, 단어나 구를 위한 텍스트를 꼼꼼히 읽거나 자세히 조사한다.
- **전체적 이해를 위한 읽기**: 주제를 찾고 주제를 뒷받침해주는 정보를 찾는다.
- **학습을 위한 읽기**: 일관된 조직적 구조에서 주제를 이해하고 의미와 보충적인 세부사항을 저장한다.
- **비평과 평가를 위한 읽기**: 나아가, 텍스트 내용을 반영하고, 사전 지식에 통합하고 화제에 대해 이미 알고 있는 것에 관하여 텍스트의 특성과 적절성을 판단한다.

초보자조차도 특정 화제나 단어를 위해 훑어 읽기를 할 수 있고 중간 단계 제2언어 학습자는 주제를 이해하고 몇몇 뒷받침하는 정보를 얻을 수 있지만 공부를 위한 읽기와 비판적/평가적 읽기는 일반적으로 제2언어 습득의 고급단계에서만 달성할 수 있다(그렇지만 담화/텍스트의 스키마 지식과 전문적 어휘는 때때로 비슷한 정서법을 이용하는 또 다른 언어의 텍스트로부터 초보자들이 유용한 정보를 찾는데 도움이 된다).

제2언어 읽기의 시작

제1언어가 제2언어와는 다른 정자법 체계에서 쓰는 학습자는 초기 단계이지만 목표 언어에서 상징을 인지할 필요가 있다. 비록 그것이 구성하는 부분을 구별할 수 있기 전에 전체 단위의 모습으로 많은 단어를 인지하는 것을 배울지도 모른다. 문자 체계의 여러 유형은 표 6.9에 예시되어 있다: 알파벳, 음절문자, 표의문자.

표 6.9 세계어의 쓰기 체계

알파벳	영어	She went to the market.	
	라오어	ລາວໄປຕລາດ	law pa:i thala:t
			she go market
	그리스어	πιγεστιναγορα	pighe stin aghora
			he/she went to the market
음절 문자	일본어	かのじょがマーケットにいきました	kanojo ga maketto ni ikimashita
			she nom. market to went
표의 문자	중국어	她去了市场	ta qt le shi chang
			she go perfect market

영어(로마자), 라오어, 그리스어 알파벳, 일본어 음절 문자, 중국어 표의문자들이 나타내는 문장은 거의 같은 의미를 가진다('she went to the market' 그녀는 시장에 갔다). 제2언어가 스페인어이거나 제1언어가 불어인 영어 학습자는 같은 로마어 알파벳을 공유하고 이러한 언어의 자음과 모음 소리를 표현하는데 사용하는 상징을 이미 알고 있다. 반대로, 라오어와 그리스어, 한국어가 제1언어 영어 학습자는 오히려 이러한 언어에서 자음과 모음과 관련된 일련의 알파벳 상징을 배워야만 한다; 일본어 학습자는 더 많은 음절(자음+모음) 단위와 관련된 상징을 배워야만 한다; 그리고 중국어 학습자는 전체적으로 단어 의미와 관련된 상징인 (혹은 둘 이상의 상징의 순서) 표의문자 체계를 배워야 한다. 문제는 "똑같은" 상징이 인쇄되거나 손으로 쓰기, 대문자와 소문자 경우(로마어와 그리스어 알파벳에서처럼), 처음과 마지막 단어 위치(히브리어, 아라비아어 알파벳에서처럼) 있어서 다른 형태를 가질 때와 그것이 "간소화된" 것과 "간소화 되지 않은" 변형 모두에서 일어날 때(중국어 알파벳에서처럼) 생기게 된다.

초기 단계에서 나타나는 문자 체계에서 또 다른 차이는 **방향성**이다(예를 들면, 활자체는 왼쪽에서 오른쪽, 오른쪽에서 왼쪽, 위에서 아래로든 해석되고, 책의 일부는 "정면"이다).

새로운 도표 표현을 배우기 위해서는 구두법을 해석하고 인지할 필요가 있다. 구두법은 문장 내에서 문법적 요소의 범위와 그것이 어떻게 관련되는지와 구어에서 억양에 의해 전달되는 의미의 신호에 관한 정보를 제공한다.

구두법이 사용돼야 하는지 아니면 단어와 단어사이에 빈칸을 두던 그에 따른 다양한 규칙이 있게 마련이다(예를 들면, 타이어와 라오어는 이러한 공간 사용을 이루지 않고 중국어 문자는 모두 똑같은 행간을 띄운다).

초기 단계에서는 학습자가 읽기를 시작하기 전에 있는 어느 정도의 사전 구두 지식을 가지고 있느냐에 따라 진보의 속도는 매우 차이가 있을 것이다. 제1언어에서 읽고 쓸 줄 알고 상당한 양의 제2언어 어휘와 기본적 문법적 구조를 이미 인지한 학습자는 도표 표현을 처리하자마자 글로 쓰인 제2언어 텍스트로부터 상당한 정보 추론을 할 수 있을 것이다. 언어의 구두 형태에 대한 어떤 노출 없이 제2언어 읽기를 시작하는 학습자는(이전 혹은 동시에 일어나는) 그들이 처리할 수 있는 능력에 한계가 있을지도 모른다. 비록 그렇다 하더라도, 읽기의 초기 도입은 유리할 수 있다. 학습의 속도(특히 어휘)는 일반적으로 청각적 입력뿐만 아니라 시각적 입력을 가짐으로서 강화된다; 화제에 관한 배경 지식은 초보자가 문맥에서 모르는 단어의 의미를 추측하고 더 나아가 부차적인 학습을 강화하는데 도와준다.

초기 제2언어 읽기에서 습득된 것은 하향식 처리과정을 통해 언어적 지식에서 한계를 보완하기 위한 능력을 발달시키면서 도표 표현에서 여러 단계의 지식과 관련되는 방법을 학습하는 것이다. 어떻게 이것이 성취되는가는 주로 제1언어 읽기 과정의 전이 때문일 것이다; 전이는 학습자가 이미 경험한 화제의 내용 선택에 의해 빠르게 촉진된다.

학문적 읽기

제1언어와 제2언어에서 고급 단계 읽기 능력은 언어적, 비언어적 필수 지식 모두를 포함하여 주로 과학, 기술공학, 등으로부터 자세한 정보를 추론하는 것이 필요하다. 필수적인 제2언어 언어 지식에는 다음과 같은 것들이 있다:

- 의미, 도표 표현과 다른 어휘 항목에서 출현의 확률을 포함하여 기본적이고 전공-전문어 모두의 어휘의 많은 인지
- 통사론의 처리에 도움이 되는 구두법 규정과 함께 복잡한 문장 구조
- 이전 정보와 새로운 정보를 구별하고 집중하는 요소를 구별하는 문장 단계에서 조직 특징
- 어떻게 본문이 구성되고 어떻게 정보가 조직되는지와 같은 담화 단계에서 조직 특징

고급 단계 학문적 읽기 능숙도를 발달시키는 데는 어휘, 문법, 담화 구조는 학술적 대 사교적 목적을 위해 사용되는 언어의 종류와는 다르기 때문에 글로 쓰인 텍스트에 대한 광범위한 노출이 필요하고 문어 대 구두 분야에서, 학문적 텍스트는 이 목적을 위한 언어 입력의 가장 적절한 자료가 될 수 있다. 목표 내용 분야에서 주제에 관한 텍스트는 관련된 어휘 선택에 대한 노출을 확실하게 하고 게다가 독자가 의미를 위해 하향식 처리과정을 사용할 수 있는 배경 지식을 제공해준다. 언어 구조에 대한 명확한 지도는 제2언어에서 고급 단계 학문적 읽기 능력을 성취하는데 있어 유용하다. 특히 그런 지도법은 복잡한 문법적 형태에 보다 효과적이다. 회화의 제2언어 어법과 간략하게 한 글로 쓰인 텍스트에 지나치게 집중하게 되면 학습자가 고급 단계 학문적 목표를 성취하는

데 어려움을 겪게 된다.

일단 고급 단계 읽기 실력이 달성되면, 그것은 종종 교사로부터 도움 없이 그리고 직접적 상호작용이나 다른 계속적인 제2언어 입력의 자료에 대해 그다지 노출되지 않더라도 높은 단계의 실력을 유지할 수 있다.

듣기

듣기는 아동이 제1언어를 습득할 때 필수적이지만 제2언어 학습자는 종종 목표 언어를 들을 훨씬 더 적은 기회를 가지고 있어 듣기 입력의 기회를 덜 갖게 된다. 그러나 듣기는 구두 사교적 의사소통에 참여하기를 원하거나 강의와 보도 방송과 같은 구두 문헌으로부터 정보를 받을 필요가 있는 학습자 모두에게 중요한 활동이다.

듣기 과업을 분류하는 한 가지 방법은 상호간부터 비-상호간까지 의사소통의 전체적 맥락에서 이루어진다(Lynch, 1998). 면대면 사교적 상호작용에 참여하는 것은 상호간 목적에 있고 라디오나 TV 뉴스 보도에서 듣기는 비-상호간 목적에 있다. 학술적 강의나 회의 발표에서 듣기는 학습자가 화자에게 질문을 요청하고 토론에 참여할 기회를 가지고 있는가에 좌우되는 다소 상호의존 가능성을 가지고 있다. 상호간 의사소통은 학습자에게 듣기뿐만 아니라 말하기와 의미 협상에서 협력하는 것도 필요하다. 비-상호간 의사소통은 반복이나 명료화를 요청하지 않고 "온라인"이나 실시간으로 입력을 처리하고 의미를 구성하기 위해 청자에게 더 많은 것을 요구한다.

듣기 활동을 분류하는 또 다른 방법은 그것이 전반적, 선택적 듣기가 요구되는가에 의해서이다(Nida, 1953). 전반적 듣기는 오직 학습자가 메시지의 전체적 요점을 얻기 원할 경우이며 선택적 듣기는 중요한 세부사항의 지각과 이해하고자 할 때이다. 과제의 후자 유형은 이름, 장소, 날짜와 같은 사실에 주의하기를 기대하는 학문적 강의에서 흔하지만 또한 청자가 특정한 시간과 장소에 초대받을 때와 같은 상호간 사교적 대화에서 일어난다.

일반적으로 듣기 현상을 설명하는데 사용되는 제2언어 습득 이론은 **정보 처리**이다(제4장을 참고하라). 첫 번째 단계는 입력이나 관련된 청각 단서에 요구되는 지각이다. 이것은 제1언어, 특히 초기 언어 학습에서 보다 제2언어 수용에 대한 훨씬 더 많은 의식적 주의와 노력이 요구된다. 다음 단계는 위에서 논의한 상향식과 하향식 요인 모두를 포함한 **중앙 처리**(central processing)이다. 상향식 처리과정은 제2언어 지식의 구성 요소가 자동적으로 될 때까지 고도의 주의 통제 하에 있어야 하고 의미에 대한 많은 언어적 단서는 학습자의 음운론적, 어휘적, 문법적 정보의 제한 때문에 도달하기 어렵다. 제한은 또한 의식적 과정에 필요한 정신의 "작업 공간"에 의해 강요되는데 이는 새로운 정보와 더 높은 사고 순서를 위한 학습 능력을 거의 남겨두지 않는다. 사전 내용 지식이나 예상과 같은 하향식 요인은 이미 제2언어 학습의 초기단계에서 조차 통합을 위해 이용할 수 있고 자동화될지도 모른다. 이것은 일반적으로 이해를 촉진하는 반면 학습자가 내용, 문맥, 문화의 사전 지식을 가진 무의식적이고 자동적 접근은 제2언어 상황에서 부적당하고 몇몇 오해를 야기할 수 있다.

하향식 처리과정에 사전 지식의 부적당한 전이 외에도 상향식 처리과정에서 간섭은 일반적으로 이 장 초기에 논의한 것처럼 청자의 제1언어 음운론적 체계로부터 전이가 생긴다.

제2언어 듣기의 시작

외국어에서 말하기는 처음에는 그저 소음의 흐름으로 지각된다. 사람들이 말하는 것을 이해함에 있어 첫 번째 단계는 발생하는 소리의 순서와 그것에 의미를 붙이는 패턴을 인지하는 것이다. 이것은 단어를 구성하는 소리, 구를 만드는 단어, 절이나 문장을 구성하는 구인 의미 단위에서 말의 흐름을 분절하는 과정에서 시작한다. 분절되는 말은 소리를 지각하는 것뿐만 아니라 해석을 참작하여 문맥과 관련하여 패턴에 주목하는 것도 필요하다. 우리가 살펴보았듯이 이것은 청자의 적극적인 참여가 필요하다.

초보 제2언어 학습자는 청각적 입력으로부터 의미를 대부분 다음처럼 쉽게 만들기 시작할 수 있다:

- 그들은 화자가 무엇에 대해 이야기할지 미리 안다.
- 핵심어와 구는 그들이 연결된 발화에 접하기 전에 어휘 요소를 인지함으로써 배운다.
- 화자는 종종 문장의 일부 경계 사이에서 잠시 멈춘다.
- 청각적 메시지는 글을 포함하여 시각적 이미지에 의해 유지된다.
- 의사소통 상황은 청자에게는 반복과 명료화를, 화자에게는 천천히 말하도록 요구하는 상호작용이다.

많은 비언어적 요인들은 또한 초기 제2언어 청해력에 영향을 미친다. 간섭은 다음과 같은 요인에 영향을 받을 수 있다.

- 불충분한 신호 특성(정적이거나 소리 왜곡과 같은)
- 배경 소음
- 청자의 주의 산만
- 불안과 같은 정의적인 특성(Lynch, 1998의 요인 평가 참조)

화자의 발음은 또한 청자의 이해에 영향을 주는 요인이다. 많은 학습자들은 화자의 강세가 그들 자신의 음운론적 지각적 체계와 가깝기 때문에 제2언어의 원어민 화자에 의해서보다 그들 자신의 제1언어 화자에 의해 표현되는 제2언어 발화를 이해하는 것이 더 쉽다는 것을 발견한다고 보고한다. 그러나 이 문제에 관한 연구는 강세에 따른 익숙함이 훨씬 더 중요하다고 제안한다(Flowerdew 1994). 다른 모국어 지역 대학교에서 발화의 다양성은(다른 비원어민 강세뿐만 아니라) 교사들 사이에서 발견된다. 학습자는 언어적 구조와 내용의 검토를 위한 기회를 제공할 뿐만 아니라 후속으로 뒤따르는 "동조"(익숙해짐)를 위한 테이프-녹음 수업 과정에 의해 자신의 이해를 향상시킬 수 있다. 녹음된 제2언어 발화의 대답은 학습자가 "의미하고 있는 것을 이해하는데 필요조건으로서 말하고 있는 것을 이해하는데" 도움을 준다(Lynch 2002:47). 제2언어 습득에 대한 정보처리 접근에서 반복은 주의를 강화시키고 입력을 더 빠르게 처리하게 하고 "작업 기억"에서 보다 긴 분절을 처리할 능력을 촉진함으로써 **자동화**에 도움을 줄 수 있다. 다른 장르의 비디오-녹음 텔레비전 프로그램, 특히 동시 비공개 자막(혹은 자막이 있는 영화)을 제공하는 프로그램은 또한 듣기 연습을 위해 유용한 자료를 제공할 수 있다.

학문적 듣기

학문적 듣기는 학문적 읽기를 위해 위에 열거해 놓은 것처럼 같은 제2언어 언어적 지식을 필요로 한다: 기본적인 어휘인지, 세부 전공 어휘 인지: 복잡한 문장 구조: 오래된 정보로부터 새로운 정보를 구별하고 중요한 내용을 강조하는 문장과 담화 단계에서 조직적 특징. 게다가 학문적 듣기는 특히 제2언어 학습자들이 다양한 원어민과 비원어민 화자의 발음을 이해하는데 어려움을 겪는다. 테이프-녹음 강의와 여러 비상호적인 듣기 활동은 "동조"와 내용 검토 모두, 이러한 환경에서는 초보 학생뿐만 아니라 고급 단계에서도 유용한다. 그것은 듣기 활동에 대해 폭넓은 경험을 하지 못했다면 그들은 강의와 다른 구두 사건으로부터 필요한 모든 입력을 이해하기 위해 고급 단계 제2언어 학습자들조차 몇 주가 걸린다; 녹음은 놓치게 될지 모르는 정보의 재생과 정의나 퇴고에 유념해 왔던 중심 어휘의 재맥락화에 도움이 된다.

읽기와 함께, 고급 단계 학문적 듣기 능숙도의 발달은 구두, 학술적 텍스트에 대한 많은 노출이 필요하다. 읽기와 달리, 듣기 능숙도는 주로 계속적인 제2언어 구두 입력 없이 높은 단계를 유지할 수 없다.

표현 활동

언어 사용을 위한 표현적 활동은 수용적 활동처럼 **하향식**과 **상향식 처리과정**을 거친다. 문어나 구어의 표현은(이해와 같은) 구, 절, 텍스트의 더 긴 단위에 그것들을 결합시키고 단어를 이용하기 위한 어휘, 형태론, 음운론, 구문론, 담화 구조의 사전 지식을 필요로 한다. 초기 언어 학습 단계에서 제2언어 학습자의 제한된 지식은 표현적, 수용적 능력이 여러 면에서 서로 독립적이지만 의미의 표현(이해뿐만 아니라)에 문제를 일으킬 수 있다. **하향식 처리과정 내용**의 사전 지식은 작가나 화자가 의사소통하기를 바라는 정보의 내용이다; **문맥** 지식은 특정한 의사소통 상황에 적절한 언어적 선택에서 선정될 작가와 화자의 능력을 의미한다. **문화**의 사전 지식은 언어 사용에 대한 문화적 규약과 관계가 있다.

보통 쓰기는 읽을 능력을 가정하고(표현된 것을 해석하거나 검토할지라도) 말하기는 말하는 내용의 적절함과 듣기가 포함된 문맥에서 주로 일어나고 다른 사람이 무엇을 말했는지의 이해와 그것에 어떻게 반응할지의 예언이 필요하다. 표현을 이용할 수 있는 언어 지식은 다른 것에 의해 사용되는 언어의 해석을 위해 사용되는 것을 의미한다; 예를 들면, 수용 능력은 항상 표현 능력을 능가한다.

쓰기와 말하기는 다른 사람이 쓰거나 말한 것을 이해하는 것보다 주로 그들 자신의 언어적 형태를 구성하는 것을 나타내는데 있어 읽기와 듣기와는 다르다. 두 가지 표현 활동 사이의 중요한 차이는 (1) 일반적으로 쓰기는 독자를 말하기는 청자에 집중한다(글로 쓰인 텍스트가 큰소리로 읽혀질지 모르고 구어로 된 문서가 나중에 베껴지고 읽혀질지 모르지만). (2) 말하기에는 종종 계획되지 않고 "온라인"이나 "실시간" 처리를 요구하는 반면에 쓰기는 주로 표현을 계획하거나 편집하기 위한 시간이 요구된다. (3) 쓰기는 표현의 즉각적 시간과 장소와 특정한 청중이 관여되는 말하기보다 훨씬 더 쉽다. 어떤 제2언어 학습자는 쓰기가 여러 단계에서 언어 요소를 편집하고 의식적으로 이용할 시간을 허용하기 때문에 쓰기가 습득할 두 가지 기능보다 더 쉬울 거라고 생각하지만 대부분의 학습자는 말하기가 그들에게 분명히 해 주도록 요구하고 의사소통에서 상호 작용적 지지의 여러 유형을 허용하기 때문에 일부분은 적어도 더 쉽다는 것을 알게 된다.

쓰기

쓰기는 제2언어 학습자들이 학문적 목적이나 업무 기능의 특정한 유형에 있어 언어를 사용할 경우 발달시켜야 할 가장 중요한 표현적 활동이다(예를 들면, 관리인이나 고객에게 보고하기). 쓰기는 제2언어 그 자체의 지식을 포함하여, 구두 표현을 강조하는 교수적 프로그램에서조차 지식을 테스트하는 보편적인 방법이다. 제2언어 중급 대학에서 학위를 취득하는 제2언어 화자는 표준화된 입학시험을 통해 높은 쓰기 실력을 발휘해야만 하고 쓰기는 입학위원회에 의해 평가되는 시험이다. 일단 프로그램에 등록하면 이러한 학생은 많은 수업을 위해 논문과 기타 다양한 작문 숙제를 끝마쳐야 하고 에세이 시험은 일반적으로 실력 향상을 평가하는데 사용된다. 대학원 학위는 주로 광범위한 텍스트(학위논문, 학술 논문) 쓰기가 필요하고 많은 학과는 고급 단계 학생들과 대학원생이 제2언어로 중간 단계의 일지나 책에 그들의 연구를 발표하기를 기대한다.

많은 전문직은 또한 형식적 서신의 목적이나 지원서나 보고서를 작성하기 위한 쓰기에서 높은 수준의 제2언어 실력이 요구된다. 글로 쓰인 본문은 다언어 환경에서 다양한 모국어 개인, 학회, 목표 화자가 제1언어로 말하는 것을 다룬다. 고급 제2언어 능력은 또한 작가가 폭넓은 청중에게 다가가기를 원할 때 신문이나 잡지 같은 창조적인 목적을 위해 필요하다.

제2언어 쓰기의 기능은 학습자가 면대면 상호작용 환경의 범위를 넘어 화자의 언어로 의사소통하길 원하거나 필요하다면 회화체의 편지나 e-mail을 쓰는 것을 포함할지도 모르고 높은 교육 수준 사회에서 일상생활에서는 최소한 제한된 제2언어 쓰기 능력을 필요로 할지 모른다. 그러나 일반적으로 학문적이고 전문적인 상황을 넘어 제2언어 쓰기 과제는 학술적인 글의 형식적 맥락과 같은 표현에서 정확성을 위해 요구되는 기준을 가지고 있지 않다.

게다가 학문적이고 사교적 목적을 달성하는 것은, 쓰기 과정 그 자체는 그것이 성공적인 제2언어 학습에 어떻게 도움이 될지 모르기 때문에 잠재적으로 중요하다. 우리는 유의적 언어 **산출**이 여러 면에서 제2언어 습득을 촉진한다는 **정보 처리**(제4장)에 대한 논의를 초기에 살펴보았다(예를 들면, Swain과 Lapkin 1995). 다음을 주목할 필요가 있다:

- 입력 산출하기
- 연습을 통해 자동성의 발달을 촉진함으로써 유창성 강화하기
- 제2언어 형태의 개념을 뚜렷하게 암호화하게 함으로써 그들 자신의 지식에 격차를 인지하도록 학습자 도와주기. 이는 관련 있는 정보에 더 주의를 하도록 그들을 이끌지도 모른다.
- 모니터링과 수정을 위한 기회와 더불어, 발달하는 언어적 체계의 일부로써 공식화된 가설 검증을 학습자에게 주기
- 교정을 위한 피드백을 주고 문제에 대해 비평할 기회 주기

작가는 그들 자신의 직접적 물리적 환경, 그들의 독자, 의사소통의 몸짓과 비언어적 수단에서 대상과 사건에 의지하지 않고, 즉각적 피드백이나 빈칸을 채우기 위한 청자의 협력 없이 생각을 표현해야만 하기 때문에 쓰기는 말하기보다 어떤 한계가 있을지라도 언어적 지식을 더 가까이 밀고 나아갈 수 있다. 우리는 이미 학습자의 중간언어 체계에서 연속적인 변화의 특성을 나타내는 의미를 표현하기 위해 상황에 따른 문맥을 넘어 언어 구조에 의거하여 증가한 제2언어 습득(제3장)에 대해 접근해 보았다. 그것은 글로 쓰인 표현에서 언어적 지식의 한계를 확장하는 것은 구문론적 발달을 촉진시켜 제2언어 습득에 도움이 될 것 같다.

언어 지식으로서 의사소통 능력의 여러 영역에서 상호작용이 요구되는 능숙한 글쓰기와 관련된 몇몇 단계를 고려할 때 분명하다:

- 표현된 내적 개념을 공식화하는 데는 *내용 지식*이 필요하다.
- 내용이 의도된 독자와 관련될 것과 새 정보와 비교하여 공유할 것을 인지하는 데는 *문맥 지식*이 필요하다.

- 사회적으로 정의된 관습적 표현 내에서 교재를 구성하는 것은 (화제, 목적, 청중에게 적절한 언어적 형태와 조직 패턴을 선정하는 것을 포함하여) 또한 *문화 지식*의 여러 관점을 고려할 필요도 있다.

읽기와 듣기의 수용 활동에 있어, 내용, 문맥, 문화 지식은 부분적으로 쓰기에서 제2언어의 언어 요소의 한정된 지식을 보완할 수 있다. 그러나 쓰기는 언어 지식에 대한 4가지 언어 활동에서 가장 의존적이다.

제2언어 쓰기의 시작

언어 능력을 발달시키기 위해서는, 제1언어는 제2언어와는 다른 정서법 체계에서 표현되는 학습자들은 습득 초기 단계로서 목표언어를 부호화하기 위한 상징을 배울 필요가 있다. 새 알파벳 체계(제1언어 영어 화자가 타이어나 아라비아어를 쓰는 것을 배우고 있을 때처럼), 새 음절 체계(예를 들면, 일본어) 혹은 새 표어문자 체계(예 중국어)를 사용하기 위한 능력을 기르는 데는 자동성을 발달시키기 위한 광범위한 연습이 필요하다. 어떤 학습자들은 그들이 시각에 의해 인지할 수 있는 단어나 구를 모방하거나 그들이 청강하는 어떤 것을 녹음하는 낮은 단계의 과제로 시작한다. 특정한 단어에 표현하는데 사용되는 지식은 의미, 발음. 단어의 문법적 특징과 함께 어휘 지식의 일부분이다.

제1언어와 제2언어를 습득해온 특정한 쓰기 과정에서 효과적인 언어 전이는 제2언어 구조적 지식의 발달 단계에 도달할 때까지는 불가능하다. 그러나 상징되는 개념을 공식화하기 위한 **내용** 지식과 관련성과 타당성을 결정하기 위한 **문맥** 지식은 특정한 언어가 아니다. 그러므로 제2언어(가능한 한) 언어적 요소의 지식이 매우 한정될 때에도 이용가능하다. 더 복잡한 사고가 이 영역 처음에 제1언어 언어적 구조와 관련되고 그 다음 제2언어로 부호화된다면 구성에 관련시킬 수 있다. 이것은 내용과 문맥(제1언어의 언어적 형태가 자동적으로 이용될 수 있기 때문에)에 집중하는데 주의하게 하고 그 다음 의식적으로 제2언어 형태의 표현까지 계통적으로 변화시키는 데 도움이 된다.

수많은 제2언어 학습자들은 쓰기의 초기 단계에서 보고 따르는 모형이 주어진다면 더 안전하다고 느낀다. 그래서 그들은 단지 누군가 그들 "자신의" 텍스트를 구성하기 위해 표현해 온 것에 최소한 언어적 변화와 대치를 발달시킬 필요가 있다. 예를 들면, 초기 단계에서, 그들은 단일 참여자라기보다 오히려 복수 참여자를 포함하는 사건의 설명을 교정하거나 현재부터 과거까지 시간 구성을 변화시키기를 요청할지도 모른다. 통제 작문 연습의 유형은 행동주의의 제2언어 습득 이론이 가장 우세했을 때 인기가 있었고 "자유" 작문은 오류와 "나쁜" 습관 형성을 표현하기 위한 경우에 해당한다. 통제 작문 연습은 기계적 요소를 이용하고 표현함에 있어 자동성을 발달시키는데 가치가 있지만 그것은 학습자가 중간언어 발달에 이익이 될 것 같은 방식에서 언어적 지식의 한계를 벗어나지 못한다. 그리고 그것은 발달의 나중 단계에서 개별 표현을 못하게 막는 모형을 보고 따라하는 데 과잉 의지를 갖게 할지도 모른다. 일부 학생은 제2언어 쓰기에 너무 모형을 모방하는데 의존해서 그들이 더 독립적인 환경과 독창력이 요구될 때 "표절"의 영역에 접근되기 쉽다.

학문적 쓰기

효과적인 학문적 쓰기는 목표 장르에 적절한 발표 유형과 조직에 관련된 어휘, 형태론, 구문론, 정서법 표현, 구두법, 관습의 단계에서 언어적 요소에 대한 지식이 요구된다. 형식적 언어 사용 능력에 대한 지식이 요구되고 표현에서 정확성은 매우 중요하다. 그 활동은 대조 수사학의 관점에서 최근에 많은 주목을 받아왔고, 제2언어 학문적 쓰기 연구와 교육사이의(예를 들면, Swales와 Feak) 관계를 평가할(예를 들면, Leki와 Carson 1997) 필요가 있다. 오로지 학문적 제2언어 쓰기를 다룬 과정은 현재 일반적으로 대학과 언어학회에서 제공하고 많은 교사 훈련 프로그램은 이 활동에 초점을 맞춘 방법론 과정을 과정 속에 넣는다. 쓰기 평가에는 또한 Graduate Record Examination(GRE)과 같은 일반 시험뿐만 아니라 문어 영어 시험 TOEFL과 영국 협의회의 IELTS 쓰기 전공 시험을 포함하여 언어 능숙도의 표준화된 시험이 있다.

대부분 학문적 쓰기에 필요했던 비교적 형식적 목록은 "의사소통적" 언어 교수에서 강조되는 비교적 비형식적 기록과 모순이 될지도 모른다. 이것은 **무엇**을 배워야 하는가에 대해 우선 순위를 결정하기 전에 추가 언어가 **왜** 필요한지를 고려하는 것이 교사나 학생에게 요구된다.

말하기

말하기는 (듣기와 함께) 사회적이든 도구적이든 간에 사교적 목적을 위해 영어를 사용한다면 제2언어 학습자들에게 매우 중요한 활동 영역이다. 제2언어 학습자가 제 2언어 말하기 사회에 참여하는 거의 모든 상황에는 말하기에 대한 필요성이 있게 마련이다; 여행자는 일반적으로 위치를 물어보거나 호텔이나 오락에 관한 정보를 요청할 필요가 있다; 이주자는 상품 가게, 서비스 요청하기, 건강에 문제가 있는 경우에 증상을 설명할 필요가 있다; 외국 학생과 다른 임시거주자는 학문적 또는 전문적 말하기 장르에서 스스로 자기 의견을 표현할 뿐만 아니라 주택, 복지, 통화 환전을 위한 거래 협상도 할 필요도 있다.

말하기 표현에는 대한 상향식 처리과정에 수반되는 언어 지식은 의도된 의미를 전달하는 적절한 어휘, 발음의 특징, 문법적 패턴과 대화나 다양한 구어 의사소통적 사건에서 응집성과 일관성이 관계되는 담화 구조의 이해 등이 요구된다. 동시에 말하기 표현과 관련된 하향식 처리과정은 타당성의 한계를 알려주고 표현에 대한 거시, 사회적 문맥과 직접적 의사소통적 활동의 의미와 같은 거시, 사회적 지식, 청자에 대한 화자의 역할과 관계, 적절한 조건(예를 들면, 말해야만 하는 것, 말하게 될 것 그리고 말하지 않고 남겨두어야 할 것)과 관계되는 화제, 문화적 지식에 대한 내용 지식이 필요하다.

듣기와 함께 말하기 과업은 상호간부터 비상호간 의사소통까지 연속선상에서 분류될 수 있다. 면대면 사교적 상호작용에 참여는 이 연속선상의 상호간 목적에 있고 강의나 회의 발표를 하는 것은 비상호간 목적에 가깝다. 상호간 의사소통은 학습자에게 말하기뿐만 아니라 듣기, 의미협상에서 협력하는 것도 필요하다. 듣기와 달리, 비상호간 구두 의사소통은 상호간보다 "온라인"이나 실시간에 처리에 있어 주로 미리 계획할 수 있는 시간이 있기 때문에 화자의 비중이 비교적 덜하다. 실제로 제 2언어 학습자는 심지어 문자로 쓰인 논문을 소리 내어 읽을지도 모른다.

말하기 현상을 설명하는데 사용되는 제 2언어 습득에 대한 언어적 접근은 **기능주의**인데(제 3장) 이는 상호작용 언어 사용에 의해 동기화되고 촉진되는 학습자 언어의 발달을 고려한다. 심리적 접근(제 4장)은 습득 과정에서 자동성 정도로 제 2언어 말하기 능숙도를 평가할 수 있다. 주요한 사회적 접근(제 5장)은 제 2언어 변이와 관련 있는데, 이는 학습자 언어 표현의 특성이 어떻게 문맥적 차원에 영향을 미치는지에 관계된다. 이 사회적 관점으로부터, 말하기 활동에 유창성과 정확성은 화자가 얼마나 많은 주의를 언어적 문맥뿐만 아니라 언어적 형태, 과제의 지적 요구, 관습 단계, 상호작용 환경(예를 들면, 공적 혹은 사적), 화자와 청자의 관계에도 기울이는지에 달려있을지도 모른다.

화행

철학 분야에서 시작된 제2언어 습득을 위한 중요한 개념은 (Searle 1969) 언어 사용이 사과하기, 약속하기, 부정하기, 정서 표현하기, 칭찬하기, 불평하기 등등 어떤 것을 요청하는 발화의 수단에 의해 화자 목표를 성취하는데 있다. 이러한 기능을 만족시키는 발화를 **화행**이라고 부르고 그것은 개인 상호간 의사소통 과정에서 사람들에 의해 말해지는 것의 구성 요소가 된다. 같은 행동은 어떤 언어 사용에서 그 언어를 이해하는 다른 사람들에게 가르칠 수 있지만 활용할 수 있는 실제 형태와 관습은 언어의 특정한 과정이다. 제2언어에서 이러한 행동을 성취하는 방법을 학습하는 것은 언어 학습에서 중요하고 언제 그것을 전개하는가를 아는 것은 우리가 **화용적 능력**이라 일컫는 원리이다.

언어 형태의 다양성은 문화와 문맥적 지식이 요구되는 특정한 상황에 대한 적절한 선택과 더불어 어떤 특정한 화자의 목표를 달성하기 위해 선택될 수도 있다. 예를 들어, 시험 공부를 하기 위해 또 다른 학생의 필기 노트를 빌리고 싶은 학생은 다음과 같이 말할지도 모른다(영어에서):

Give me your notes.
Please Let me make a copy of your notes.
You are a much better note-taker than I. Would you help me prepare for this test?
Could I take a little peek at your notes before the test?

당신의 필기를 저에게 주세요.
당신의 필기를 복사하게 저에게 허락해 주세요.
당신은 저보다 훨씬 더 우수한 필기자입니다. 이 시험을 준비하는데 저를 도와주시겠습니까?
시험 전에 당신의 메모를 살짝 들여다보게 해주시겠습니까?

이것들과 여러 가능성 중에서 적절한 선택은 그들 관계의 친밀도나, 요청과 관계되는 강요의 정도, 화자와 청자의 관련된 사회적 지위에 달려있다. 모든 상황이 여러 문화에서 같은 영향과 이해로 받아들이지 않는다. 그래서 언어 형태의 적절한 제2언어 선택은 제1언어에서 적절한 선택과 다를 수 있다. 제2언어 의사소통적 능력의 습득 양상은 문화와 문맥에 새로운 지식 추가가 요구된다(제2언어 습득 연구에 대한 화행의 암시 조사방법, 조사결과, 함축은

Cohen 1996 참조).

기타 영역의 말하기 능력

대화를 위한 말하기 활동에 성공적으로 참여하기 위해 습득해야할 의사소통적 능력의 또 다른 양상은 다음과 같다:

대화적 구조의 지식. 순서 지키기에 대한 규칙에서 차이는 위의 담화 부분에서 논의되었다: 어떤 언어는 중단, 중복, 적절한 말하기를 고려한다; 어떤 것은 "정중함" 상호작용을 위해 필요한 상황이 되는 화자 사이의 침묵 기간을 고려한다. 이야기의 순서가 일어나기를 예상하는 순서(예. 나이와 사회적 지위에 따라서)와 **맞장구 표현**(back-channel signals)에서(예를 들면, 청자의 이해나 이해 부족에 의해 언어적 혹은 비언어적 표시) 또한 언어적 문화적 차이가 있다. 대화적 구조는 또한 화제 유지하기, 전환하기, **인접쌍**으로 연결된 발화에 대한 규칙을 포함한다(예를 들면, 질문은 즉각 응답이 뒤따라오는지, 감사에 대해 인사하는지, 특히 응답이나 감사는 적절한지 부적절한지).

맥락화된 단서 지식. 맥락화된 단서(Gumperz 1977)는 메시지의 표면 구조가 주는 지시적 의미를 넘어 의미를 표현하고 이해하는 의사소통 요소이다. 단서는 어휘, 발음, 운율(억양과 강세), 주기적인 패턴(휴지와 중지)을 포함하여 어떤 언어적 지식을 포함할지도 모른다. 이 단계를 넘어, 그것은 특정한 문화 예상에 대한 언어 형태와 어울리는 사회, 문화적 지식을 포함하고 문맥의 활용에서 의미의 적절한 해석을 가능케 한다. 사람들은 명쾌하지 않은 것에 대해서 추론하고 화자의 표현적인 함축을 확인하기 위해 이러한 단서에 의지한다. 맥락화된 단서 지식은 문화적, 의사소통적 경험에 좌우되기 때문에, 이것은 상호작용하고 있는 제2언어 학습자와 다른 학습자에게 상당한 오해를 일으킬 가능성이 있는 지식이다. 성공적인 습득은 단서가 추상적으로 기술될 수 없고 형식적 교수를 위해 정의하기 어려운 대상이기 때문에 학습자는 문화적으로 민감한 원어민 화자로부터 피드백을 위한 기회를 갖는 상황에서 만들기 쉽다.

의사소통 전략의 지식. 우리가 여기서 고려할 의사소통적 능력의 궁극적 양상은 그들의 제2언어 언어적 자원 혹은 **의사소통 전략**에서 한계를 보완하는 학습자 지식이다. 이것은 오해를 평가하고 정정하는 방법, 대화자가 서로 협력하는 방법, 사교적 상호작용을 유지하는 방법에 대한 지식을 담고 있다. 전략을 다루는 기본적 문제는 "당신이 언어의 한정된 구사 능력을 가지고 있을 때 어떻게 의사소통을 해 내는가"에서처럼 제2언어 습득의 초기 단계에 체계적으로 나타날지도 모른다. "전략"이라는 용어의 사용은 문제에 대한 교정의 수단이 필요하지는 않지만 의식적이고 의도될지도 모른다는 것을 의미한다.

Elaine Tarone(1977)에 의해 제안된 전략 유형은, 각각의 간단한 기술과 함께, 표 6.10에 제시되어 있다. 의사소통 전략의 지식은 그것이 중지될지 모르는 상황에서 대화를 계속하도록 하기 때문에 말하기 활동에 참여하기를 원하거나 초기 제2언어 학습자에게 특히 중요하다. 대화의 지속은 학습자에게 의미의 협력적인 구성을 위한 더 많은 입력, 연습, 기회를 제공한다.

표 6.10 의사소통 전략의 유형

1 회피	
(a) 화제 회피	학습자가 필요한 어휘를 알고 있지 못한 대화 주제를 회피하기
(b) 메시지 버리기	대화하기 어려운 화제는 아예 꺼내지 않기
2 부연 설명	
(a) 어림잡기	적합하지는 않지만 유사한 대상이나 사건을 지칭하는 어휘 사용하기
(b) 어휘 새로 만들기	대상이나 사건을 기술하는 새로운 단어나 구 만들기
(c) 완곡한 표현	적절한 어휘 항목을 사용하지 못하고 대상이나 사건을 기술하기
3 의식적 전이	
(a) 글자 그대로 번역	제1언어에 근거해 일대일로 번역하기
(b) 어휘 전환	제1언어의 단어나 구를 제2언어에 삽입하기
4 도움 요청	원어민에게 묻거나 사전을 찾거나 권위있는 사람에게 문의하기
5 마임	대상이나 사건을 기술하기 위해 몸짓이나 기타 비구두 수단 사용하기

■ 요약

제2언어 의사소통 능력은 언어 요소의 지식과 여러 상황에서 적절한 제2언어 사용을 위해 요구되는 지식 모두를 말한다. 이 장에서, 우리는 의미의 이해와 표현에서 언어적, 인지적, 사회적 지식의 통합적 역할을 살펴보았다; 우리는 학문적, 상호작용 능력에서 원인이 되는 언어 지식의 구성 요소를 더 깊이 있게 조사했다; 그리고 우리는 어떤 지식이 제2언어 활동에 참여할 학습자 능력을 설명하고 그것이 어떻게 습득되는지를 탐구했다.

제2언어 학습에서 *무엇*을 습득해야만 하는가는 학습에 대한 목표만큼이나 다양하다. 그것은 문법과 어휘 지식이 한정적이지만, 발음의 제한된 인식, 적절한 사회적 사용에 대한 규칙과 더불어 제2언어에서 유창한 읽기 능력을 발달시키는 것이 가능하다. 극단적으로 말해서, 상호작용 능력으로 말하기의 유창성은 달성하거나 읽기와 쓰기의 지식 없이도 가능하지만 역시 문법과 어휘의 역할은 중요하다. 그러나 성공적인 비형식적 사교적 의사소통에 필요한 어휘뿐만 아니라 문법적 형태와 구조는 복잡한 내용을 배우고 학문적 필요를 충족하기 위한 쓰기 수단으로서 제2언어의 사용은 고급 학문 연구에 필요한 것과 아주 다를 수 있다. 순수하게 의사소통적 접근과 같은 "단일화" 접근은 주요한 요구가 학문적 읽기, 쓰기, 듣기 기술을 발달시키는 학습자에게 심각한 해를 줄지도 모르기 때문에 제2언어를 가르치기 위한 교과 과정은 관련된 학습 목표에 따라 구별되어야 한다.

제2언어 학습은 제1언어와 제2언어의 음운론, 문법, 어휘, 쓰기체계, 사회적 사용에 대한 규칙 사이의 유사점이나 차이점의 정도에 의해 촉진되거나 더 어려워질 수도 있다. 중국어 문자 차용으로 이미 익숙한 일본어나 한국어 화자는 로마자에만 익숙한 영어 화자보다 중국어 읽기와 쓰기에서 더 쉽게 유창성을 획득하는 것을 발견할 것이다. (세 언어 모두가 똑같이 중국어와 관련되어 있지 않지만) 반대로 영어 화자는 문법뿐만 아니라 유사한 알파벳과 수많은 공통 어휘 때문에 불어나 스페인어를 쉽게 습득할 수 있는 반면(특히 더 진보된 기술과 학문적 분야에서), 영어나 불어를 공부하는 중국어, 일본어, 한국어 학습자는 그만큼 어려움을 겪게 될 것이다.

학문적 목적을 위한 제2언어 학습자들은 언어적 입력을 이해하는데 도움이 되는 유사한 내용 지식을 사용함으로써 촉진될 수 있지만 듣기와 읽기에 수용적인 처리 능력을 형성하는데 집중할 필요가 있다. 주로 개인간 상호작용적 목표를 가진 제2언어 학습자는 억양이나 어휘 면에서 미묘하거나 명확한 방식으로 부호화되는 적절한 사교적 용법에 대해 "일상적인" 어휘와 규칙의 서로 다른 핵심뿐 아니라 종종 대단히 생략된 말이나 때로는 불완전한 표현에 대해 빠른 온라인 처리를 포함하여 아주 다른 능력을 발달시킬 필요가 있다.

활동

■ 자습을 위한 질문

1. ____________능력은 제2언어가 다른 화자와 면대면 접촉에서 사용하는 학습자에게 요구되는 지식을 포함한다. 반면에 ____________능력은 제2언어가 학습 연구와 학술적인 교환을 위한 도구로 사용되는 학습자에게 필요한 지식을 포함한다.
2. _________과 ______ 같은 수용적 활동은 주로 입력을 처리하는 기능이다. 표현 활동을 위한 능력은 ___________ 와 ________같은, 주로 수용 능력의 발달 이후에 온다.

3. Halliday와 Hasan(1976)은 영어에서 사용되는 응집성의 유형을 논의했다(참고, 인용, 대입, 생략, 접속, 어휘). 다음 단락을 읽고 사용된 모든 응집성 장치에 밑줄을 그으시오. 그런 다음 Halliday와 Hasan의 상징에 의하여 각 장치를 분류하시오.
4. 상향식 처리과정은 언어 체계의 사전 지식을 필요로 한다. 과정은 각각 언어의 다음 단계를 포함하는 적어도 한 가지 방법을 열거하시오: 어휘, 형태론, 음운론, 구문론, 담화.
5. 하향식 처리과정은 의사소통 능력(내용, 문맥, 문화)의 가장 중요한 구성 요소의 사전 지식을 사용한다. 내용, 문맥, 문화가 하향식 처리과정에 도움이 되는 각각의 최소한 한 가지 방법을 열거하시오.
6. 초보 제2언어 학습자들은 청각적 입력에서 이해할 수 있는 능력 3가지 조건을 열거하시오.

■ 능동적 학습

1. 의사소통 능력의 두 가지 유형은 학문적 능력과 사교적 능력입니다. 자신의 제2언어 학습에서 이것 중 어느 것을 강조합니까? 제2언어를 위한 목표의 고려는 적당합니까? 왜 그런지 설명하기 위해 당신의 생활에서 예를 들어보시오.
2. 제2언어 읽기 능력은 제2언어 읽기 능력의 성공에 가장 좋은 척도입니다. 이것은 당신의 언어 생활에서 증명되었습니까? 제1언어 대 제2언어에서 읽기에 대한 당신의 태도는 어떠합니까? 당신은 왜 그렇게 생각합니까?
3. Grabe는 38쪽 학문적 배경에서 다음의 4가지 읽기기능을 열거했습니다; 정보를 찾기 위한 읽기, 전체적 이해를 위한 읽기, 학습을 위한 읽기, 분석과 평가를 위한 읽기. 당신의 제2언어에서 사용하는 기능은 어느 것입니까? 당신에게 더 어렵고 덜 어려운 것은 어느 것입니까? 더 흥미 있고 덜 흥미 있는 것은 어느 것입니까? 왜 그렇습니까?
4. 듣기, 말하기, 읽기, 쓰기는 학문적 배경에서 제2언어 사용을 위해 가장 중요한 활동으로 생각되고 사교적 의사소통에서도 그렇습니다. 당신이 이러한 기능 부분 중 어느 것이 당신 자신의 제2언어 사용에 더 적합하다고 생각합니까? 왜 그렇게 생각합니까?
5. 지금까지 우리는 어떤 제2언어 학습자는 다른 학습자보다 더 높은 성공도를 가지고 있다는 것을 살펴보았습니다. 언어적, 심리학적, 사회적 요인을 고려해 보는 것에 당신의 제2언어 학습 성공에서 가장 중요한 것은 무엇이라고 생각합니까? 왜 그렇습니까?

추가 독서

Hinkel, E. (ed.) (1999). *Culture in Second Language Teaching and Learning*. Cambridge: Cambridge University Press.

Part 1. "Culture, interaction and learning"은 교실에서 제2언어 능력과 사용에 관한 것인데 3장으로 구성되어 있다. 제1장은 다양한 문화적 배경의 학생과 교사간의 상호작용의 관계를 논의한다. 제2장은 인지적 관점으로부터 제2의 문화의 학습을 다룬다. 제3장은 또한 여러 문화 배경의 사람들 간의 상호작용을 탐구한다. 특히 제2언어 학습자가 목표 언어에서 특정한 대화의 함축을 이해하는 것을 연구한다.

Rose, K. R. Kasper, G. (eds.) (2001). *Pragmatics in Language Teaching*. Cambridge: Cambridge University Press.

이 책에서 Rose와 Kasper는 제2언어 교수와 시험에서 화용론에 관련된 모든 연구와 더불어 화용론 교수와 시험 능력관한 문제에 초점이 맞추었다(화용론의 이론적, 경험적 배경, 화용론의 교실-기반 학습의 문제, 화용론에서 교수의 효과, 화용론적인 테스트에 관한 부분을 포함한다).

Saville-Troike, M. (1996). The ethnography of communication. In S.L. Mackay & N. H. Hornberger (eds.), *Sociolinguistics and Language Teaching* (pp. 351-82). Cambridge: Cambridge University Press.

Saville-Troike는 성공적인 제2언어 의사소통을 위해 필요한 다양한 능력과 여러 가지 언어의 변이와 특징을 이용하기 위한 논의를 포함하여 의사소통 서지학의 Dell Hymes(1966)개념을 소개한다.

Bialystok, E. & Hakuta,K. (1994). *In Other Words: The Science and psychology of Second-language Acquisition*. New York: Basic Books.

제2언어 습득에서 다양한 결과를 가져온다는 사실을 다룬다. 게다가 목표와 결과의 차이에 관한 내용은 성공적인 것으로 보인다.

Swan, M. & Smith, B. (eds.) (2001). *Learning English: A Teacher's Guide to interference and Other Problem*. Cambridge: Cambridge University Press.

이 책은 여러 가지 다른 언어의 원어민에 의해 습득되고 표현될 때 영어 공통의 특성에 대한 통찰력을 제공한다.

Cele-Murcia, M. & Olshtain, E. (2000). *Discourse and Context in Language Teaching: A Guide for Language teachers*. Cambridge: Cambridge University Press.

Part 1은 담화 분석의 배경과 화용론을 소개한다. Part 2는 음운론, 문법, 어휘에 있는 장과 더불어 언어 지식의 구성 요소를 다루고 있다. Part 3은 듣기, 말하기, 쓰기,

읽기 4가지 영역의 통합에 대한 후기의 장으로 나누어 수용 및 표현 능력을 다룬다.

Flowerdew, J. (ed.) (1994). *Academic Listening: Research Perspectives*. Cambridge: Cambridge University Press.

이 원문은 제2언어 습득 분야의 초보자에게는 맞지 않지만, 이 독창적인 책은 다양한 견해로부터 제2언어에서 학문적 듣기에 대한 최초의 연구를 소개한다(서지학, 담화분석, 교육학에 대한 이론의 적용)

Mckay, S. L. (1996). Literacy and literacies. In S. L. Mckay & Hornberger (eds.), *Sociolinguistics and Language Teaching*, pp. 421-45. Cambridge: Cambridge University Press.

이 사설 개개의 기술과 사회적 구조로서 지식을 소개하고 다양한 종류의 지식을 인지하고 여러 사회와 의사소통의 관점을 평가한다.

Hinkel, E. (ed.) (1999). *Culture in Second Language Teaching and Learning*. Cambridge: Cambridge University Press.

이 총서의 Part II는 어떻게 문화가 쓰기에 영향을 주는지에 초점이 있다. 제4장 비원어민 영어 화자가 영미의 학문적 쓰기(아리스토텔레스 학파의 논리와 같은)에 기초를 이루는 서구적 기준에 따라서 쓰는 것을 배워야하는지에 대한 문제를 다룬다. 제5장에서, 작가는 학문적 쓰기에서 객관성과 진실성의 의미를 창조하려고 애쓰는 제1언어와 제2언어 사용자를 소개하기 위해 정량분석 연구 방법을 사용한다. 제6장은 어떻게 문화가 ESL 쓰기 교실에서 다루어지는가에 관한 서지학적인 보고서이다.

제 7 장

제 2언어 교수학습

▶▶ 개 관

제 2언어 학습자는 정확하게 무엇을 알게 되는가? 학습자들은 제 2언어 지식을 어떻게 습득하는가? 왜 어떤 학습자들은 다른 학습자보다 더 성공적으로 해내는가? 몇몇 중요한 의견의 차이가 있는데, 발견되어지지 않는 것도 많이 있지만, 우리가 현재 제 2언어 습득에 관해 알고 있는 것 또한 많다. 이러한 질문에 대한 대답의 비평은 어떤 특성이 마지막에 습득될 것인지와 최종 성취 단계가 어떻게 개인적, 사회적 목표와 관련되는지를 포함하여 제 2언어 학습의 (혹은 "거의 – 원어민" 능력) 가장 진보된 단계에서 우리가 알아야할 사항을 토론할 것이다.

이 장은 여기에 요약한 연구 결과로부터 제 2언어 학습자 교수를 위한 중요한 것들을 중심으로 간결하게 결론지을 것이다.

통합적 관점

제2언어 습득에 대한 모든 언어학적, 심리학적, 사회적 관점은 이 책 전체에서 살펴본 기본적인 질문인 무엇을, 어떻게, 왜에 초점을 맞춘다. 그러나 우리가 살펴보았듯이 그것들 개개는 다른 것에 우선해서 어느 하나의 문제로 집중되는 경향이 있다. 이러한 학문적 관점은 일반적으로 그 범위에서 연구하는 학자들이 제2언어 습득에 관련하여 정한 우위에 따라 표 7.1에 열거하였다.

표 7.1 학문적 우선 순위

	언어학	심리학	사회언어학
1	What?	How?	Why?
2	How?	Why?	What?
3	Why?	What?	How?

학과나 학문 분야가 세분화되면서 그것들 사이뿐만 아니라 각각의 관점에서 중요한 견해의 차이가 있다. 여전히 그것은 상당한 확신을 갖고 질문에 대한 몇 가지 대답을 보고하는 제2언어 습득 이론과 연구의 발달 단계에서 가능하다. 다른 사람을 위해서 우리는 더 시험적이어야만 한다. 필자는 가능한 세 가지 견해로부터 연구 결과를 통합할 것이나 **무엇**에 대한 해법은 언어적 측면서, **어떻게**에 대한 해법은 심리학적인 측면에서, **왜**에 대한 해법은 사회적 측면에서 비중을 둘 것이다.

제2언어 학습자는 정확히 무엇을 알게 되는가?

- 학습자들이 학습한 것 이상으로 잘 아는 것이 *외국어에 관한 지식 체계*이다. 모국어 지식과 상당히 중복되긴 하는데, 특히 (1) 언어가 공통으로 지니는 기본적 규칙과 원리 (2) 의미를 만드는 언어의 가능성. 그러나 제2언어 체계는 결코 학습자의 모국어와 같지 않거니와 원어민 화자와도 같지 않다.
- 제2언어 *특정 지식의 구성요소를 이루는 반복되는 요소의 패턴*: 어휘(어휘 목록), 형태론(단어 구조), 음운론(소리 체계), 통사론(문법), 담화(문장을 연결하고 정보를 조직하는 방법). 제1언어 지식과 많은 중복은 두 언어의 발생론적, 유형학적 관계와 그들 사이에 차용하거나 다른 영향을 준 것에 좌우된다. 각각의 이러한 구성요

소의 범위에서 습득된 요소들은 상당히 학습자의 동기와 학습의 환경에 좌우된다.

- 문법적 시간 개념, 지시 대상의 수, 구성 요소의 의미적 역할을 포함하여 제2언어에서 *특정 개념을 부호화하는 방법*(예를 들면, 주어이든 목적어이든).
- *화용적 언어 능력*, 혹은 사회적 상호작용의 문맥에서 의미의 이해하고 전달하는 방법에 관한 지식
- 의사소통 활동에서 제2언어 사용을 위한 방법: 듣기, 말하기, 읽기, 쓰기. 많은 학습자들이 다른 활동 없이 오직 구두(듣기, 말하기)이나 쓰기(읽기, 쓰기)만을 발달시킨다. 그것이 서로 강화가 될지 모르지만 어느 영역이건 다른 활동을 위해 필수적 조건이다. 최소한 언어 학습은 적어도 한 가지 수용 활동(듣기, 읽기)에 참여하는 방법이 필요하다; 만약 그렇지 않으면 외국어 습득을 위한 필수적인 입력은 쓸모없다.
- *복합적 언어 체계를 선택하는 방법*과 특정한 사회적 상황과 목적 사이를 바꾸는 방법. 그러므로 습득된 것은 다 언어를 처리하는 방법에 관한 지식 체계를 포함한다: 다 언어 처리에 대한 이해는 또한 어떻게 언어가 학습되는지의 이해와 매우 관련이 있다.
- *의사소통 능력*: 이미 언급된 사항 외에도 사회, 문화적 지식은 제2언어 형태의 적절한 사용과 이해를 위해 필요하다. 제2언어 학습의 목표 및 결과와 마찬가지로 의사소통 능력의 포괄과 정의는 언어적, 심리적, 상호작용적 요인뿐만 아니라 학습의 미시 사회적 맥락(제5장에서 논의된)에 좌우되면서 변하기 쉽다.

여러 가지 언어적 관점 중에서 기본적 논쟁은 외국어에 대한 지식 체계가 주로 (1) 기본적 규칙과 원리의 이론적 체계 (2) 언어 패턴과 구조의 체계 (3) 정보를 조직하는 방법과 의사소통 체계이든 아니든지 간에 인지를 고려하면서 나타난다. 이 의견 차이는 다른 이론적 접근에서 발생하는 언어 특성과 연구에 대한 여러 가지 가설로 거슬러 올라간다. 이러한 여러 가설은 탐구할 여러 가지 질문, 조사 방법과 조사 결과에 대해 다양한 해석을 제공해 준다. 논쟁의 해답은 우리 시대에 있을 것 같지 않고 아마도 그것은 타당하지도 않을 것이다. 그것은 서로 보완하고 제2언어 습득의 다차원적 특성에 대한 완전한 스펙트럼 사진을 얻을 필요가 있다.

미래의 경향에 대해 살펴보는 것은 특히 신경언어학자가 신체적 감각에서 습득하고 있는 것을 연구하는 분야에서 중요한 발달을 이루었다: 특히 제2언어 습득에 관계되는 두뇌의 구조 변화. 이 연구의 방향이 전혀 새롭지는 않지만 아직 알려지지 않은 것이 많아서 연구 결과는 제2언어 현상 연구에 대해

다양한 접근을 받아들이는 학자들과 잘 통합되지 못할 것이다. 현대의 두뇌 영상 특성은 특히 그것이 많은 제2언어 학습자와 제2언어 발달의 상급 단계에서 적용될 때 흥미 있는 전망을 제공한다.

학습자는 어떻게 제2언어 지식을 습득하는가?

- **선천적인 능력 :** 언어학습에 대한 능력은 근본적으로 지식의 어떤 다른 복잡한 범위를 학습하는 것과 다르든 아니든 간에 그것은 어떤 선천적 능력이 학습에 매우 중요한 것은 분명하다. 언어 학습자들은 그저 "자극"에 대한 수동적인 수용자가 아니다. 선천적 재능은 분명히 언어 발달과 (다른 학습 영역에) 관련된 창조적인 요인이 있다.
- **사전 지식의 적용 :** 제2언어 초기 상태는 제1언어 지식과 관계되고 제2언어 습득 과정은 그 지식에 관하여 새로운 언어의 이해와 연관된다. 이전의 모든 사회적 경험뿐만 아니라 일반적 인지적 발달을 적용하는 것이다.
- **언어 입력의 처리 :** 제2언어 습득에서는 제2언어 입력을 목적이나 관점에 따라 다양하게 정의하지만 여러 가지 비판이 필요하다. 그 자체로서 입력의 처리는 습득에서 필요한 요인이다.
- **상호작용 :** 상호작용적 상황에서 제2언어 입력의 처리는 촉진되고 몇몇은 또한 제2언어 습득의 원인이 되는 것으로 생각된다. 이것은 협력적 표현, 수정된 입력, 피드백(교정을 포함하여), 의미 협상에서 나온다. 학습자가 활용할 수 있는 기회로부터 고립되어 있다면 제2언어 습득은 매우 억제되기 쉽다. 일반적으로 사회적 관점은 제2언어 습득이 상호작용에서 학습자의 적극적인 관여나 의사소통 대화에 참여하는 것으로부터의 이익을 얻는다.
- **제2언어 지식 체계의 재구조화 : 제2언어** 습득은 규칙적인 단계를 통해 규칙적으로, 점진적으로 일어난다. 제2언어 지식의 발달은 언어 수행 과정에서 일관되게 나타나지 않고 오히려 중간언어 체계에서 뜻밖의 변화를 나타내는 것이다. 이것은 아마 지각된 제2언어 입력이 학습자의 현재의 지식 체계 내에서 적용되기 어려울 때 제2언어 습득 과정에서 일어나는 재조직되는 것을 나타낸다. 이 전략은 환경적 요인에 따른 상호작용에서 내적 힘에 의해 작동되고 제1언어 지식과 제2언어의 입력 모두를 포함하는 창조적인 과정이다.
- **언어 기능과 형태간의 관계 사상 또는 연상 :** 제2언어 습득은 (제1언어 습득처럼) 문법적 구조에 대한 의존성은 증가되고 문맥과 어휘 항목에 대한 의존도는 감소되는 과정이다. 이 발달은 특정한 언어 형태가 특정한 의미를 나타내는 가능성을 인식할 뿐만 아니라 의사소통적 요구와 사용으로 이루어진다.
- **자동성 :** 습관 형성의 단순한 개념은 언어 습득에 대한 설명으로 더 이상 받아들이

지 않고 입력과 산출을 처리하는데 있어 연습뿐만 아니라 입력의 빈도는 제2언어 발달의 결정 요인으로 널리 인정된다. 빈도와 연습은 습득 과정에서 자동성을 이끌고 새로운 정보와 높은 수준의 수행 욕구에 대한 학습자의 처리 능력을 길러준다. 궁극적으로 자동성은 모든 언어 활동에서 능률적이고 효과적인 참여로 인해 점진적으로 일어나는 것이다.

심리학적, 언어학적 관점 안에서 기본적인 논쟁은 주로 (1) 특정한 언어의 규칙 체계 (2) 일반적인 선택 원리 (3) 언어 형태와 의미 사이에 증가하는 연상 능력의 습득 과정으로서 언어 학습을 고려할 때 일어난다. 또 이 논쟁은 각기 이론적 지향점에서 나타나며 해결되기가 쉽지 않다.

앞으로의 전망에 대해 살펴보면, 증가하는 제2언어 습득의 복잡한 특성, 학습자 각 개인이나 상황에 따른 차이로 인해 어떻게 언어를 학습하는지의 문제에 더 복잡한 해법이 요구될 것이다. 학자들은 일반적인 언어 학습이든 특정한 언어 학습 능력이든 제2언어 습득에 관련되는 학습 유형이 무엇인지 서로 보완하고 상호작용하는지 결정할 필요가 없을지도 모른다.

어떤 학습자들은 왜 다른 학습자보다 더 성공적인가?

- **사회적 배경:** 이 책에서 초기 활동은 능숙하거나 서투른 제2언어 학습자로서 당신 자신을 확인하고 왜 그런지 깊이 생각해보기를 요청하였다. 여러분 대부분은 아마 사회적 배경과 경험과 관련된 이유들을 제시하였고 그것은 옳다. 성공의 정도에 영향을 미치는 사회적 배경의 특징들에는 제1언어와 제2언어의 상태, 제1언어와 제2언어 담화 사회 사이의 경계와 동일성, 제도적 영향력과 제약 등이 있다. 거시 사회적 요인들은 주로 태도와 기회에 대한 영향 때문에 제2언어 학습에 영향을 끼친다. 또한 그것들은 제2언어가 제2언어, 외국어, (국제적) 보조 언어, 특정한 목적을 위한 언어로서 학습되고 있는지 결정한다.
- **사회적 경험:** 제2언어 입력과 상호작용의 양과 질은 사회적 경험에 의해 결정되고 양쪽 모두 제2언어 학습에 궁극적 성공에 중요한 영향을 끼친다. 사회적 변인은 통제하기 복잡하고 종종 불가능하기 때문에 이 결론을 지지할 실험적 증거는 거의 없다. 그러나 상관 관계와 일화적 증거가 많이 있고 그것은 꽤 설득력 있다.
- **제1언어와 제2언어 관계:** 모든 언어는 배울 수 있지만 모든 제2언어가 특정한 제1언어의 화자들에게 습득하기가 똑같이 쉽지 않다. 제1언어의 지식은 초기 상태에서 모든 제2언어 능력의 중요한 구성 요소이지만 제1언어와 제2언어의 유전학적, 유형학적, 역사적 관계는 어휘와 작문 체계를 포함하여 매개변수 환경과 표층

수준의 특징이 긍정적으로 전이되는데 대해 차별을 겨져올 것이다. 이것은 제2언어 습득에서 현재 연구 중인 영역으로 남아있지만 그것이 중요한 것은 말할 나위도 없다.

- **나이:** 아이들은 성인보다 훨씬 더 성공적인 제2언어 학습자라는 공통의 믿음이 있지만 우리가 언급했듯이(제4장) 이것에 대한 확실한 증거는 없다. 어린 학습자들은 너무 분석적이지 않고 보다 적은 억제와 더 약한 집단 정체감을 가지고 있고 궁극적인 능숙도를 판단하기 전에 언어를 배울 더 많은 시간을 가짐으로써 일반적으로 두뇌 유연성에서 장점을 가지고 있다. 나이 든 학습자들은 일반적으로 분석적 능력, 화용론적 기술, 제1언어에 대한 지식, 실생활과 관련된 지식인 학습 능력에서 장점을 가지고 있다. 다소 가능성은 떨어지지만 제2언어에서 거의 원어민에 가까운 능력을 성취하는 것이 나이 든 학습자에게도 가능하다.
- **적성:** 학습자들은 청각 입력을 구별하고 처리하기 위한, 패턴을 확인하고 일반화하기 위한, 기억에 언어적 요소를 저장하기 위한 능력이 다르다. 우리는 적성이 제2언어 학습에 차별적인 성공의 중요한 예언자라고 결론지을지 모르지만 그것은 완전히 결정론적이지 않다.
- **동기:** 동기는 주로 학습자들이 제2언어 발달의 여러 단계에서 기울이는 노력의 단계를 결정하고 그것은 종종 궁극적인 능숙도 수준에 이르는 핵심 요소이다. 동기의(예를 들면, 통합적이거나 도구적) 특정한 유형은 제2언어 성취에 의하여 다른 것보다 어떤 타고난 이점을 가진 것처럼 보이지는 않는다.
- **교수:** 이 책은 교수 방법을 평가하는 것을 시도하지 않았지만 교수의 특성은 분명히 제2언어 학습의 형식적 문맥에서 중요하다. 그러나 제2언어 습득에 대한 언어학적, 심리학적, 사회적 관점으로부터 이해한 것은 지지자 주장에도 불구하고 어떤 하나의 교수 접근을 강경히 지지하지 않는다. 우리가 실제로 조사해온 사회적 상황과 개별 학습자 요인은 전부 적합할 것이라는 어떤 "최고의" 방법도 될 수 없고 다른 방법들의 결합은 의심할 여지없이 가장 현명한 접근 방법이라 생각된다.

기본적 논쟁은 제2언어 학습에서 "성공"의 상대적인 정의에 있다. 평가에 대한 공통의 기준 없이 "성공"에 대한 기준의 정의는(조사된 결정적인 질문, 평가의 적절한 방법, 연구 결과의 해석과 함께) 이론적 지향에 좌우되기 때문에 일반적인 결론을 내리는 것이 매우 어렵다. 이 질문에 대한 대답은 주장하고 있는 학문적 체계 내에서 고려되어야 한다. 사회적 관점으로부터, 그것은 교육적이고 경제적 발달에 대한 접근에 결정적 요인으로서 사용될 때 고려될 중요한 윤리적 문제들이 있기 때문에 "성공"이 오직 원어민 수준에서 측정될 때 특히 문제가 된다.

미래 경향에 대해 살펴보는 것은, 우리가 '성공'의 정의에 대한 더 많은 상대주의적 기준과 제2언어 학습에 대한 연구에서 사회적, 심리적, 언어적 기준의 복잡한 상호작용에 대한 더 많은 사항을 예상할 수 있다. 이 경향에서 제2언어 습득 발달을 지도하기 위한 중요한 요소는 제2언어 습득을 여러 학문 분야와 연계해서 연구해야 한다는 인식이다.

원어민 수준의 능력에 도달하기

제2언어 학습자들이 "원어민에 가까운" 또는 "원어민과 같은" 능력에 접근하거나 성취하고 있다는 판단은 그들의 언어 수행이 원어민과 큰 차이가 거의 없거나 없다는 것을 의미한다. 한 사람의 제2언어 체계는 결코 원어민과 정확히 같지 않기 때문에(우리가 쉽게 차이를 지각할 수 없을지라도) 대부분 우리는 드문 예외를 인정할지라도 제2언어 발달의 마지막 수준에서 완전히 "원어민" 되는 것을 고려하지 않을 것이다. "외국인 말투"의 특징을 계속 유지하기 위한 언어적 표현의 가장 적당한 단계는 특히 제2언어 학습이 12살 이후에 시작했다면 발음이다. 또 다른 가능성은 학습자가 같은 교육적 수준의 원어민보다 훨씬 더 제한된 어휘 목록에서 선택해야 하고 문학적 정보와 경험을 필요로 하는 함축과 암시를 인지하지 못한다는 것이다. 원어민의 다양한 해석은 또한 변형의 사회적 의미와 다른 언어 사용역에 대해 적절한 선택을 포함하여 제2언어에서 습득될 것 같지 않다. 예를 들면, 영어 형용사 big이 완전히 의미적으로 문법적으로 "정확한"이 될지 모르지만, 그것은 원어민이 large, major, great, considerable, significant이거나 어떤 다른 동의어를 사용하는 학문적 상황인 쓰기에서 "이상한" 것처럼 들릴지도 모른다.

제2언어 영어에서 숙달하기 위한 가장 마지막 문법적 형태 사이에는 특정한 동사(예를 들면, I like for her to sing에서처럼 like 뒤에 for... to를 사용하지만 *I enjoy for her to sing에서처럼 enjoy 뒤에서는 아니다), 명사 앞에 관사 선택(the, a, 혹은 무관사), 전치사의 적절한 사용을 따르기 위한 보어의 선택이다. 이러한 문제들에 대해 설명되지 않은 특징은 관사와 전치사는 언어에서 만나는 첫 번째 단어 사이와 가장 높은 빈도를 가지고 있기 때문에 입력의 노출과 빈도의 순서에 의해 설명될 수 없다는 것이다. 나는 이 현상을 설명하기 위해 설득할만한 증거를 찾을 수 없지만 이러한 오류가 그들이 "논리적" 표현법에서 의도적인 방해 때문에 대부분 계속된다고 믿는다. 관사와 전치사의 비원어민 사용은 그것을 지적할 때 왜 고급 영어 제2언어 학생들은 다른 것을 사용하는 것보다 차라리 하나의 형태를 사용하는 것을 요청할지 모른다. "왜냐하면 …이기 때문이다"라는 대답은 제2언어 학습자이 획득하기를 기대할 수 없는 직관의 단계에 근거한 문법성 판단에 달려 있는 것이다.

거의 확실히 "원어민에 가까운" 능력에 접근하는 나이 든 제2언어 학생들은 폭넓은 여러 가지의 입력, 어떤 교정이 수반되는 문법적 형태에 집중하는 피드백, 아주 높은 동기로부터 많은 이익을 얻어왔다. 동시에 우리는 높은 지적 능력, 근면, 높은 동기를 가진 학생들은 이러한 능력 수준에 접근하지 못할 것이라는 점을 인정하여야 한다. 실제로 이 목표를 선택하는 것은 많은 사회적, 정치적 환경에서(제3장과 제5장에서 논의된) "제국주의"가 고려될지도 모르고 어쨌든 사춘기 단계를 지나 대부분의 초보 학습자에게는 확실히 비현실적이다. 타당성 있는 제2언어 성취를 평가하기 위한 기준은 제2언어 학습자의 요구, 목표, 상황을 고려해야 한다.

제2언어 학습과 교수에 주는 함축적 의미

우리는 제2언어의 지식이 의식적으로 가르치고 배울 수 있다는 것 이상으로 잘 되고 있다는 것을 보았지만 (제1언어와는 달리) 제2언어 습득은 주로 계획된 노력이 필요하고 개개의 사회적 요인은 궁극적 결과에 영향을 미치는 것을 살펴보았다. 우리는 대부분 이러한 요소들을 통제할 수 없지만 그것을 인지하는 것은 외국어 발달에 크게 기여할 수 있다. 우선, 제2언어 습득에 대한 연구 결과는 제2언어 학습과 교수를 위한 일반적인 지침을 다음과 같이 제안한다:

- 개인과 집단은 추가된 언어 학습을 위해 가져야 하는 목표를 고려한다.
- 이러한 목표와 모순이 없는 학습·교수를 위한 우선 순위를 정한다.
- 언어학적, 심리학적, 사회적 차원과 같이 다차원적인 이해를 통해 학습·교수 과업에 접근한다.
- 특정한 학습자의 잠재적 능력과 한계, 학습을 위한 환경을 이해하고 그러한 이해를 학습·교수 절차를 적용하는 데 활용한다.
- 주의 깊게 집중하거나 교조적인(dogmatic) 특정 교수법에 대해 동의하는 일에 경

고한다. 제2언어를 가르치거나 배우는데 "가장 좋은"방법은 없다.

- 점증적 향상에서 성취를 인식하라. 그리고 인내하라. 언어 학습은 시간이 걸린다.

■ 요약

우리가 제2언어 습득과 관련된 과정의 완전한 스펙트럼 사진을 얻었을 때 여러 전문 분야와 학문간 제휴의 관점을 고려해야 하는 중요성을 강조하면서 이 장을 마무리한다. 언어학적 관점은 주로 무엇을 배우는지에, 심리학적 관점은 이 지식이 어떻게 습득되는지에, 사회적 관점은 왜 어떤 학습자들은 다른 학습자보다 더 성공적인지에 집중을 두었다. 이러한 관점에 따른 통합적 견해를 통해 우리는 제2언어 습득에 실제 영향을 미치는 습득 과정과 조건의 복잡성을 알게 되고 또한 그런 요인과의 다양한 상호작용으로 인해 습득 과정을 보다 완전하고도 균형 잡힌 시각으로 이해할 수 있게 되었다.

용어 색인

가산적 이중언어(additive bilingualism) 지배적인 집단의 구성원들이 소수 집단의 언어를 학습하는 사회적 환경에서 일어나는 제2언어 습득 결과. 학습자들은 자신의 제1언어 능력이나 자신의 인종 정체성에 아무런 위협을 받지 않는다.

간섭(interference) 제1언어 구조나 규칙이 제2언어 사용에 미치는 부적절한 영향. 부적 전이(negative transfer)라고도 부른다.

간접 교정(indirect correction) 명료화 요구처럼 부적절한 언어 사용에 대한 암시적인 피드백으로 실제로 청자는 이를 하나의 발화로 이해한다.

감독자 가설(Monitor Hypothesis) Krashen(1978)에 의해 도입된 제2언어 습득에 대한 접근법으로 학습자의 창의적 언어 구성에 내적 초점을 맞추고 있다.

감독자(monitor) 학습(Krashen의 용어)의 결과이며 기 발화된 것을 편집하거나 변화시키려는 목적으로 이용될 수 있는 제2언어에 관한 의식적인 지식의 창고.

감산적 이중언어(subtractive bilingualism) 소수 집단이 구성원들이 우세한 언어를 제2언어로 학습하는 사회적 맥락에서의 제2언어 습득 결과로 어느 정도의 인종적 정체성 상실이나 제1언어 기능의 약화를 경험할 가능성이 높다.

개인간 능력(interpersonal competence) 다른 화자와 면대면 접촉을 통해 일차적으로 제2언어를 사용하려고 계획하는 학습자에게 요구되는 지식.

개인간 상호작용(interpersonal interaction) 사람들 사이에서 일어나는 의사소통적 사건이나 상황.

개인내 상호작용(intrapersonal interaction) 개인 자신의 마음 속에서 일어나는 의사소통으로 Vygotsky는 이를 사회문화적 현상으로 간주한다.

거시 사회적 초점(macrosocial focus) 사회적 관점 안에서 폭넓은 문화적, 정치적 및 교육적 환경이 제2언어 습득과 사용에 미치는 영향과 관련된 강조.

격 표지(case marker) 행위자 또는 대상과 같이 문장에서 한 단어가 가진 기능을 나타내는 문법적 표지.

결정적 시기 가설(Critical Period Hypothesis) 아이들이 결함 없이 자신의 제1언어를 습득할 수 있는 기간이 제한되어 있다는 주장. 만일 언어 영역에 두뇌 손상을 입게 되면 어린 시절의 두뇌 유연성 덕분에 두뇌의 다른 영역이 손상된 영역의 언어 기능을 떠맡게 될 것이다. 그러나 어떤 나이가 지나면 정상적인 언어 발달이 가능하지 않을 것이다. 이러한 개념은 일반적으로 제 2언어 습득에까지 확장되어 제 2언어를 원어민과 똑같거나 거의 비슷한 수준의 능숙도까지 성취할 수 있는 것은 오직 아이들뿐이라고 주장한다.

결정적 시기(critical period) 정상적인 제 1언어 습득이 가능한 기간으로 연수가 제한되어 있다.

경쟁 모형(compete(=>ti)tion Model) **제 2언어** 습득에 대한 기능적 접근법으로 모든 언어 수행에는 외적인 형태와 내적인 기능 사이의 "사상(mapping)"을 포함되어 있다고 가정한다.

관용구(idiom) 두 단어 이상으로 이루어졌지만 단일 어휘 단위로 취급되는 고정된 표현.

구두 양식(oral mode) 성도(vocal tract)에 의해 만들어지는 소리를 포함하는 의사소통 통로; 듣기와 말하기를 포함한다.

구성주의(Constructionism) **제 2언어** 습득에 대한 접근법으로서, 중간언어 발달을 어휘 지식의 일부인 형태론적 특징(단어 형성을 명확히 해준다)과 함께 제 2언어 어휘에 대한 점진적인 숙달로 간주하는 Chomsky의 최소주의 프로그램의 틀 안에서 형성되었다.

구조적 기능(structural function) 주어나 목적어, 또는 행위자나 목표와 같이 하나의 문장에서 언어 구조의 요소들이 가진 역할.

구조주의(Structuralism) 1950년대를 지배했던 언어학 모형으로 말에서 서로 다른 수준의 발화를 설명하려고 하였다.

굴절 형태소(inflectional morphology) 시제, 상 및 수와 같은 의미를 나타내는 단어의 일부분.

굴절(inflection) 어떤 단어에 첨가되어 문법적 의미를 첨가하거나 변화시키는 언어학적 요소(예를 들면, 시제, 상 및 수).

궁극적인 성취(ultimate achievement) 제 2언어 연구의 "마지막" 결과.

귀납적 언어 학습 능력(inductive language learning ability) 낱낱이 분할된 청각 입력을 처리하여 구조를 인지하고, 패턴을 찾아내고, 일반화하고, 요소들 간 문법 기능을 파악하며 규칙을 형성할 수 있는 두뇌의 능력. 문법적 민감성(grammatical sensitivity)이라고도 부른다.

귀납적 처리과정(inductive processing) 해석과 발화에 대해 어떤 패턴을 발견하기 위해 입력을 검토하는 것으로 시작하여 그것을 설명해주는 일반화나 규칙을 형성하는 상향식 접근법. 그렇게 된 이후에는 연역적으로 적용될 수 있다.

규칙 지배적인 행동(rule-governed behavior) 심리주의(mentalism) 관점에서 바라본 언어 사용의 특징. 이러한 능력의 토대는 비교적 제한된 수의 기저 규칙성이나 규칙에 대한 암묵적인 지식이라고 주장한다.

근접 발달 영역(zone of proximal development) 잠재 가능한 영역으로 학습자가 도움을 받게 되면 그러한 잠재 가능성을 성취할 수 있다. Vygotsky의 사회문화적 이론(Sociocultural Theory)의 일부.

긍정적 증거(positive evidence) 다른 화자의 실제 발화 중에서 학습자가 적어도 부분적으로는 이해할 수 있는 부분.

기능 유형론(Functional Typology) 언어 및 그 특징들을 분류함에 있어서 범주(또는 유형: 그래서 "유형론"이다)와 관련지으려는 기능적 접근법으로 주요 목표는 언어들 간 유사점과 차이점의 유형을 묘사하고 어떤 유형이나 패턴이 빈도가 높은지 또는 분포 면에서 보다 보편적인지 결정하려고 한다.

기능(function) 언어학에 있어서 여러 가지 의미를 가진 용어. 구조적 기능(Structural Function) 및 화용적 기능(Pragmatic Function)을 참고하라.

기능어(function words) 일차적으로 문법적 정보를 나타내는 어휘들. 이러한 단어들은 모든 언어에서 핵심 어휘의 일부를 차지하고 있다.

기능적 언어 모형 (functional models of linguistics) 기능주의(Functionalism)에 바탕을 둔 접근법.

기능주의(Functionalism) 외적 초점을 가진 언어학 틀로 20세기 초로 거슬러 올라가며 동유럽의 프라하 학파에 뿌리를 두고 있다. 발화의 정보 내용을 강조하며 언어를 의사소통 체계로 간주한다. 기능주의 접근법은 대체로 유럽에서 제 2언어 습득 연구를 지배해왔으며 세계의 다른 곳에서도 널리 추종되고 있다.

기능-형태 간 사상(function-to-form mapping) 중간언어에 대한 설명과 분석에 적용되어 온 기능적 접근법. 기본적인 개념 중 하나는 문법화(grammaticalization)이다.

기본적인 다양성(basic variety) 제 2언어 학습자가 부정형 동사로 이루어진 중간언어 문법을 구성하는 발달상의 한 단계. 이 기간에는 전치사와 같은 문법 관계 표지의 사용이 증가하게 된다. 이 단계는 발화를 조직하기 위해 대체로 명사구와 형용사가 사용되며 동사는 별로 사용하지 않는 이전 단계와 대비된다. 어떤 맥락에서는 많은 학습자들이 이 단계에서 자신이 표현하고자 하는 것을 적절히 말할 수 있게 되며 이 단계를 넘어서게 되면 모든 학습자가 계속 발달하지는 않는다.

내용(content) 읽거나 듣는 화제에 대한 배경 정보에 대한 지식.

내적 언어(inner speech) 자신의 사고와 행동을 통제하기 위해 많은 성인들이 사용하는 조음화되지 않은 혼잣말에 대한 Vygotsky의 용어.

내적 초점(internal focus) 일차적으로 Noam Chomsky와 그의 추종자들의 저작에 바탕을 두고 있는 제 2언어 습득 연구의 초점. 이들 연구는 구조주의(Structuralism) 초기에 그랬던 것처럼 표면 형태에 대한 설명보다는 화자에게 내재화되어 있는 기저 언어 지식을 설명하는 데 목적을 두고 있다.

다중언어 구사능력(multilingual competence) "둘 또는 그 이상의 문법을 가진 복합적인 마음 상태"(Cook 1991:112).

다차원 모형(Multidimensional Model) 학습자가 어떤 문법 구조를 발달상의 순서에 따라 습득하며 그러한 순서는 학습자가 처리과정 제한을 어떻게 극복하고 있는지를 반영한다고 주장하는 제 2언어 습득에 대한 접근법. 더욱이, 이 접근법에서는 발달상의 특징을 목표로 하는 언어 지도는 학습자가 이전 단계의 습득과 연관된 처리과정상의 조작 방법을 이미 숙달하였을 경우에만 성공할 것이라고 주장한다.

단서 강도(cue strength) 형태-기능 사상(form-function mapping)의 일부로서 학습자가 언어 입력에서 특정 기능과 연상되는 단서를 탐지하고 각각의 가능한 단서에 어느 정도의 강도를 할당해야 하는지 깨닫게 된다.

단서(cues) 특정 의미적 또는 문법적 기능이 연상되는 언어적 신호.

단순형 표현(foreigner talk) 제 1언어 화자가 제 2언어 화자에게 사용하는 언어로 원어민 화자나 아주 유창한 화자에게 사용하는 언어와는 체계 면에서 다르다.

단일언어 구사능력(monolingualism) 오직 한 가지 언어만 사용할 수 있는 능력.

단일언어 능력(monolingual competence) 오직 한 가지 언어에 관한 지식.

담화(discourse) 단일 문장보다 큰 언어 단위로서 문장을 연결하는 방법, 문장 영역을 넘어서서 정보를 조직하는 방법, 그리고 일반적으로 이야기, 대화 및 상호작용을 구조화하는 방법들이 포함된다.

대등형 이중언어(coordinate bilingualism) 두뇌에서 두 언어를 평행한 언어 체계로 조직하는 것으로 제 1언어와 제 2언어는 상호 독립되어 있다.

대조 분석(Contrastive Analysis, CA) 제 2언어 습득에 대한 언어학적 접근법으로 언어학적 유사점과 차이점을 결정하기 위해 제 1언어와 제 2언어에 대한 비교를 바탕으로 학습자의 문제점을 예측하고 설명하는 것이 포함된다.

대조적 수사학(contrastive rhetoric) 서로 다른 언어와 문화 측면에서 특정 글의 유형에 따른 관습을 비교하는 연구 영역. 제 2언어로 학문적 또는 전문적인 글을 쓸 때의 문제점을 예측하고 설명하는데 특히 초점을 맞춘다.

도구적 동기(instrumental motivation) 직업을 얻을 수 있는 기회의 증가, 명성이나 권력 높이기, 과학 기술 정보에 접근하기, 학교의 강좌 패스하기와 같이 제 2언어를 학습하는 실제적인 가치에 대한 인지.

동기(motivation) 학습하고자 하는 필요나 욕망.

동시적 다중언어 구사능력(simultaneous multilingualism) 어린 시절 초기에 습득되는 한 개 이상의 언어를 사용할 수 있는 능력.

동일성 가설(Identity Hypothesis, L1=L2) 제 1언어와 제 2언어의 습득에 관련된 처리과정은 동일하다는 주장.

되고쳐주기(recast) 학습자가 말한 것을 부연 설명하는 것처럼 보이지만 실제로는 언어 사용의

한 요소를 수정하고 있는 간접 수정(indirect correction).

맞장구 표현(back-channel signals) 이해했거나 또는 이해하지 못했음을 나타내는 청자의 언어적 및 비언어적 신호.

매개변항(parameters) 보편적 원리(principles)를 구현함에 있어 세계의 언어들간 문법적 변이를 설명해주는 제한된 선택 사항들. Chomsky의 보편 문법(Universal Grammar) 이론의 일부.

맥락(context) 저자나 화자의 의도가 무엇인지에 대한 이해, 그리고 사용되고 있는 담화 유형의 총괄적인 구조 뿐 아니라 특정 본문이나 상황에서 이미 읽었거나 들은 것을 바탕으로 하는 지식.

명사화(nominalization) 전체 문장을 명사 구 위치로 가져가기 위해 단신 기사로 전환하는 과정.

목표어(target language) 학습의 목표나 목적이 되는 언어.

문맥화 단서(contextualization cues) 전달하려는 메시지의 표면 구조가 제공하는 지시적(referential) 의미를 넘어서서 사람들이 의미를 표현하고 해석할 수 있게 해주는 의사소통 요소.

문법적 민감성(grammatical sensitivity) 귀납적 언어 학습 능력(inductive language learning ability)을 참고하라.

문법화(grammaticalization) 문법 기능(예를 들면, 과거 시간의 표현과 같은)을 전달함에 있어 처음에는 공유된 언어 외적 지식과 담화 맥락을 바탕으로 추론하는 방법을 사용하다가 어휘(예를 들면, yesterday와 같은)를 사용하여, 그리고 나중에는 문법 표지(예를 들면, 접미사 -ed와 같은)를 사용하여 전달하게 되는 발달상의 한 과정.

문자 양식(written mode) 글자에 의한 상징을 포함하는 의사소통 통로; 읽기와 쓰기를 포함한다.

문화 변용 모형(Acculturation Model) 정체성이나 지위와 같은 집단 요인이 학습자와 목표어 집단 사이의 사회적 및 심리적 거리를 결정짓게 됨을 찾아낸 슈만(Schumann)(1978)의 이론. 그에 의하면 이들 요소는 제2언어의 성과에 영향을 미친다고 주장한다. 또한 문화 변용 이론(Acculturation Theory)이라고도 알려져 있다.

문화 변용(acculturation) 제2언어 공동체의 문화를 배우고 그 사회의 가치관과 행동 양식에 맞추는 것.

문화(culture) 여러 측면에서 내용(content)과 맥락(context) 정보를 포괄할 뿐 아니라 의사소통 행위가 일어나는 보다 폭넓은 사회적 환경에 대한 이해도 포함하는 지식.

문화간 의사소통(Intercultural Communication) 서로 다른 문화적 배경을 가진 사람들 사이에서 일어나는 상호작용 과정.

미시 사회적 초점(microsocial focus) 상호작용에 있어 구체적인 사회적 맥락을 포함하여 언어 사용에 있어 서로 다른 환경 조건이 제2언어 습득에 미치는 잠재적인 영향과 관련하여 사회적 관점 안에서의 강조.

반구(hemisphere) 두뇌의 한쪽 절반. 좌측 반쪽은 좌반구(left hemisphere), 우측 반구는 우반구(right hemisphere)라고 부른다.

발달상의 오류(developmental errors) 언어내적 오류(intralingual errors)로도 알려져 있으며 제 2언어 규칙에 대한 불완전한 학습이나 과잉 일반화를 표시해주는 부정확한 발화.

발화 구조(utterance structure) 제 2언어 습득에 대한 정보 조직(Information Organization) 접근법의 초점으로서 학습자가 단어들을 함께 결합하는 방법을 강조한다(Klein과 Perdue 1993:3).

베르니크 영역(Wernicke's area) 청각 입력을 처리하는 두뇌의 좌측 전두엽 영역

변수 특징(variable features) 한 언어의 서로 다른 화자에 의해 또는 서로 다른 시기의 똑같은 화자에 의해 똑같거나 아주 유사한 의미나 기능으로 체계적 또는 예측할 수 있게 사용되는 다중 언어 형태.

변수(variable) 학습자 언어의 특징을 규정짓는 것으로서 학습자가 알고 있고 발화할 수 있는 것에서 발달상의 변화 및 사회적 맥락에 기인하는 비일관성.

변이 이론(Variation Theory) 제 2언어 습득에 적용되는 미시 사회적 틀로 학습자 발화의 체계적인 차이를 탐구하는데 사용 맥락에 의존한다.

변형 생성 문법(Transformational-Generative Grammar) 내적 초점을 맞춘 최초의 언어학 틀로 언어학 이론에 혁명을 가져왔으며 제 1언어 및 제 2언어 연구 모두에 심오한 영향을 끼쳤다. Chomsky는 언어 습득에 대한 행동주의 이론은 언어 능력의 창조적인 양상을 설명할 수 없기 때문에 잘못이라고 효과적으로 주장하였다. 그보다 인간은 언어에 대한 선천적인 능력(innate capacity)을 갖고 있음에 틀림없다.

보조 언어(auxiliary language) 비록 제 1언어가 학습자의 삶에서 대부분의 다른 필요를 충족시켜주기는 하지만 그들이 처한 직접적인 사회정치적 환경에서 몇 가지 공식적인 기능을 수행하기 위해서 알아야 할 필요가 있거나 보다 광범위한 의사소통 목적을 위해 필요하게 될 제 2언어.

보편 문법(Universal Grammar, UG) Chomsky에 의해 가장 또렷하게 발전된 언어학 틀. 제 1언어 습득은 인간이 유전학적으로 부여받은 선천적인 능력(innate capacity)에 의해서만 설명될 수 있다고 주장한다. 이 지식에는 모든 언어가 공유하는 것을 포함되어 있다.

복합 이중언어 구사능력(compound bilingualism) 두뇌에서 두 언어가 융합 또는 결합된 체계로 조직되어 있는 것.

부적 전이(negative transfer) 제 1언어 구조나 규칙이 제 2언어 사용에 미치는 부적절한 영향. 간섭(interference)이라고도 부른다.

부정적 증거(negative evidence) 부적절한 발화에 대한 명시적인 수정.

브로카 영역(Broca's area) 두뇌의 전두엽 좌측에 있는 영역으로 말하는 능력을 총괄한다.

비계 설정(scaffolding) 학습자가 특정 과업을 수행할 때 이를 돕기 위해 전문가가 제공하는 구두 안내 또는 개인별 수행에서 어느 누구든지 혼자 하기에는 너무 어려운 과업을 수행하기 위해 동료들이 구두로 기울이는 공동 노력.

비유(metaphor) 문자적인 언어 성분에 대해 유사하지만 비유적인 언어 성분으로 대체하는 표현. 예를 들면, '*사랑은 긴 과정*'이라고 말하는 대신 '*사랑은 하나의 강이다*'로 표현하는 것.

비형식적 제2언어 학습(informal L2 learning) 자연스러운 맥락에서 일어나는 제2언어 습득.

사적 언어(private speech) (특히) 아이들의 대부분이 몰두하는 혼잣말. Vygotsky는 이것이 내적 언어(inner speech)로 발전하게 된다고 주장한다.

사회문화적 이론(Sociocultural Theory, SCT) Vygotsky에 의해 확립된 접근법으로 상호작용이야말로 언어 학습을 용이하게 할 뿐 아니라 습득이 일어나게 하는 힘이라고 주장한다. 더욱이, 모든 학습은 필수적으로 사회화 과정으로 간주되며 그러한 과정은 사회문화적 환경에 뿌리를 두고 있다고 본다.

사회심리학(Social Psychology) 정체성, 지위 및 가치관이 제2언어 성과에 어떻게 영향을 미치고 그 이유가 무엇인지와 같은 쟁점을 탐구하는 연구나 이론에서의 사회적 접근법으로 심리적 및 사회적 관점 모두에 학문간 연계가 이루어진다.

사회적 전략(social strategies) 제2언어를 학습하기 위한 수단으로 다른 사람들과의 상호작용을 포함한다.

상징적 조정(symbolic mediation) 한 개인의 현재 정신 상태와 일차적으로 언어에 의해 제공되는 보다 높은 수준의 기능 사이의 연결. (언어 및 일반적인 의미의) 학습에 대한 보통의 루트로 간주된다. Vygotsky의 사회문화적 이론(Sociocultural Theory)의 일부.

상향식 처리과정(bottom-up processing) 언어 체계 및 물리적(그래프나 청각적인) 단서에 대한 사전 지식을 통해 언어의 의미를 해석하는 것.

상호작용 가설(Interaction Hypothesis) 사회적 상호작용에서 일어나는 변형(modification)이나 공동 노력이 제2언어 습득을 용이하게 하는데 그 이유는 이러한 요소들로 인해 입력이 정신적인 처리과정으로 접근할 수 있도록 기여하기 때문이라는 주장.

상호작용적 목적(interactional purpose) 의사소통에 있어서 일차적으로 정의적인 개인간 목표.

선언적 지식(declarative knowledge) 서로 고립되어 있는 사실과 규칙. 이러한 지식의 처리는 대개 비교적 속도가 느리고 주의를 집중하여 통제하게 된다.

선천적인 능력(innate capacity) 자연스러운 능력. 대개의 경우 언어를 학습하거나 습득할 수 있는 아이의 자연스러운 능력을 가리킨다.

수용 활동(receptive activities) 글을 읽거나 들음으로써 다른 사람들의 의미를 해석하는 것을 포함하는 제2언어 사용.

순차적 다중언어 구사능력(sequential multilingualism) 제 1언어가 이미 확립된 이후 학습되는 한 개 이상의 언어를 사용할 수 있는 능력.

스키마(schemas) 대상과 사건에 대해 예상되는 유형을 면밀히 짜놓은 정신 구조.

습득(acquisition) 타고난 언어 습득 장치(LAD)가 관련된 무의식적인 제 2언어 습득 과정을 일컫는 Krashen의 용어. 의식적인 학습(learning)과 반대되는 개념으로 아이들의 제 1언어를 설명하는 과정과 비슷하다. 이 책에서는 "습득"과 "학습"이 동의어로 사용되고 있다.

신경언어학(Neurolinguistics) 두뇌에서 언어의 위치나 표상에 대한 연구로서 19세기 이후 생물학자와 심리학자들에게 관심을 불러일으키고 있다. 체계적인 연구가 1960년대 시작됨으로써 제 2언어 습득에 관한 인지적 관점에 영향을 미친 최초 분야의 하나.

실비안 골(Sylvian fissure) 대뇌엽을 분리시키고 있는 틈.

실수(mistakes) 기억 상의 잘못과 같은 어떤 종류의 처리과정 실패로 인해 발생하는 부적절한 언어 발화. Corder(1967)는 이것을 오류(errors)와 구별하여 오류 분석 절차에 포함시키지 않았다.

심리주의(Mentalism) 언어 학습의 외적 요인보다는 언어 학습자의 선천적인 능력을 강조하는 접근법.

아동 문법(child grammar) 서로 다른 성숙 수준에 따라 아이들이 갖고 있는 문법으로 발화와 이해라는 관점에서 체계적이다.

어휘 목록(lexicon) 단어 및 그것의 의미와 관련된 언어 성분.

어휘 사용역(registers) 특정 상황에서 사용되는 언어의 다양성.

어휘(vocabulary) 어휘(lexicon)를 참고하라.

억양(intonation) 일련의 말에서 음색이나 음조의 높이 유형.

언어 공동체(language community) 적어도 어느 정도는 공통의 언어 지식을 공유하는 일단의 사람들.

언어 내적 오류(intralingual errors) 제 1언어의 간섭에 기인하지 않는 제 2언어 오류. 때로는 발달상의 오류(developmental errors)로 부르기도 하는데, 제 2언어 규칙에 대한 불완전한 학습이나 과잉일반화를 나타내주는 것으로 해석된다. 언어 내적 오류(interlingual errors)와 비교하라.

언어 능력(competence) 언어에 대한 기저 지식.

언어 능력(linguistic competence) 어떤 언어에 대해 화자/청자가 갖고 있는 기저 지식. Chomsky는 이것을 언어 수행(linguistic performance)과 구별하고 있다.

언어 상호간 오류(interlingual errors) 제 1언어에서 제 2언어로의 부적 전이(negative transfer) 결과로 발생하는 오류. 언어 내적 오류(intralingual errors)와 비교하라.

언어 수행(linguistic performance) 실제 발화에서 언어 지식을 사용하는 것.

언어 수행(performance) 언어 수행(linguistic performance)를 참고하라.

언어 습득 장치(language acquisition device, LAD) Chomsky가 사용한 비유로 아이가 가진 언어 재능을 지칭한다. Krashen과 다른 학자들에 의해 성인들의 제2언어 습득에도 확장되었다.

언어 습득의 논리적 문제(logical problem of language acquisition) 언어 체계가 대단히 복잡한데다 인지적 능력이 충분히 발달되지 않았음에도 불구하고 아이가 제1언어 발달의 최종 상태를 어떻게 그리 쉽게 그리고 성공적으로 성취하는가 하는 문제.

언어 우위(language dominance) 다중언어 화자의 경우 자신의 사용할 줄 아는 언어 중 하나가 다른 것에 대해 갖는 상대적 유창성.

언어 재능(language faculty) "인간 마음의 성분"을 가리키기 위해 Chomsky가 사용한 용어로 아이의 선천적인 언어 지식을 설명해준다.

업무 목적(transactional purpose) 과업 지향적인 의사소통에서의 개인 상호간 목적.

연결 강도(connection strengths) 학습자가 입력 단위 안의 어떤 유형에 되풀이하여 노출되거나 그러한 처리과정을 통해 어떤 규칙성을 추출하게 될 때 형성되고 강화되는 확률적 연상.

연상 기억 능력(associative memory capacity) 언어 항목이 어떻게 저장되고 출력시 어떻게 상기되어 사용되는지에 관한 잠재 가능성 및 제약. 이들은 제2언어의 요소들에서 적절한 선택을 결정하며 저장되고 궁극적으로는 화자의 유창성을 결정한다.

연어(collocation) 관용어구나 비유를 포함하여 흔히 함께 사용되는 단어들의 조합.

연역적 처리(deductive processing) 예측이나 규칙으로 시작하여 그것을 특정 입력 사례에 적용하여 해석하는 하향식 접근법.

연합주의(Connectionism) 학습 과정을 설명하기 위한 인지적 틀로 1980년대에 시작되어 계속 영향력이 증대되고 있다. 제2언어 습득은 자극과 반응 간의 연상 강도가 증가된 결과로 가정한다.

오류 분석(Error Analysis, EA) 학습자의 창의적 언어 구성에 대해 내적 초점을 맞추는 제2언어 습득 접근법. 이 접근법은 제1언어 및 제2언어의 원어민 화자로 간주되는 이상적인 언어 구조에 바탕을 두지 않고, 제2언어에서 학습자의 실제적인 오류에 대한 설명과 분석에 바탕을 두고 있다(대조 분석에서처럼).

오류(errors) 제2언어에 대한 학습자 지식이 부족한 결과로 생기는 부적절한 발화. Corder(1967)는 이것을 실수(mistakes)와 구별하고 있다.

외국어(foreign language) 학습자의 직접적인 사회적 맥락에서 널리 사용되지는 않지만 미래의 여행이나 다른 이문화간 의사소통 상황에서 사용될 수도 있는 제2언어. 또는 학교에서 직접적이거나 실제 적용될 필요 없이 교육과정상 필수과목 또는 선택과목으로서 공부될 수 있는 제2언어.

외적 초점(external focus) 서로 다른 발달 단계에서 학습자의 발화를 통해 구현되는 언어 기능을 포함하여 제 2언어 습득 연구에서 언어 사용을 강조하는 초점.

원리(principles) 세계 모든 언어들이 갖고 있는 특성; Chomsky의 보편 문법(Universal Grammar)의 일부.

원리와 매개변항 모형(Principles and Parameters model) Chomsky의 변형 생성 문법(Transformational-Generative Grammar)에 뒤이어 나왔으며 내적 초점을 맞추고 있는 언어학 틀. 보편 문법(Universal Grammar)의 일부로서 인간 언어에 공통되는 일반적인 원리와 제약과 같은 보다 추상적인 개념을 포함시키기 위하여 선천적인 능력(innate capacity)을 구성하는 것의 세부 목록을 개정하였다.

유사 분포 처리과정(Parallel Distributed Processing, PDP) 제 2언어 습득에 대한 연합주의적 접근법으로, 처리과정이 두뇌에서 좁은 통로로 연결된 중심점(nodes)의 네트워크상에서 일어나며 입력의 빈도와 피드백의 특성이 대체로 언어 학습을 결정한다고 주장한다.

유연성(plasticity) 새로운 기능을 떠맡을 수 있는 두뇌의 능력. 어린 시절 초기에는 두뇌의 한 영역에 손상을 입었더라도 다른 영역이 유연성을 보유하고 있기 때문에 손상을 입은 영역의 기능을 떠맡을 수 있다.

유-자형 발달(U-shaped development) 제 1언어와 제 2언어 모두의 요소에 대한 일련의 습득 순서로 학습자가 처음에는 복수형에 대해 feet와 같은 올바른(분석되지 않은 단어로서 처음 학습했던) 형태를 사용하고, 그 이후에는 바르지 못한 foots(그들이 영어의 복수형 규칙 foot + -s를 학습하였음을 나타내주는)를 사용하며, 마지막으로 학습자가 복수 굴절 규칙에 대한 예외를 습득하기 시작하면 feet로 돌아간다.

유표성 분화 가설(Markedness Differentiation Hypothesis) 제 1언어에서 무표적 특징이 제 2언어로 전이될 가능성이 더 높으며 제 2언어에서의 유표적 특징은 학습하기가 더 어려울 것이라는 Eckman(1977)의 주장.

유표성(markedness) 특정 특징이 똑같은 범주 내의 대조되는 성분보다 더 빈번하게 일어나는지, 그러한 특징이 구조적 또는 개념적으로 덜 복잡한지, 또는 어떤 국면에서 보다 "정상적인지" 또는 "예상되는지" 여부에 따라 언어를 분류하는 토대(그러한 관점에서 "유표적인" 것과 반대하여 "무표적인" 것으로 간주한다)

유형론(typology) 기능 유형론(Functional Typology)을 참고하라.

음색(tone) 음운론적 특징으로서 음조(pitch) 수준. 어떤 언어(예를 들면, 중국어)에서는 음색 사이의 대조가 단어 식별이나 해석에 중요한 역할을 한다.

음소 배열론(phonotactics) 특정 언어에 있어서 자음과 모음의 가능한 연속.

음소 부호화 능력(phonemic coding ability) 청각적 입력을 처리하고 그것을 저장하여 꺼내 쓸 수 있는 분절음으로 조직하는 능력.

음소(phonemes) 유사한 맥락에서 대조를 이루며 의미 차이를 가져오는 언어 음.

음운론(phonology) 서로 다른 언어들의 소리 체계와 그러한 체계에 대한 일반적인 연구.

응집성(cohesion) 텍스트에 담긴 여러 요소들 사이의 연결을 나타내주는 언어적 표시. 이것은 사고, 논리 및 구조의 통일성과 일관성을 제공해준다.

의미 교섭(negotiation of meaning) 이해 점검이나 명료화 요구와 같이 원어민과 비원어민 화자 사이의 의사소통 장애를 예방하거나 복구하는데 도움을 주는 상호작용상의 공동 노력.

의미론(semantics) 의미에 대한 언어학적 연구.

의사소통 능력(communicative competence) 사회언어학의 기본적인 용어로 "특정 언어 공동체 안에서 적절히 의사소통하기 위해 화자가 알 필요가 있는 것"으로 정의된다(Saville-Troike 2003).

의사소통 맥락(communicative contexts) 언어의 가변적인 특징이 발생할 수 있는 서로 다른 맥락으로 언어적, 심리적, 미시 사회적 및 거시 사회적 맥락들이 있다.

의사소통 서지학(Ethnography of Communication) 언어 및 언어 기능을 분석하기 위한 틀로 Hymes(1966)에 의해 확립되었다. 언어 사용을 보다 넓은 사회적, 문화적 맥락과 관련지으려 하고 자료 수집과 해석에 있어 서지학적 방법을 언어 습득과 사용에 대한 연구에 적용하려고 한다.

의사소통 전략(communicative strategies) 잘못 이해한 것을 복구하거나 개인간 상호작용을 유지하는 것과 같이 제 2언어 자료원이 가진 결함을 보충하기 위한 학습자의 기술.

이중언어 구사능력(bilingualism) 두 가지 언어를 사용할 수 있는 능력.

이해가능 입력(comprehensible input) 이해된 입력에 대한 Krashen의 용어.

인본주의 접근법(humanistic approaches) 학습을 심리적 관점에서 설명하려는 노력으로 1970년대 제 2언어 습득 교수와 연구에 영향을 미치기 시작하였다. 이 접근법에서는 나이, 성별 및 처리 유형과 관련된 생물학적 차이 뿐 아니라 학습에 있어 감정의 개입을 고려한다.

인접 쌍(adjacency pairs) 필요한 순서(예를 들면, 질문과 대답, 또는 칭찬과 감사 등)에 따라 특정 화행들이 함께 결합되어 이루게 되는 대화 구조의 한 부분.

인지 유형(cognitive style) 개인이 선호하는 처리 방식: 예를 들면, 지각하기, 개념화하기, 조직하기 및 정보 회상하기.

인지 전략(cognitive strategies) 언어 자료를 직접 분석하거나 종합함으로써 제 2언어를 학습하는 수단.

입력(input) 학습자에게 노출되는 모든 유형의 제 2언어 표본.

자극 빈약론(poverty-of-the-stimulus) 아동에 대한 언어 입력은 빈약함에도 불구하고 여전히 제 1언어를 습득하기 때문에 제 1언어 습득을 위한 선천적인 능력(innate capacity)이 있음에 틀림없다는 주장.

자극-반응 이론(stimulus-response theory) 20세기 중반에 널리 공유된 견해로 아이들은 모방에 의해 언어를 학습한다고 본다. 자극-반응-강화에 존재하는 두 가지 요인들을 가리킨다.

자극-반응-강화(stimulus-response-reinfocement, S-R-R) 학습 과정을 행동주의(behaviorism)에 따라 설명하는 요인들의 순서: 환경으로부터의 자극(예를 들면, 언어 입력), 그러한 자극에 대한 반응, 그리고 강화(바람직할 경우 정적, 그렇지 못할 경우 부적).

자동처리(automatic processing) 통제처리(controlled processing)의 초기 단계 이후의 자동처리는 학습자 입장에서 정신적 "공간"을 덜 차지하고 주의 집중 노력을 덜 하게 되는 학습 단계이다.

자동화(automatization) 적절한 입력이 인지될 때마다 기억 속의 어떤 요소들이 활성화되고 복구되는 것.

자연스러운 제2언어 학습(naturalistic L2 learning) 비형식적 제2언어 학습(informal L2 learning)과 동의어.

자연적 순서(natural order) 언어 학습자의 문법 발달에 있어 보편적인 순서.

자유 변이(free variation) 언어적, 심리적 또는 사회적 맥락으로는 설명되지 않는 중간언어의 변이.

장 독립적(field-independent, FI) 새로운 정보를 처리함에 있어 구체적 및 분석적 양식으로 특징지어지는 학습 유형.

장 의존적(field-dependent, FD) 새로운 정보를 처리함에 있어 전체적 및 총체적 양식으로 특징지어지는 학습 유형.

장르(genres) 담화에 있어 관습화된 범주와 유형.

재구조화(restructuring) 정보처리(Information Processing)의 중앙 처리(central processing) 단계에서 일어나는 지식의 재조직.

적성(aptitude) 언어 학습에서의 성공과 상관관계가 있는 개인의 특성들.

적응 이론(Accommodation Theory) 이야기하는 대상이 누가 되었든 그들이 하는 말과 비슷하게 되도록 하기 위해 화자는 대개 자신의 발음이나 심지어는 자신이 사용하는 문장의 문법적 복잡성까지도 무의식적으로 변화시킨다는 개념에 바탕을 두고 있는 제2언어 습득 연구를 위한 틀.

전이(transfer) 언어 학습에서 언어학적 영향. 대개의 경우 제1언어가 제2언어에 미치는 영향. 정적 전이(positive transfer) 및 부적 전이(negative transfer)를 참고하라.

절차적 지식(procedural knowledge) 선언적 지식(declarative knowledge)과 비교하여 보다 긴 연상 단위를 처리하고 자동화를 증가시키는데 요구되는 지식. 이것은 주의를 집중할 수 있는 자원을 해방시켜 높은 수준의 기술을 발휘할 수 있게 해준다. 절차화는 연습을 필요로 한다.

정보 조직(information organization) 정보를 화자/저자로부터 청자/독자에게 전달하기 위한 수단으로서 문장이나 보다 큰 언어 단위가 구조화되는 방식.

정보처리(Information Processing, IP) 제2언어 습득은 (다른 복잡한 영역의 학습과 같이) 통제처리로부터 자동처리로 진행되며 지식의 점진적인 재조직을 포함한다고 가정하는 인지적 틀.

정서법(orthography) 글을 쓰기 위한 상징 체계.

정의적 여과기(affective filter) 입력에 대한 처리를 허용하거나 제한하는 메커니즘에 대한 Krashen의 개념. 정의적 여과기가 (학습이 의식적인 차원에서 일어나거나 또는 개인이 자기 억제적 성향을 갖고 있기 때문에) "높으면" 입력은 처리되지 않는다.

정의적 전략(affective strategies) 개인의 감정과 연관된 제2언어 학습 수단.

정적 전이(positive transfer) 제1언어 구조나 규칙이 제2언어의 구조에 적절하게 통합되는 것.

제1언어/모국어(first language/native language/mother tongue, L1) 대개의 경우 아이 가족의 주요한 언어이기 때문에 어린 시절에 일찍부터 자연스럽게 습득되는 언어. 다중언어 환경에서 성장하는 아이는 하나 이상의 "제1언어"를 갖게 될 수 있다.

제2언어 습득(Second Language Acquisition, SLA) 어린 아이로서 첫 번째 언어를 학습한 데 이어 또 다른 언어를 학습하는 개별 및 집단의 연구 모두 또는 그 언어를 학습하는 과정을 가리키는 용어.

제2언어 학습(second language learning) 하나의 언어를 말하는 원어민 구성원이 포함된 언어 공동체 안에서 추가 언어를 습득하는 과정. 또한 이 용어는 보다 일반적으로 제2언어를 습득하는 과정에 적용된다.

제2언어(second language, L2) 일반적인 의미에서 이 용어는 어떤 언어든지 제1언어(first language)가 확립된 이후 습득되는 것을 가리킨다. 보다 구체적인 의미로, 이 용어는 어떤 맥락 안에서 학습되는 추가 언어를 가리키는데, 이 언어는 사회적으로 우세한 지위를 갖고 있고 교육, 고용 및 다른 기본적인 목적에 따라 필요성을 느끼게 된다. 보다 구체적인 의미는 외국어(foreign language), 참고도서용 언어(library language), 보조 언어(auxiliary language) 및 특수 목적 언어(language for specific purposes)와 대비된다.

종속형 이중언어(subordinate bilingualism) 두 언어가 두뇌에서 조직될 때 하나의 언어 체계가 다른 언어 체계를 통해 접근되는 것. 혼합형(compound) 이중언어와 대등형(coordinate) 이중언어와 비교하라.

주부-술부 구조(subject-predicate structure) 문장 수준에서 주어와 술어가 되는 주요 성분과 함께 하는 문법적 조직. 이러한 조직에는 문장 요소들 사이에 요구되는 일치 때문에 상당한 양의 문법적 표지(또는 굴절)가 관련되어 있다. 화제-설명 구조(topic-comment structure)와 비교하라.

중간언어(Interlanguage, IL) 목표어인 제 2언어를 향해 나아가는 학습자 언어의 중간 상태 또는 중간 문법. 학습자 다양성(learner varieties)을 참고하라.

중앙 처리(central processing) 정보처리(information processing) 틀의 핵심으로, 학습을 학습자가 통제처리에서 자동처리로 옮겨서 자신의 지식을 재조직하는 것으로 본다.

지도(instruction) 명시적인 가르침. 종종 학교 환경에서 이루어진다.

지도된 제 2언어 학습(instructed L2 learning) 형식적 제 2언어 학습과 동의어.

지배 결속 모형(Government and Binding Model) Chomsky의 원리와 매개변항(Principles and Parameters) 틀을 일컫는 이전의 이름.

지사(ZISA) Zweitspracherwerb italienischer und spanischer Arbeiter "이탈리아 및 스페인 노동자들의 제 2언어 발달"이라는 제목의 연구 프로젝트의 두문자어.

직접 교정(direct correction) 잘못된 언어 사용에 대해 명시적으로 설명하는 것.

참고도서용 언어(library language) 심화 학습을 위한 도구로서 기능하는 제 2언어로 특히 원하는 학문 분야의 책이나 정기 간행물이 일반적으로 학습자의 제 1언어로 간행되지 않을 경우에 해당된다.

창의적 구성(creative construction) 정신 속에 형성된 문법이 무의식적으로 만들어내는 것으로 화자가 전에 들어본 적이 없는 발화를 해석하거나 발화할 수 있게 해준다.

처리능력 이론(Processability theory) 다차원 모형(Multidimensional Model)의 방향을 재설정한 것으로 학습에 대한 개념을 확장하여 제 2언어 교수에까지 적용하고 있다. 언어 학습과 관련하여 처리 기능이 발달하는 순서를 결정하고 설명하려는데 목표를 두고 있다.

청화식 모형(Audiolingual Model) 반복과 습관 형성을 강조하는 언어 교수법. 이 접근법은 적어도 1980년대까지 세계 많은 곳에서 널리 사용되었다.

체계 언어학(Systemic Linguistics) 의미를 표현하는데 이용될 수 있는 선택 사항들의 상호연관된 체계라는 관점에서 언어를 분석하기 위한 모형으로 1950년대 말 Halliday에 의해 발전되었다.

초기 상태(initial state) 언어 습득의 출발 지점; 제 1언어 또는 제 2언어 습득을 시작할 때 학습자의 머리 속에 있는 언어 구조 및 원리에 대한 기저 지식을 포함하는 것으로 간주된다.

초인지적 전략(metacognitive strategies) 제 2언어를 학습하기 위한 전략으로 의식적인 계획과 감독을 통해 언어 학습을 조정하려고 한다.

최소주의 프로그램(Minimalist Program) 내적 초점 차원의 언어적 틀로 Chomsky의 원리와 매개변항(Principles and Parameters) 모형에 뒤이어 주창되었다. 이 틀은 어휘 지식의 일부로서 특정 세목의 습득에 보다 강조점을 두고 있을 뿐 아니라 어휘 범주와 기능 범주간 발달 차이를 첨가하고 있다.

최종 상태(final state) 제 1언어 및 제 2언어 학습의 성과. 안정된 성인 문법 상태로도 알려져 있다.

출력(output) 제 2언어 습득에서 학습자가 말/신호 또는 글자로 표현하는 언어.

측면화(lateralization) 두뇌의 양쪽 반구가 서로 다르게 전문화되는 것. 예를 들면, 좌반구는 언어 발달을 위한 결정적 시기 동안 대부분의 언어활동에 전문적으로 담당한다고 많은 사람들이 믿고 있다.

코퍼스 언어(corpus linguistic analysis) 서로 다른 어휘 항목과 문법 패턴의 상대적 빈도를 결정하기 위한 문자 및 구어 텍스트의 대규모 수집 자료에 대한 분석. 특정 목적에 따라 가르칠 필요가 있는 것을 결정하기 위한 토대로 종종 사용된다.

탈락형(reduced form) 전형적으로 중간언어의 특징을 나타내는, 복잡성이 다소 덜한 문법 구조(예를 들면, 과거 시제 표지의 생략과 같은).

통사론(syntax) 어순이나 일치와 같이 문장 내 단어들 사이의 문법적 관계를 나타내는 언어학적 체계.

통사적 양식(syntactic mode) 형식적인 문법 요소들에 의존하여 의미를 표현하는 유형.

통제처리(controlled processing) 학습자의 주의 집중을 요구하는 학습 처리과정의 초기 단계.

통합적 동기(integrative motivation) 제 2언어를 사용하는 사람들에 관해서 배우고 싶거나 동일시하려는 욕망 때문에, 또는 제 2언어를 사용하는 언어 공동체에 참여하거나 통합하려는 의도 때문에 제 2언어를 학습하는데 관심을 보이는 것. 정의적 요인이 두드러진다.

특수 목적 언어(language for specific purposes) *호텔 경영을 위한 프랑스어* 또는 *학문 목적을 위한 영어(EAP)* 와 같이 제한적이거나 고도로 전문화된 제 2언어.

파생 형태소(derivational morphology) 새로운 의미를 가진 단어를 만들어내기 위해 단어에 첨가되는 접두사나 접미사.

표제어(lemmas) 처리능력 이론(Processibility Theory) 내에서 표제어란 아무런 문법적 정보를 나타내지 않아도 또는 순서 규칙과 연관되지 않더라도 처리되는 단어들이다.

표현 활동(productive activities) 글로 쓰거나 말을 함으로써 다른 사람들에게 의미를 전달하는 것을 포함하는 제 2언어 사용.

피드백(feedback) 자신의 언어 발화와 해석이 적절한지에 대해 학습자에게 제공되는 정보. 이것은 직접 수정의 형태일 수도 있고 혹은 보다 간접적인 형태가 될 수도 있다.

하향식 처리과정(top-down processing) 내용, 맥락 및 문화에 대한 사전 지식을 통해 언어의 의미를 해석하고 표현하는 일을 성취하는 것. 이러한 과정을 통해 학습자는 전에 마주친 적이 없는 단어들의 의미를 추측할 수 있고 문자나 말로 된 텍스트의 보다 큰 뭉칫말로부터 의미를 이해할 수 있다.

학문 능력(academic competence) 무엇보다 먼저 다른 과목에 대해 배우기 위해, 또는 학문 연구를 위한 도구로서, 또는 특정 전문 분야나 직업 분야에서 매개 수단으로서 제 2언어를 사용하고 싶은 학습자에게 필요한 지식.

학습 유형(learning style) 인성적 특성이나 인지 유형의 조합을 포함하는 제 2언어 학습자의 특성.

학습 전략(learning strategies) 제 2언어를 학습하기 위한 노력의 일환으로 개인이 채택하는 행동이나 기법.

학습(learning) 의식적인 제 2언어 습득을 가리키는 Krashen의 용어. 무의식적인 습득(acquisition)과 비교하라.

학습의 최초 속도(initial rate of learning) 제 2언어 학습 과정의 초기에 새로운 제 2언어 자료가 학습되는 속도. 여기에서는 일반적인 믿음과는 반대로 제 2언어 습득에 있어서 나이 많은 학습자가 어린 학습자보다 더 우위를 보인다.

학습자 다양성(learner varieties) 중간언어(interlanguage)을 가리키기 위해 Klein과 Perdue가 사용한 용어.

학습자 언어 중간언어(interlanguage)의 동의어.

행동주의(Behaviorism) 1950년대에 언어 학습에 적용되었던 가장 영향력 있는 인지적 틀. 학습은 습관 형성의 결과라고 주장한다.

형식적 제 2언어 학습(formal L2 learning) 교실에서 일어나는 지도된 학습.

형태-기능 간 사상(form-function mapping) 외적 형태와 내적 기능을 상호 관련되게 하는 과정으로 제 2언어 습득에 기본이 된다.

형태론(morphology) 서로 다른 언어에서 단어의 성분 및 일반적으로 그러한 체계에 관한 연구.

형태소 순서 연구(Morpheme Order Studies) Dulay와 Burt(1974)에 의해 도입된 제 2언어 습득 접근법으로 영어의 특정 문법 형태소가 습득되는 순서에 초점을 맞춘다. 자연적 순서(natural order)가 있다고 주장한다.

형태소(morpheme) 어휘적 또는 문법적 의미를 나타내는 최소한의 언어 단위; 흔히 단어의 일부가 된다.

화석화(fossilization) 지속적인 제 2언어 입력과 시간의 경과에도 불구하고 목표 기준에 도달하기 이전에 학습자가 중간언어 발달을 중단한 제 2언어 습득의 안정된 상태.

화용 양식(pragmatic mode) 주로 맥락에 의존하여 의미를 표현하는 유형.

화용적 기능(pragmatic function) 정보 전달하기, 다른 사람의 행동을 통제하기, 또는 감정 표현하기와 같이 언어 사용을 통해 성취할 수 있는 것.

화용적 능력(pragmatic competence) 의사소통 상황 안에서 의미를 해석하고 전달하기 위해 사람들이 갖고 있어야 하는 지식.

화제-설명 구조(topic-comment structure) 문장 수준에서 화제 및 설명이 되는 주요 성분과 함께 하는 문법적 조직. 이러한 유형에서는 화제가 진술된 다음 그것에 관한 정보가 주어진다. 화제-설명 구조는 주부-술부 구조(subject-predicate structure)처럼 일치를 나타내는 표지를 필요로 하지 않는다.

화행(speech acts) 요청하기, 사과하기, 약속하기, 부인하기, 감정 표현하기, 불평하기 등과 같이 화자의 목적을 성취하기 위해 사용되는 발화.

활성화 유형(patterns of activation) 언어 학습이 일어날 때 두뇌의 중심점(nodes)들 사이에 발달되는 확률적 연상. 유사 분포 처리과정 이론의 일부.

흡입(intake) 주의가 집중되는 입력.

참고문헌

Adamson, H. D & Regan, V. M. (1991). The acquisition of community speech norms by asian immigrants learning English as a second language. *Studies in Second Language Acquisition*, 13:1-22.

Anderson, J. R. (1976). *Language, Memory and Thought*. Hillsdale, Nj :Lawrence Erlbaum.

______________ (1983). *The Architecture of cognition*, cambridge, MA: Harvard University Press.

Baker, M. (2001). *The Atoms of Language*. New york Basic Books.

Bates, E. & MacWhinney, B. (1981). Second language acquisition form a functional perspective: pragmatic, Semantic and perceptual strategies. In H. Winitz (ed.), *Native Language and Foreign Language Acquistion* (pp. 190-214). New York: New York Academy of Sciences.

Best, C. (1993). Emergence of language-specific constraints in perception of non-native speech: a window on early phonological development. In B. de Boysson-Bardies (ed.), *Developmental Neurocognition: Speech and Face Processing in the First Year of Life* (PP. 289-304). Dordrecht: Kluwer Academic Press.

Bialystok, E. (1990). *Communication Strategies: A Psychological Analysis of Second-Language Use*. Oxford: Blackwell.

__________ (1997). The Structure of age: in search of barriers to second language acquisition. *Second Language Research*, 13 (2): 116-37.

Bialystok, E. & Hakuta, K. (1994). *In Other Words: the Science and Psychology of Second-Language Acqusition*. New York: Basic Books.

Biber, D. (1995). *Dimensions of Register Variation: A Cross-Linguistic Comparison*. Cambridge: Cambridge University Press.

Biber, D., Conrad, S. & Reppen, R. (1998). Corpus-based approaches in *applied linguistics*, 15:169-89.

Birdsong, D. (ed.) (1999). *Second Language Acquisition and the Critical Period Hypothesis: Second Language Research and Methodological Issues*. Mahwah, NJ: Lawrence Erlbaum.

Bley-Vroman, R. (1989). What is the logical problem of foreign language learning? In S. Gass & J. Schachter (eds.), *Linguistic Perspectives on Second Language Acquisition* (pp. 41-68). Cambridge: Cambridge University Press.

__________ (2002). Frequency in production, comprehension and acquisition. *Studies in Second Language Acquisition*, 24 (2):209-13.

Bloomfield, L. (1993). *Language*. New York: Holt, Rinehart & Winston.

__________ (1865). Sur le siege de la faculte 여 langage articule. *Bull. Soc. D'Anthropologie*, 6:337-93.

Brown, C. (2000). The Interrelation between speech perception and phonological acquisition from infant to adult. In J. Archibald (ed.), *Second Language Acquisition and Linguistic Theory* (PP. 4-63). Oxford: Blackwell.

Brown, R. (1973). *A First Language: The Early Stages*. Cambridge, MA: Harvard University Press.

Bruner, J. (1985). Vygotsky: a historical and conceptual perspective. In J. V. Wertsch (ed.), *Cultures, Communication and Cognition: Vygotskyan Perspectives* (pp. 21-34). Cambridge: Cambridge University Press.

Carroll, J. B. (1965). The prediction of success in intensive foreign language training. In R. Glaser (ed.), *Training, Research and Education* (pp. 87 -136). New York : Wiley

Carter, R. & Nunan, D. (eds.) (2001). *The Cambridge Guide to Teaching English to Speakers of Other Languages*. Cambridge: Cambridge University Press.

Celce-Muriucia, M. & Olshtain, E. (2000). *Discourse and Context in Language Teaching*. Cambridge: Cambridge University Press.

Chamot, A. (1987). The Learning strategies of ESL students. In A. Wenden & J. Rubin (eds.), *Learner Strategies in Language Learning* (pp. 71-83). Englewood Cliffs, NJ: Prentice Hall.

Chapelle, C. & Green, P. (1992). Field independence/ dependence in second language acquisition research. *Language Learning*, 42:47-83.

Chomsky, N. (1957). *Syntactic Structures*. The Hegue: Mouton.

__________ (1965). *Aspects of the Theory of Syntax*. Cambridge, MA: MIT Press.

__________ (1981). *Lectures on Government and Binding*. Dordrecht: Foris

__________ (1995). *The Minimalist Program*. Cambridge, MA: MIT Press.

__________ (2002). *On Nature and Language*, ed. A. Belletti, & L. Rizzi. Cambridge: Cambridge Univercity Press.

Chomsky, N. & Halle, M. (1968). *The Sound Pattern of English*. New York: Harper Row.

Clahsen, H. (1984). The acquisition of German word order: a test case for cognitive approaches to L2 development. In R. Andersen (ed.), *Second Language: A Cross Linguistic Perspective* (pp. 219-42). Rowley, MA: Newbury House.

Clasen, H., Meisel, J. & Pienemann, M. (1983). *Deutsch als Zweitspraches der spracherwerb auslandischer Arbeiter*. Tubingen: Gunter Narr.

Cohen, A. D. (1996). Speech Acts. In S. L. McKay & N. H. Hornberger (eds.), *Sociolinguistics and Language Teaching* (pp. 383-420). Cambridge: Cambridge Universitry Press.

Connor, U. (1996). *Contrastive Rhetoric*. Cambridge: Cambridge University Press.

Cook, V. (1988). *Chomsky's Universal Grammar*. Oxford: Blackwell.

_______ (1991). *Second Language Learning and Language Teaching* (Second Edition). London: Arnold.

_______ (1992). Evidence for multicompetence. *Language Learning*, 42 (4): 557-91.

Cook, V. & Newson, M. (1996). *Chomsky's Universal Grammar: An Introduction* (Second Edition). Oxford: Blackwell.

Corder, S. P. (1967). The significance of learner's errors. *International Review of Applied Linguistics*, 5 (4): 161-70. Reprinted in S. P. Corder (1981), Error Analysis and Interlanguage (pp. 5-13). Oxford: Oxford University Press.

Crystal, D. (1997a). *Dictionary of Linguistics and Phonetics* (Fourth Edition). Oxford: Blackwell.

_______ (ed.) (1997b). *The Cambridge Encyclopedia of Language* (Second Edition). Cambridge: Cambridge University Press.

Cummins, J. (1981). Age on arrival and immigrant Second language learning in Canada: a reassessment. *Applied Linguistic*, 2:132-49.

Curtiss, S. (1977). *Genie*. New York: Academic Press.

de Bot, K. (1996). The psycholinguistics of the Output Hypothesis. *Language Learning*, 46 (3):529-55.

Diaz, R. M. (1985). The intellectual power of bilingualism. *The Quarterly Newsletter of the Laboratory of Comparative Human Cognition*, 7:16-22.

Donato, R. (2000). Sociocultural contributions to understand the foreign and second language classroom. In J. P. Lantolf (ed.), *Sociocultural Theory and Second Language Learning* (pp. 27-50). Oxford: Oxford University Press.

Donato, R. & McCormick, D. (1994). A sociocultural perspective on language learning strategies: the role of mediation. *Modern Language Journal*, 78 (4)3-64.

Dornyei, Z. (2001). New themes and approaches in second language motivation research. *Annual Review of Applied Linguistics*, 21:43-59.

Dulay, H. & Burt, M. (1973). Should we teach children syntax? *Language Learning,* 24:245-58.

__________________ (1974). A new perspective on the creative construction process in child second language acquisition. *Working Papers on Bilingualism*, 4:71-98.

Eckman, F. R. (1977). Markedness and the contrastive analysis hypothesis. *Language Learning*, 27:315-30.

____________ (1996). A functional typological approach to second language acquisition theory. In W.C. Ritchie & T.K. Bhatia (eds.), *Handbook of Second Language Acquisition* (pp. 195-211). New York: Academic Press.

Ellis, N. C. (2002). Frequency effects in language processing. *studies in Second Language Acquisition*. 24 (2):143-88.

Ellis, R. (1985). *Understanding Second Language Acquisition.* Oxford: Oxford University Press.

______ (1994). *The Study of Second Language Acquisition.* Oxford: Oxford University Press.

______ (1997). *Second Language Acquisition*. Oxford: Oxford University Press.

______ (1999). Theoretical Perspectives on interaction and language learning. In R, Ellis, *Learning a Second Language Through Interaction* (pp. 3-31). Amsterdam: John Benjamin.

Emmorey, K. (2002). *Language, Cognition and the Brain: Insights from Sign Language Research*. Mahwah, NJ: Lawrence Erlbaum.

Ervin, S. M. & Osgood, C. E. (1954). Second Language Learning and bilingualism. *Journal of Abnormal and Social Psychology*, 58:139-45.

Eubank, L., Selinker, L. & Sharwood Smith, M. (eds.), (1995). *The Current State of Interlanguage*. Amsterdam John Benjamin,

Fedio, P., August, A., Myatt, C., Kertzman, C., Miletich, R., Snyder, P., Sato, S. &

Kaftam C. (1992). Functional localization of language in a bilingual patient with intracaratid amytal, subdural electrical stimulation, positron emission topography. Paper presented at the International Neuropsychological Society, San Diego, CA.

Ferguson, C. A. (1971). Absence of copula and the notion of simplicity: a study of normal speech, baby talk, foreigner talk and pidgins. In D. Hymes (ed.), *Pidginization and Creolization of Languages* (pp. 141-50). Cambridge: Cambridge University Press.

Flege, J. (1980). Phonetic approximation in second language acquisition. *Language Learning* 30:117-34,

Flowerdew, J. (ed.) (1994). *Academic Listening: Research Perspectives,* Cambridge: Cambridge University Press.

Floyd, P. & Carrell, P. C. (1987). Effects on ESL reading of teaching cultural content schemata. *Language Learning*, 37:89-108.

Freud, S. (1891). *Zur Auffassung der Aphasien*, translated into English as On Aphasia by E. Stengel, 1953. New York, NY: International University Press.

Fries, C. (1945). *teaching and Learning English as a foreign Language*. Ann Arbor, MI: University of Michigan Press.

Gardner, R. C. (1985). *Social Psychology and second Language Learning: the Role of Attitudes and Motivation.* London: Arnold.

__________ (2002). Social psychological perspective on second language acquisition. In R. B. Kaplan (ed.), *The Oxford Handbook of Applied Linguistics* (pp. 160-69). Oxford: Oxford University Press.

Gass, S (1984). Development of Speech perception and speech production abilities in adult second language learners. *Applied Psycholinguistics.* 5 (1): 51-74.

_______ (1996). Second language acquisition and linguistic theory: the role of language transfer. In W. C. Ritchie & T. K. Bhatia (eds.), *Handbook of Second Language Acquisition* (pp. 317-45). New York: Academic Press.

Givon, T. (1979). From discourse to syntax: grammar as a processing strategy. In T. Givon (ed.), *Syntax and Semantics 12: Discourse and Syntax* (pp. 81-112). New York: Academic Press.

Glahn, E., Hakansson, G., Hammarberg, B., Holmen,. A., Hvenekilde, A. & Lund, K. (2001). Processability in Scandinavian second language acquisition. *Studies in Second Language Acquisition,* 23 (3):389-416.

Gonalez, L. A. (1986). The effects of first language education on the second language and academic achievement of Mexiacan immigrant elementary school children in the United States. Ph.D. dissertation, University of Illinois at Urbana-Champaign.

Grabe, W. (1991). Current developments in second language reading research. *TESOL Quarterly,* 25 (3):375-406.

________ (2002). Reading in a second language. In R. B. Kaplan (ed.), *The Oxford Handbook of Applied Linguistics* (pp. 49-59). Oxford: Oxford University Press.

Gregg, K. R. (1996). The logical and developmental problems of second language acquisition. In W. C Ritchie & T. K. Bhatia (eds.), *Handbook of Second Language Acquisition* (pp. 50-81). New York: Academic Press.

Grosjean, F. (1982). *Life with Two Languages.* Cambridge, MA: Harvard University Press.

Gumperz, J. J. (1977). Sociocultural Knowledge in Conversational inference. In M. Saville-Troike (ed.). *Linguistics and Anthropology* (pp. 191-211). Washington, DC: Georgetown University Press.

Halliday, M. A. K. (1973). The functional basic of language. In B. Bernstein (ed.), *Class, Codes and Control,* Volume II (pp. 343-66). London: Routledge and Kegan Paul.

______________ (1975). *Learning How to Mean : Explorations in the Development of Language.* London: Arnold.

Halliday, M. A. K. & Hansan, R. (1976). *Cohesion in English.* London: Longman.

Halpern, D. F. (2000). *Sex Differences in Cognitive Abilities* (Third Edition). Mahwah, NJ: Lawrence Erlbaum.

Haugen, E. (1956). *Bilingualism in the Americas.* The American Dialect Society, University of Alabama.

Healy, A. F. & Bourne, L. E. Jr. (eds.) (1998). *Foreign Language Learning: Psycholinguistic Studies on Training and Retention.* Mahwah, NJ: Lawrence Erlbaum.

Herdina, P. & Jessner, U. (2002). *A Dynamic Model of Multilingualism.* Clevedon: Multilingual Matters.

Herschensohn, J. (2000). *The Second Time Around: Minimalism and L2 Acquisition.* Amsterdam: John Benjamins.

Hinkel, Eli. (ed.) (1999). *Culture in Second Language Teaching and Learning.* Cambridge: Cambridge University Press

Horwitz. E. K (2001). Language anxiety and achievement. *Annual Review of Applied Linguistics,* 21:112-26

Huebner, T., Carroll, M. & Perdue, C. (1992). The acquisition of English. in K. Klein & C. Perdue (eds.), *Utterance Structure*(pp. 61-121). Amsterdam: John Benjamins.

Hymes, Dell. (1966). On communicative competence. Paper presented at the Research Planning Conference on Language Development among Disadvantaged Children, Yeshiva University.

Jackendoff, R. (1997). *The Architecture of the Language Faculty.* Cambridge, MA: MIT Press.

Jakobson, R. (1941). *Child Language, Aphasia, and Phonological Universals.* The Hague: Mouton.

Johns, Ann M. (ed.) (2002). *Genre in the Classroom : Multiple Perspectives.* Mahwah, NJ : Lawrence Elbaum.

Johnson, K. & Johnson, H. (eds.) (1998) : *Encyclopedic Dictionary of Applied Linguistics.* Oxford : Blackwell.

Jones, S. (1998). Learning styles and learning strategies : towards learner independence. *Forum for Modern Language Studies,* 34(2):114-29

Kachru, B. B. (1986). *The Alchemy of English: The Spread, Functions and Models of Non-Native Englishes.* Oxford: Pergamon Institute of English.

Kachru, B. B. & Nelson, C. L. (1996). World Englishes. In S. L. Mckay & Hornberger (eds.), *Sociolinguistics and Language Teaching*(pp. 71-102). Cambridge:Cambridge University Press.

Kaplan, R, B . (ed.) (2002). *The Oxford Handbook of Applied Linguistics.* Oxford : Oxford University Press.

Kasper, G and Rose, K. R. (2002) *Pragmatic Development in a Second Language.* Oxford : Blackwell.

Kimura, D (1992, September). Sex differences in the brain. *Scientific American,* 119-25

Kleifgen, J. (1985). Skilled variation in a kindergarten teacher's use of foreigner talk. In S. M. .Gass& C. G. Madden(eds.), *Input in Second Language Acquisition*(pp. 19-68). Rowley, MA : Newbury House.

_________ (1986). Communicative interfering between classroom teachers and limited English proficient international children. Ph.D. dissertation, University of Illinois at Urbana-Champaign.

Kleifgen, J. & Saaville-Troike, M. (1992). Achieving coherence in multilingual interaction. *Discourse Processes,* 15:183-206.

Klein, W & Perdue, C. (1992). *Utterance Structure: Developing Grammar Again.* Amsterdam : John Benjamins.

____________ (1993). Utterance structures. In C. Perdue (ed.), *Adult Languege Acquisition : Cross- Linguistic Perspectives,* Volume II(pp. 3-40). Cambridge : Cambridge University Press.

Krashen, S. (1978). The Monitor Model for second language acquisition. In R. C. Gingras (ed.), *Second Language Acquisition and Foreign Language Teaching* (pp. 1-26). Arlinton,VA: Center for Applied Linguistics.

Kroll, J. F & Steward, E. (1994). Category Interference in translation and picture naming: evidence for asymmetric connections between bilingual memory representations. *Journal of Memory and Language*, 33:149-74.

Kunt, N. (1997). Anxiety and beliefs about language learning : a study of Turkish-speaking university students learning English in North Cyprus. Ph.D. dissertation, University of Texas at Austin

Labov, W. (1965). On the mechanism of linguistic change. *Georgetown University Monographs on Language and Linguistics*, 18:91-114

Lado, R. (1957). *Linguistics Across Cultures.* Ann Arbor, MI:University of Michigan Press.

Lambert, W. E. (1974). Culture and language as factors in learning and education. In F.E.Aboud & R.D.Meade (eds.), *Cultural Factors in Learning and Education* (pp 91-122). Bellingham, Washington : Fifth Western Symposium on Learning.

____________ (1991). And then add your two cent' worth. In A.G. Reynolds (ed.), *Bilingualism, Multiculturalism, and Second Language Learning* (pp. 217-49). Hillsdale, NJ : Lawrence Erlbaum.

Lambert, W. E., Hodgson, R. C. Gardner, R. C. & Fillenbaum, S. (1960). Evaluational reactions to spoken languages. *Journal of Abnormal and Social Psychology*, 60:44-51

Lantolf, J. P. (ed.) (2000). *Sociocultural Theory and Second Language Learning.* Oxford : Oxford University Press.

Leather, J. & James, A. (1996). Second language speech. In W.C.Ritchie & T.K. Bhatia(eds.), *Handbook of Second Language Acquisition* (pp. 269-316). New York: Academic Press.

Leki, I. & Carson, J. (1997). "Completely different world": EAP and the writing experiences of ESL student in university courses. *TESOL Quarterly*, 31:39-69.

Lenneberg, E. (1967). *Biological Foundations of Language.* New York : Willey and Sons.

Lightbown, Patsy M. & Spada, Nina. (1999). *How Languages are Learned* (Second Edition). Oxford: Oxford University Press.

Liu, J. (2001). *Asian Students' Classroom Communication Patterns in U.S. Universities*. Westport, CN: Ablex.

Long, M. H. (1990). Maturational constraints on language development. *Studies in Second Language Acquisition*, 12:251-85.

__________ (1996). The role of the linguistic enviroment in second language acquisition. In W.C. Ritchie & T.K. Bhatia(eds.), *Handbook of Second Language Acquisition* (pp. 413-68). New York: Academic Press.

Lynch, T.(1998). Theoretical perspectives on listening. *Annual Review of Applied Linguistics,* 18:3-19

_______ (2002). Listening. In R. B. Kaplan(ed.), *The Oxford Handbook of Applied Linguistics* (pp. 39- 48). Oxford: Oxford University Press.

McWhinney, B. (2001). The Competition Model :the input, the context, and the brain. In P.R. Robinson(ed.), C*ognition and Second Language Instruction* (pp.69-90). Cambridge: Cambridge University Press.

McWhinney, B. & Bates, E. (eds.)(1989). The Crosslinguistic Study of Sentence Processing. Cambridge: Cambridge University Press.

McCarthy, M. (2001). *Issues in Applied Linguistics.* Cambridge: Cambridge University Press.

McCarthy, M. & Carter, R. (1997). Written and spoken vocabulary. In N. Shmitt & M. McCarthy (eds.), Vocabulary: *Description, Acquisition* and Pedagogy(pp. 20-30). Cambridge: Cambridge University Press.

McClelland, J. L., Rumelhart, D. E. & Hinton, G. E. (1986). The appeal of Parallel Distributed Processing. In D. E. Rumelhart, J. L. McClelland & the PDP Research Group, *Parallel Distributed Processing*, Volume I (pp. 3-44). Cambridge, MA:MIT Press.

McKay, S. L. & Hornberger, N. H. (eds.) (1996). *Sociolinguistics and Language Teaching.* Cambridge : Cambridge Press.

McLaughlin, B. (1987). *Theories of Second Language Learning.* London: Arnold

McNeil, D. (1996). Developmental psycholinguistics. In F.Smith & G. A. Miller(eds.), The Genesis of Language: *A Psycholinguistic Approach* (pp. 15-84). Cambridge, MA:MIT Press.

Mack, M. (1992). The relationship between neurolinguistics and applied linguistics. Paper presented at the American Association of Applied Linguistics Conference, Seattle, Washington

Major, R. C. (2001). *Foreign Accent: The Ontogeny and Phylogeny of Second Language Phonology.* Mahwah, NJ: Lawrence Erlbaum.

Miller, G. A. (1964). The psycholinguists. *Encounter,* 23 (1):29-37.

Miller, J. (2000). Language use, identity, and social interaction: migrant students in Australia. *Research on Language and Social Interaction*, 33 (1):69-100.

Mills, D. L., Coffey-Corina, S. A. & Neville, H. J. (1993). Language acquisition and cerebral specialization in 20 month-old infants. *Journal of Cognitive Neuroscience*, 5:317-34.

Mitchell, R. and Myles, F. (2004). *Second Language Learning Theories*(Second Edition). London: Arnold.

Nagy, W. (1997). On the role of context in first-and second-language vocabulary learning. In N. Schmitt and M. McCarthy (eds.), *Vocabulary Description, Acquisition and Pedagogy*(pp.64-83). Cambridge: Cambridge University Press.

Nation, I. S. P. (1990). Teaching and Learning Vocabulary. New York : Newbury House. Cited in S. M. Gass & L. Selinker, *Second Language Acquisition: An Introductory Course* (p. 374). Mahwah, NJ: Lawrence Erlbaum.

Nation, I. S. P. & Waring, R. (1997). Vocabulary size, text coverage and word lists. In N. Schmitt & M. McCarthy(eds.), Vocabulary Description, *Acquisition and Pedagogy*(pp. 6-19). Cambridge: Cambridge University Press.

Newport, E. (1990). Maturational constraints on language learning. *Cognitive Science*, 14:11-28.

Nida, E. (1953). Selective listening. *Language Learning*, 4(3-4): 92-101

Novoa, L., Fein, D. & Obler, L. (1988). Talent in foreign language: a case study. In L. Obler & D. Fein(eds.), *The Exceptional Brain: Neuropsychology of Talent and Special Abilities* (pp. 249-302). New York : Guilford Press.

Obler, L. K. & Gjerlow, K. (1999). *Language and the Brain*. Cambridge : Cambridge University Press.

Obler, L. K. & Hannigan, S. (1996). Neurolinguistics of second language acquisition and use. In W. C. Ritchie & T. K. Bhatia(eds.), *Handbook of Second Language Acquisition* (pp. 509-23). New York : Academic Press.

Ohta, A. S. (2001). *Second Language Acquisition Processes in the*

Classroom-Learning Japanese. Mahwah, NJ : Lawrence Erlbaum.

Ojemann, G. A. & Whitaker, H. A. (1978). : The bilingual brain. *Archives of Neurology*, 35:490-12.

Oxford, R. L. (1992). Language learning strategies in a nutshell: update and ESL suggestion. *TESOL Journal,* 2(2):18-22.

__________ (1993). Reserch on second language learning strategies. *Annual Review of Applied Linguistics*, 13:175-87.

Oxford, R. L. & Ehrman, M. (1993). Second language research on individual differences. *Annual Review of Applied Linguistics,* 13:188-205

Paradis, M. (1987). *The Assesment of Bilingual Aphasia*. Hillsdale, NJ: Lawrence Erlbaum.

Perdue, C. (ed.) (1993). *Adult Language Acquisition. Cross-Linguistic Perspectives*. Cambridge : Cambridge University Press.

____________ (2000). Organizing principles of learner varieties. *Studies in Second Language Acquisition*, 22:299-305.

Piaget, J. (1926). *The Language and Thought of the Child*. London: Kegan Paul, Trench, Truber and Company.(Original work published 1923)

Pienemann, M. (1998). Developmental dynamics in L1 and L2 acquisition: Processibility Theory and generative entrenchment, *Bilingualism: Language and Cognition,* 1:1-20.

Pienemann, M. & Hakansson, G. (1999). A unified approach toward the development of Swedish as L2: a processability account. *Studies in Second Language Acquisition*, 21(3): 383-420

Piller, I. (2002). Passing for a native speaker: identity and success in second language learning. *Journal of Sociolinguistics*, 6(2):179-206.

Pinker, S. (1994). *The Language Instinct*. New York: William Morrow.

Polanyi, L. (1995). Language learning and living abroad: stories from the field. In B. Freed(ed.), *Second Language Acquisition in a Study Abroad Context* (pp. 271-91). Amsterdam: John Benjamins.

Ramat, A. G. (ed.) (2003). *Typology and Second Language Acquisition*. Berlin: Mouton.

Reid, J. M. (1987). The learning style preference of ESL students. *TESOL Quaterly*, 21 (1):87-111.

Robinson, P. (1995). Attention, memory and the "noticing" hypothesis. *Language Learning*, 45(2): 283-331.

Rose, K. R. & Kasper, G. (eds.) (2001). *Pragmatics in Language Teaching*. Cambridge: Cambridge University Press.

Rumelhart, D. E. & McClelland, J. L. (1986). On learning the past tenses of English verbs. In D.E.Rumelhart, J. L. McClelland & the PDP Research Group. *Parallel Distributed Processing*, Volume II (pp.216-71). Cambridge, MA:MIT Press.

Saville-Troike, M. (1984). What really matters in second language learning for academic achievement? *TESOL Quarterly,* 18(2):199-219.

_____________ (1988). Private speech: evidence for second language learning during the "silent" period. *Journal of Child Language,* 15:567-90.

_____________ (2002). Extending "communicative" concepts in the second language curriculm : a sociolinguistic perspective. In D. L. Lange & R.Michael Paige(eds.), Culture as the Core: *Perspectives in Second Language Education*(pp. 3-17). Greenwich, CT: Information Age Publishing.

_____________ (2003). *The Ethnography of Communication*: An Introduction(Third Edition). Oxford: Blackwell.

Saville-Troike, M., McClure, E. & Fritz, M. (1984). Communicative tactics in children's second language acquisition. In F.R.Eckman, K. H. Bell & D.Nelson(eds.), *Universals of Second Language Acquisition*(pp.60-71). Rowley, MA: Newbury House.

Saville-Troike, M., Pan, J. & Dutkova, L. (1995). Differential effects of L2 on children's L1 development/attrition. *Southwest Journal of Linguistics*, 14(1-2):125-49

Scheibman, J. (2002). *Point of View and Grammar: Structural Patterns of Subjectivity in American Conversation*. Amsterdam: John Benjamins.

Schleppegrell, M. J. & Colombi, M. C. (eds.) (2002). *Developing Advanced Literacy in First and Second Language* : Meaning With Power. Mahwah, NJ: Lawrence Erlbaum.

Schmidt, R. (1990). The role of consciousness in second language learning. *Applied Linguistics*, 11:129-88.

Schmitt, N. and McCarthy, M. (eds.) (1997). *Vocabulary Description, Acquisition and Pedagogy*. Cambridge: Cambridge University Press.

Schumann, J. H. (1978). The Acculturation Model for second language acquisition. In R. C. Gingras (ed.), *Second Language Acquisition and Foreign Language Teaching* (pp. 27-50).Arlington, VA: Center for Applied Linguistics.

_____________ (1997). *The Neurobiology of Affect in Language*. Oxford:

Blackwell.

____________ (2001). Appraisal psychology, neurobiology, and language. *Annual Review of Applied Linguistics*, 21:23-42.

Scollon. R. & Scollon, S. W. (2001). *Intercultural communication* (Second Edition). Oxford: Blackwell.

Scovel,T. (2000). A critical review of the critical period research. *Annual Review of Applied Linguistics*, 20:213-23.

Searle, J. R. (1969). *Speech Acts*. Cambridge: Cambridge University Press.

Seliger, H. (1978). Implications of a multiple critical period hypothesis for second language learning. In W. Ritchie (ed.), *Second Language Research: Issues and Implications* (pp. 11- 19). New York: Academic Press.

Selinker, L. (1972). Interlanguage. *International Review of Applied Linguistics,* 10:209-31.

________ (1992). *Rediscovering Interlanguage*. London: Longman.

Shachter, J. (1974). An error in error analysis. *Language Learning*, 27:205-14.

Simpson, R. & Mendis, D. (2003). A corpus based study of idioms in academic speech. *TESOL. Quarterly*, 37 (3):419-41.

Singleton, D. (2001). Age and second language acquisition. *Annual Review of Applied Linguistics*, 21:77-89.

Skehan, P. (1989). *Individual Differences in Second Language Learning*. London: Edward Arnold.

________ (1998). *A Cognitive Approach to Language*. Oxford: Oxford University Press.

Skinner, B. F. (1957). *Verbal Behavior*. New York: Appleton-Century-Crofts.

Spada, N. & Lightbown, P. M. (1999). Instruction. first language influence, and developmental readiness in second language acquisition. *The Modern Language Journal,* 85 (1):1-22.

Swain, M & Lapkin, S. (1995). Problems in output and the cognitive process they generate: a step towards second language learning. *Applied Linguistic* 16(3):371-91.

Swales, J. M. ^& Feak, C. (1994). *Academic Writing for Graduate Students*. Ann Arbor, MI: University of Michigan Press.

Swan, M. & Smith, B. (eds.) (2001). *Learner English* (Second Edition). Cambridge: Cambridge Univeristy Press.

Tarone, E. (1977). *Conscious communication strategies in interlanguage. On TESOL '77* (pp. 194-203). Washington, DC: Teachers of English to

Speakers of Other Languages.

Taylor, G. & Chen, T. (1991). Linguistic, cultural, and subcultural issues in contrastive discourse analysis: Anglo-American and Chinese scientific text. *Applied Linguistics*, 12 (3):319-36.

Tomlin, R. S. (1990). Functionalism and second language acquisition. *Studies in Second Language Acquisition*, 12:155-77.

Tragugott, E. C & Pratt, M. L. (1980). *Linguistics for students of Literature.* New York : Harocourt Brace Jovanovich.

Trubetzky, N. (1958). *Grundziige der Phonologie* (Travanux du cercle linguistique de Prague 7). Gottingen: Vandenhoek and Ruprecht. (Original work published 1939.)

Truitt, S. (1995). Anxiety and beliefs about language learning: study of Korean university students learning English. Ph.D.dissertation Univeristy of Texas at Austin.

Tucker, G. R. (1999). A global perspective on bilingualism and bilingual education. *ERIC Digest.* Washington, DC: ERIC Clearinghouse on Languages and Linguistics.

Vaid, J. (1983). Bilingualism and brain lateralization. In S. Segalonitz (ed.), *Language Frunction and Brain Organization* (pp. 315-39). New York: Academic Press.

Vygotsky, L S. (1962). *Thought and Language.* Cambridge, MA: MIT Press.

__________ (1978). *Mind in Society: The Development of Higher Psychological Processes.* Cambridge, MA: Harvard University Press.

Weinreich, U. (1953). *Languages in Contact.* New York: Linguistic Circle of New York.

Wernicke, C. (1874). *Der aphasische Symptomencomplex.* Breslau, Poland: M, Cohn and Weigert.

White, L. (1996). Universal grammar and second language acquisition: current trends and new directions. In W. C. Ritchie & T. K. Bhatia (eds), *Handbook of Second Language Acquisition* (pp.85-120). New York: Academic Press.

_______ (2003). *Second Language Acquisition and Universal Grammar.* Cambridge: Cambridge University Press.

Willett, J. (1995). Becoming first graders in an L2: an ethnographic study of L2 Socialization. *TESOL Quarterly*, 29 (3):473-503.

Williams, M. & Burden, R. L. (1997). *Psychology for Language Teachers: A Social Constructivist Approach. Cambridge*: Cambridge University Press.

Witkin, H. A., Lewis, H., Hertzman, M., Machovert, K., Meissner, P. & Wapner, S. (1954). Personality Through Perception. New York: Harper & Brothers.

Wuillemin, D. & Richardson, B. (1994). Right hemisphere involvement in processing later-learned languages in multilinguals. *Brain and Language.* 46:620-36.

Xue, G & Nation, I. S. P. (1984). A university word list. *Language Learning and Communication*, 3 :215-29.

Yaguello, Marina. (1981/1998). *Language through the Looking Glass: Exploring Language and Linguistics.* Oxford: Oxford University Press.

Yang, J. (2002). The acquisition of temporality by adult second language learners of Chinese. Ph.D.dissertation, University of Arizona.

Young, R. (1999). Sociolinguistic approaches to SLA. Annual Review of A*pplied Linguistics*, 10:105-32.

Zhu, X. (2001). Chinese Languages: Mandarain. *Facts about the World's Languages* (p. 146). New York: H. W. Wilson.

■ 역자 약력

• **임 병 빈**
고려대학교 대학원 영어영문학과(문학박사)
(현) 공주대학교 사범대학 영어교육과 교수

• **송 해 성**
전북대학교 대학원 영어영문학과(문학박사)
(현) 공주대학교 사범대학 영어교육과 교수

• **이 은 표**
California State University, Northridge 영어영문학과(문학박사)
(현) 을지대학교 의학과 영어담당 교수

• **강 문 구**
한림대학교 대학원 영어영문학과(문학박사)
(현) 공주대학교 사범대학 영어교육과 교수

제2언어 습득론

초판 1쇄 인쇄 2008년 3월 1일
초판 1쇄 발행 2008년 3월 3일

지은이 Muriel Saville-Troike
역 자 임병빈 · 송해성 · 이은표 · 강문구
펴낸데 **세진무역**
136-034 서울시 성북구 동소문동 4가 278-2 백호빌딩 301호
전화 (02) 922-2111, 팩스 (02) 922-2113
E-mail : sejintrc@hanafos.com

값 23,000원
ISBN 978-89-956507-2-1 92710